Introduction to People Analytics

A Practical Guide to Data-driven HR

人才数据 分析指南

理念、方法与实战技巧

［巴基］纳迪姆·可汗（Nadeem Khan）

［英］戴夫·米尔纳（Dave Millner） 著

北森人才管理研究院 译

中信出版集团 | 北京

图书在版编目（CIP）数据

人才数据分析指南：理念、方法与实战技巧 /
（巴基）纳迪姆·可汗，（英）戴夫·米尔纳著；北森人
才管理研究院译 . -- 北京：中信出版社，2021.1（2021.12重印）
书名原文：Introduction to People Analytics: A
Practical Guide to Data-driven HR
ISBN 978-7-5217-2697-8

Ⅰ . ①人… Ⅱ . ①纳… ②戴… ③北… Ⅲ . ①数据处
理 – 应用 – 人才管理 Ⅳ . ① C962

中国版本图书馆 CIP 数据核字（2021）第 004826 号

人才数据分析指南——理念、方法与实战技巧

著　者：［巴基］纳迪姆·可汗　［英］戴夫·米尔纳
译　者：北森人才管理研究院
出版发行：中信出版集团股份有限公司
　　　　　（北京市朝阳区惠新东街甲 4 号富盛大厦 2 座　邮编　100029）
承 印 者：天津丰富彩艺印刷有限公司

开　本：787mm×1092mm　1/16　　印　张：24.25　　字　数：264 千字
版　次：2021 年 1 月第 1 版　　印　次：2021 年 12 月第 2 次印刷
京权图字：01-2020-5240
书　号：ISBN 978-7-5217-2697-8
定　价：75.00 元

推荐语

可汗和米尔纳为人力资源部门在以数据与分析为导向上更进一步提供了一张非常优秀的路线图。他们提供了多个具体实例，说明人力资源从业者需要采用根植于业务和人才数据分析的商业思维方式，从而变得更具战略性思维。这是任何想要提高业务参与度和影响力的人的必读之书。

——亚历克·利文森（Alec Levenson），南加州大学马歇尔商学院高效率组织中心高级研究科学家

资源是可替代的，而人才不是。我祝贺两位作者构建了一个关于组织中人才与分析的新观点……这比人力资源学院领先了一步。这本书很好地平衡了文本内容与图表，是一本适合管理者和商业学者的高价值读物。

——扎韦德·艾哈迈德（Javaid Ahmed），巴基斯坦商业管理研究所战略和市场创新高级研究员

对于任何人力资源从业者来说，了解数据分析领域都是一件艰难的事情。然而，这本书的可贵之处在于，它很好地诠释了数据的目的、如何解释和分析数据以及如何在你的业务中有效地应用数据等方面的内容。《人才数据分析指南》是任何想要掌握商业思维以及数据如何驱动未来从业者

的HRBP（人力资源业务合作伙伴）的必读之书。

——莉萨·贝莉（Lisa Bailey），阿斯顿维拉足球俱乐部HRBP

在非统计学背景的人力资源从业者的脑海中，数据分析通常是一个可怕且难以理解的形象。然而，可汗和米尔纳以一种简明实用的方式展示了一些概念和实践方法，使得任何组织层面或学术水平的人都能够理解人才数据分析的基本原理及其如何辅助组织做出高效人才决策。我确信这本书将成为学术界人力资源课程的一部分，是所有人力资源专业人士的必读之书。

——苏海尔·里兹维（Sohail Rizvi），阿联酋迪拜知识园区管理技术大学知识与领导力研究所首席执行官（CEO）

我已经参加过数次人力资源会议和论坛活动，讨论与人力资源数据及其如何为企业带来变革相关的主题……

我敢肯定，我说出了出席这类活动的大量受挫的中小企业人力资源主管的心声："这些都与大公司有关，与我和我所在的组织无关。"当然，我们可以利用人力资源数据来做一些基础工作，但是我们没有系统来做这些工作，而且这种洞见很少能以令人信服的方式来证明我们的建议。

所以，请原谅我偶然看到这本书时的惊讶。这本书以全新的视角展示了数据是如何在任何规模的组织中推动战略性人才决策的。通过各种各样的案例研究，我们了解了数据及其提供的洞见如何与我们相关，并就如何建立一个令人信服的循证方法提供简单、实用的分阶段建议。这是一种针对数据讨论的改变游戏规则的贡献。

——詹姆斯·梅德利（James Madeley），波特兰人力资源总监

可汗和米尔纳的《人才数据分析指南》介绍了一种新视角，即利用组

织数据作为绩效改进工具。他们对当前的人力资源背景和新兴的数据分析趋势进行了非常有创造性和启发性的研究，读者可以从发人深省的案例研究中获得清晰、深刻的见解和强有力的实用建议。这不仅是一本面向人力资源从业者的书，也是任何管理者的理想读物。

——丹尼·苏丹多（Danny Soetanto），兰开斯特大学管理学院创业与战略副教授

作为一名经验丰富的实践者和将人力资源"人事"职能发展为前沿技术的先驱，以及数据驱动的、技术先进的、思想领先的解决方案提供商，我发现《人才数据分析指南》完全抓住了理解复杂体系和人类心理所需思维的全部方面，而这正是当今组织所需要的。可汗和米尔纳做了一项出色的工作，在每一章中都提供了背景信息、有用的图表及兼具理论性和战略性的思想领导力案例。这是我读过的关于该主题最全面、最实用的参考书，我确信它将把每个人力资源从业者的思维、知识和行为提升到真正的首席人力资源官（CPO）的水平，使之做好构建高度响应、适应性强和敏捷的组织以应对结构性变化的准备，以惊人的速度成长。

——杰夫·威尔斯蒂德（Jeff Wellstead），ONI 人力资源副总裁

这本书是开启人才数据分析之旅的充电站。它清楚地表明，当一个组织中的其他职能部门都在经历变革、人工智能的应用、利用大数据发展业务以及敏捷技术的应用时，人力资源部门没有理由不加快速度。在阅读了《人才数据分析指南》之后，我相信任何一位人力资源专业人士都会有很多关于如何开始这一旅程的想法，不管他们从事的是何种行业。书中的案例研究表明，许多组织已经利用了人才数据分析的力量来帮助它们取得成功。这本书解释了如何利用数据来解决组织中的复杂问题和争议，涉及工资等简单数据和诸如面部表情等复杂的数据点。《人才数据分析指南》为人力资

源部门转型提供了路线图。

——阿克萨·阿西姆（Aqsa Asim），巴基斯坦国家银行与金融研究所培训经理

大多数评论家和实践者似乎脱节了。对于评论家来讲，这一切都是关于数据和分析的；但对于实践者来说，这一切都是为了给他们的业务带来价值。可汗和米尔纳在这两者之间搭建了一座桥梁，展示了如何务实地使用数据，并帮助人力资源从业者确保他们所做的事情是基于对问题的正确分析，从而保证他们的解决方案能够为企业增加价值。

——尼克·霍利（Nick Holley），企业研究论坛（Corporate Research Forum，简称CRF）学习总监

可汗和米尔纳完成了一项几乎不可能完成的任务，他们将人力资源领域的知识与来自数据分析和人力资本报告等不断发展的领域的实用模型无缝地融合在一起。对于进入人力资源领域的数据分析专业人士和希望利用分析能力帮助其组织的人力资源专业人士来说，这是一个重要的课题。这本书以高质量的文本内容以及丰富的组织案例研究吸引我阅读了一遍又一遍。

——劳伦斯·霍普金斯（Laurence Hopkins），英国高校雇员联合会（UCEA）研究部主任

近年来，人才数据分析已经成为人力资源领域的重要基石之一。纳迪姆·可汗和戴夫·米尔纳在书中对这一主题进行了精彩的介绍，这对人力资源从业者和商科学生以及希望获得全面且实用的介绍的有经验的专业人士来说都很有价值。这本书对不断扩充的人才数据分析图书库是一个很好的补充。

——汤姆·哈克（Tom Haak），人力资源趋势研究所所长

尽管以此为题，但这本书的内容却远远不止"人力资源从业者如何使用数据"。本质上，这是一段发人深省的、清晰的且可以作为任何战略人力资源经理思考现代世界的变化对他们的职能和整体业务意味着什么的很好的介绍，也许更重要的是，他们将如何经受未来的考验——所有这些都建立在基于分析的确凿证据之上。这本书会引起人力资源经理或一般战略经理以及该领域顾问的兴趣。

——帕维尔·博戈柳博夫（Pavel Bogolyubov）博士，兰开斯特大学管理学院人力资源与咨询硕士项目主任

《人才数据分析指南》提供了一个重要的见解，阐明数据和技术驱动的人力资源部门对任何组织的成功都至关重要。这本书聚焦于人才数据分析的实践层面，阐述了清晰的框架、项目方法论、风险分析、演进路径，以及如何针对快速变化的世界提供至关重要且卓越可行的业务洞见！

这本书提供了大量真实的案例研究，展示了数据和人才数据分析在推动组织洞察力方面的力量。任何人才数据分析从业者都会对这一点感兴趣，这可以帮助他们用实际的术语定义如何提供关键的和变革性的见解。

这本书还展示了如何应用人才数据分析来显示"前进的道路"（而不仅仅是"后视镜"），帮助组织做出更好的人才决策——这正是任何组织的战略人力资源部门都必须要实现的。

——哈尼·纳比勒（Hani Nabeel），益普索科技公司首席行为科学家

这本书对人才数据分析领域以及合理地使用数据应对人力资源挑战的重要性有着令人信服的深刻见解。我最欣赏的是，这本书探讨了人力资源部门使用商业语言和变得更加商业化的重要性，因为归根结底，我们所有人及人力资源部门要共同来发展我们的业务。这本书能够帮助人力资源从业者利用数据的力量为董事会做出贡献，从而获得信任和尊重，真正在公

司站稳脚跟。

——尼达·纳西尔（Nida Nasir），肯德基巴基斯坦分公司人力资源总经理

这确实是"数据驱动人力资源的实用指南"，但还远远不止于此——这本书提供了在任何组织内创建现代人力资源管理职能的路线图。这些概念通过案例研究和实践模型得到了清晰的解释和说明。我特别喜欢人力资源服务站和人力资源充电站的模型……你更想运用哪一个呢？这本书是为在人力资源领域工作的职场人士而写的，书中的知识将带你到达游戏的巅峰，让你在管理不断变化的环境时做到最好。买一本！

——戈登·A.黑德利（Gordon A Headley），科学学士、特许工程师、工商管理硕士、特许人事和发展协会成员、视觉RT公司人力资源副总裁

这是一本研究非常深入的书，为在人力资源领域使用数据提供了令人信服的指引。它提供了一个实践指南，能够使人力资源从业者的职能从综合人才管理实践转向业务影响驱动型实践，并将其角色从受人尊敬的促进者转变为值得信赖的首席顾问。可汗和米尔纳为这一变化提供了一幅易于遵循的路线图，每一步都有实用工具支持，并有来自不同行业的商业领袖的指导来支撑他们的方法论。这是一本对全球所有人力资源从业者都有用的个人转型指南。这些内容应该成为高级领导力课程的一部分！

——艾莎·乔杜里（Ayesha Chowdhry），巴基斯坦培训与发展协会理事会成员，高级人力资源从业者

这是一个有意思的问题：随着数字化塑造组织，人力资源部门在未来几年将如何发挥关键作用？随着客户和员工态度的变化，企业面临的压力越来越大。因此，及时的预测是必要的。如果没有对数据和人才数据分析的清晰理解，一个组织将很难参与竞争并取得成功。这本书展示了一个未

来的视角，展示了我们现在的位置、我们的前进方向以及我们如何在面对
即将到来的挑战时做到最好。《人才数据分析指南》对那些热衷于充分了解
分析及其日益增长的需求和重要性的专业人士来说，是一本非常有趣的书。

——沙克尔·马帕拉（Shakeel Mapara），赛诺菲－安万特巴基斯坦有限公
司人力资源和组织发展主管

企业的培训部门将成为未来数字化世界的竞争优势推进器。这就要求
培训部门转变其传统方法，并不断调整其战略以适应快速变化的业务需求。
人才数据分析准确地提供了使培训部门成为竞争优势推进器所需的洞见。
《人才数据分析指南》提供了一种非常实用的、循序渐进的方法，为任何想
探索人才数据分析如何支持业务目标更快实现的人，提供了一种深入浅出
的分析方法。

——帕特里克·万霍夫（Patrick Veenhoff），9区学会总监，oncorporatelearning.
com创始人

这是一本非常深刻且令人信服的指南，讲述了人力资源从业者如何通
过人才数据分析释放和驱动任何组织的人力资源的真正价值。

——阿拉斯·艾哈迈德（Anas Ahmed），风险潜水人力资源和企业通信副
总裁

对于那些希望了解如何通过收集、分析和利用数据为企业做出关键人
力资源决策的人来说，这是一本必读的初级读物。请阅读这本书，并从中
学习最好的内容。

——阿里·胡拉姆·帕夏（Ali Khurram Pasha），巴基斯坦哈比卜大学人力
资源总监

　　无论你是觉得需要改变你提供的人力资源服务，尝试不同的方向，还是只是想探索人才举措实现的可能性，这本书都将真正让你停下来思考。如果你不确定数据和分析之间的区别，以及人才数据分析是否能为你的人力资源服务增值，那么这本书便是为你准备的。或者，如果你没有太多的时间，而又想了解人力资源领域的最新理念，你就可以看看这本书的"关键要点"部分。

　　——丽贝卡·毕晓普（Rebecca Bishop），LTE集团人力资源总监

　　可汗和米尔纳提出了一个令人信服的理念，即对组织驱动力特别是人力资源职能进行深远的变革。这些都是由数字世界的快速变化所驱动的，推动着人力资源部门和首席人力资源官在一定程度上转变他们的角色。作者的研究成果坚定地指出了一个必要条件：首席人力资源官必须积极主动地与首席执行官和首席财务官（CFO）合作，以制订和执行有效的运营、业务和战略计划。人才战略和业务的协调对于确保其产生最大的影响力至关重要。《人才数据分析指南》以数字化转变、自动化和技能差距为驱动力，聚焦于对人力资源部门的预期。这是一本商业领袖和人力资源从业者的必读之书！

　　——阿米尔·尼亚齐（Aamir Niazi），HRSG董事会主席，PMEA管理主席，女性企业家网络会长

致米凯尔、吉博列、扎伊纳、欧尔沃、马哈德和马哈毕：
当你回顾自己的一天时，不仅要看你的"收获"，还要看你"播下的种子"。

致克里斯、李、雅各布、海登、詹姆斯和梅尔：
他们说，智慧来自年龄和经验。请记住，你只有一次生命，但有很多选择，
所以要继续明智地做选择。

目　录

译者序

2020年，一场席卷全球的新冠肺炎疫情不仅影响了人们的衣食住行，而且对经济环境造成了冲击。这无疑考验着企业：如何克服时艰，更好地生存下去？未来，新的业务增长点又在何处？充满强烈不确定性的外部环境带给企业的挑战是巨大的。但是，越是在这样的环境下，我们的决策越是需要理性、科学与敏捷——纯粹依赖过往经验对事物做出判断很可能难以应对未来的商业环境。基于科学决策的需要，数据或许是当前我们不得不重视起来的"企业财富"。

企业的领导者、人力资源从业者和投资者越来越认识到员工在企业取得战略性成功的过程中所发挥的关键作用。早在多年前，谷歌、微软等不少知名企业就已经纷纷着手进行人力资源的数字化转型，加大对数据科学的投入，组建人才数据分析团队，将技术工具嵌入人力资源的各个模块与流程。这为人力资源数据的沉淀与分析提供了可能性，人才数据分析也逐渐进入了人们的视野之中。

我们观察发现，人才数据分析是近几年在人力资源领域被讨论得越来越多的话题之一，甚至大多数企业对数据分析已经或多或少有所接触或了解，数据思维已经较为"深入人心"。同时，越来越多的企业试图将数据分析方法应用于人力资源管理工作，但大部分企业仍处于起步阶段，甚至可以说是进展缓慢。经过分析，我们认为有以下三个主要原因。

第一，分析切入的视角不够战略导向。如果数据是对员工行为的数字记录，那么人才数据分析就是从数据中提炼出有实际操作意义的洞见、协助提升企业效能的科学。人力资源部门在进行人才数据分析时，往往容易以"人力资源流程和效率"为切入点，缺乏战略与业务视角，导致输出结果难以被业务部门采用。

人才数据分析的终极目标是输出对业务有意义的人才数据洞见，在企业中推进数据驱动的决策与变革。这是一个机会，一个提高人力资源职能在企业中的业务参与度和影响力的机会。对于大多数人力资源从业者而言，如何培养自己植根于业务和人才数据分析的商业思维，是获得这个机会的最好抓手。

第二，数据质量不佳。企业因缺失关键的数字化记录系统，而使得重要的数据未被记录或记录不完整，或者企业内部的数据系统互不关联、互不兼容，形成多个"数据孤岛"，不断将人才数据分析的价值产出时间推后。这是一个阻碍企业发展人才数据分析的"硬挑战"。通过调查，我们发现至少70%的时间和资源被用于前期的基础工作（比如数据汇总和清理）。

这个问题依靠企业购买的数字化系统并不能完全解决，还需要企业在数据治理方面的投入。数据治理是一系列将数据作为企业资产而展开的具体工作，是对数据全生命周期的管理。它的目标是提高数据质量（准确性和完整性），保证数据的安全性（保密性和可用性），实现数据资源在组织各部门的共享。如何在稳步推进这一循序渐进而又成体系的过程中，切实提供人才数据分析的价值，也是人力资源从业者需要去思考和解决的问题。

第三，分析技能准备不足。从现实的角度来考虑，不少企业很难获得足够或者高质量的数据分析专项人才。很多人力资源从业者为了实现自我增值，会尝试进行这样的技能升级，但是在非统计学背景的人力资源从业者的脑海中，数据分析通常是一个可怕且难以理解的形象。即使数据已经准备完善，企业也可能因为分析技能不足或没有及时搭建相关团队，而无法承接重要项目的结果输出，或者产出成果的时间略显滞后，无法获得内部认可。

以上种种，皆是企业在实施人才数据分析时面临的困局。

我们也观察到，很多人力资源从业者在准备开始学习人才数据分析时，却难以找到一本适合自己的入门书。人才数据分析本就是一个严谨而系统的过程，了解它是一件不甚容易的事情，可汗和米尔纳撰写的这本《人才数据分析指南》就做了一次很好的尝试。如果你未来准备系统学习人才数据分析知识，或者在公司内部开展人才数据分析应用，那么这本书可以成为一本很不错的导入书。

这本书以理论和案例相互渗透的模式，清晰地展示了数据的使用如何帮助人力资源从业者确保他们所做的一切是基于对问题的正确分析，从而保证他们的解决方案能够为企业增加价值。这本书由北森人才管理研究院的王丹君、程瑶、余婧和李秋云共同翻译。同时，感谢中信出版集团财经优品团队与我们共同把这本书呈现给广大中国读者。

最后，即使是已经深刻地了解到人才数据分析过程中可能遇到的众多棘手问题，我们对这个领域依然保持热情，兴奋于它能够带来的巨大价值。希望你也同我们一样，对这本书的内容充满兴趣。祝大家阅读愉快！

北森人才管理研究院

2021 年 1 月

　　我们正处在新的第四次工业革命中，这将给商业世界带来前所未有的变化。组织正在被诸如人工智能、机械过程自动化、智能机器、扩展现实、区块链等变革性的技术颠覆。许多技术本身就足以造成混乱，但由于它们同时出现并相互加强，所以它们正迫使组织从根本上重新思考其运行方式。

　　第四次工业革命中最有价值的商业资产之一是数据和我们从数据中提取价值的能力。在这个日益数字化的世界里，数据量呈爆炸式增长，能够利用这些数据的组织将比竞争对手更聪明、更出色。数据已成为现代企业的命脉，未来最成功的组织将在其业务的所有环节应用数据，特别是人力资源部门。

　　第四次工业革命也将对工作场景产生重大影响，影响人们未来从事的工作，甚至影响人才发展所需要的技能。在这种背景下，人力资源部门必须扮演一个强大的战略业务伙伴的角色，从人才、架构和文化的角度塑造组织，同时将自身转变成更加数据驱动和数字化的部门。这也是人力资源部门和人才团队必须解决的双重难题。

　　人力资源部门必须帮助组织提高数字化和数据分析能力，重新塑造工作岗位，重新构想组织结构，并帮助其构建数据驱动的文化。与此同时，人力资源部门也必须重新思考自己的职能。例如，数据和数字化正在改变招聘、入职、学习和绩效管理等模块的流程。

企业领导者期望人力资源部门和人才团队成为变革的关键推动者，并发挥强大的职能作用，使企业能够基于证据做出决策，并为企业提供有价值的分析和洞见。人力资源管理者需要确保他们收集到的数据的正确性，并构建将这些数据转化为洞见的能力、技术和文化。根据我的经验，人力资源部门在数据素养方面往往落后于其他诸如市场营销或财务等职能部门。人力资源从业者不断提高的数据素养，将成为未来蓬勃发展的人力运营部门和那些仅被视为提供强制性服务的成本中心的人力资源团队之间的主要区别，而后者可能会面临被取消或外包的命运。

这就是这本书的切入点。纳迪姆·可汗和戴夫·米尔纳为读者提供了一幅建立有效利用数据的人力运营部门的宏大蓝图。他们为读者提供了巧妙的方法、实用的模型、大量真实的案例研究，以及来自主要思想领袖的观点，为数据驱动型人力资源从业者提供了极其实用的指导。

我同意纳迪姆和戴夫关于数据分析必须与关键业务目标保持一致的重要观点。在实践中，我看到过太多无效的数据分析和报告，这是因为人力资源团队拥有数据，却没有进行基于真实战略信息需求的分析。

在这本书中，你会学习到业务战略与人才战略。人才战略与人才数据分析战略相匹配是非常重要的，这将帮助你从以往的报告和分析中走出来，去进行能够预测未来并提供重要洞见的分析，为企业面对第四次工业革命做好准备。

伯纳德·马尔（Bernard Marr），未来主义者，畅销书作者
《数据驱动人力资源：如何使用分析和指标来提高绩效》
《数据战略：如何从大数据、数据分析和万物互联中获利》
《智能革命：用人工智能改变你的企业》

2018年11月，在阿姆斯特丹，一场引人深思的人力资源分析会议结束了。在过去两天里，人们一直被各种会议、论坛和社交活动的日程表压得喘不过气来。就在那个时候，研究员兼战略分析师的纳迪姆·可汗与经验丰富的职业心理学家戴夫·米尔纳相遇了，他们很快意识到，当谈到"人才数据分析"这个话题时，他们的想法是一致的。尤其是在观察企业所有需要解决的工作挑战时，我们都认为人力资源部门，或者我们喜欢称其为人力运营部门，是企业成功的关键。

在技术实现能力越来越强的情况下，员工的期望、能力和抱负比以往任何时候都更加多样化。无论规模大小，每家企业都要消耗大量的数据和其他支持功能。近年来，市场营销部门主动使用数据和分析，将自己重新定位为管理团队的战略合作伙伴。而在人力资源领域，人才数据分析的出现始于大中型企业，它们看到了数据提供新的或不同的见解的可能性。

在这样的背景下，我们决定写一本针对全球人力资源从业者、HRBP、培训专员的书。本书并不是充满了只有资深统计学家才能理解的复杂方程式和术语。因为我们的目的是带领你作为实践者踏上一段旅程，鼓励你运用更多的商业思维，积极使用数据，这将使你能够从不同的角度来看待人才和商业问题。我们从收到的反馈中发现，数据科学家和分析专家也能从本书中了解到人力资源部门运作的背景和面临的挑战——如你所见，数字技术离不开人力资源业务，反之亦然。那么，本书主要讲了什么呢？

人才数据分析这一话题正在持续升温。每天都会有很多文章和各种各样的会议来宣传数据分析"迷人"的一面，用令人惊叹的视频和复杂的故事来说明数据分析是如何为各种企业节省大量资金的。人才数据分析是值得尝试和追求的，但是总的来讲，人力资源部门还是需要思考如何让数据洞见变为现实。

人才数据分析这一话题是令人困惑的。虽然数据科学家、分析专家和心理学家需要进行更复杂的预测分析——理解数据需要专业知识和经验，但这些见解中的很大一部分可以用数学来解释。

我们要确保的是，人力资源部门始终是以商业为导向的业务语言来介绍其干预举措的，而不是用那些我们已经非常熟悉的人力资源语言。随着我们不断提高领导者和管理者对其员工的职责的认识，我们必须让这些措施更具相关性，也更能被理解——我们的挑战就在于，业务部门的数据分析能力可能远远优于职能部门。

人才数据分析是面向未来的。在过去五年里，人们一直在谈论未来的工作，谈论所有工作都将被机器人和自动化流程取代的故事。自动化的确就在这里，也的确会影响工作前景，但关键是自动化也带来了数据。对我们来说，忽视这种新的数据来源是鲁莽的。数字技术可以为人们提供新的视角和跨组织协作的方式，并帮助解决我们以前没有考虑过的挑战和问题。

我们撰写本书的目的，首先是阐释人才数据分析的概念，其次是展示如何应用它来提高企业的效能。我们希望展示全球各地的企业如何使用人才数据分析，如何逐步建立人力运营部门，这也是我们的研究得以开展的前提和基础。

我们将本书分为四个部分，尽可能采用案例研究、学习场景和来自其他企业与供应商的例子来展示相关内容。

第一部分：变革的背景。这部分介绍了当今人力资源部门所面临的挑战，以及其迄今为止的一些改变，但更重要的是，展示了建立一个人力运营部门所需进行的变革。我们可以帮助你探索现有的使职能部门与企业的业务目标保持一致的机会，以及建立跨业务的联系，这将有助于我们做出更正确的决策，并确保通过数据驱动的方法实现人才举措的真正价值。

第二部分：向数据驱动的方法转变。这部分将着眼于实现这种转变所需要的关键商业思维。我们会探讨这将如何影响未来的人力运营部门和相关从业者，并将重点放在如何开启一场以数字为导向的思想之旅上。

第三部分：人才数据分析的价值。这部分是关于企业如何进行数据分析的框架性介绍。这并不是强制要求每个人都必须积累相应的专业知识，但是通过分享案例研究和例子，我们可以帮助你理解那些能成功促成数据驱动方法的关键性原则。相应地，我们也分享了这种转变对企业文化产生的影响，并勾勒出一个框架以帮助你推进这类项目，无论你是否与分析专家合作。

第四部分：展望未来。在这部分中，我们通过两个视角来展望未来。从个人角度来说，我们分享了一种经过验证的过程和方法，它将指导你从自己的角色出发，更多地以数据驱动的方法去推进工作，无论是审查你的关键业务指标还是考虑如何实现变革。最后，我们展望了未来——未来的人力运营部门将如何以人才数据分析为核心进行变革，推动产生新的工作方式和新的工作成果。

我们对人力资源部门的未来仍然保持乐观和热情，因为它们是业务转型、行为转换和文化转变的催化剂，所有这些都有证据和基于数据的洞见作为支撑。毕竟，人才仍然是企业真正的竞争优势，即使自动化程度越来越高，这个事实也不可否认。

如果没有分析专家、人力资源专家、各类供应商和学术机构的帮助、支持和宝贵的见解，我们就不可能完成本书。他们在人力资源部门现在和未来的重要性方面与我们有着相同的看法。非常感谢!

享受数据之旅吧——人力资源部门的可靠性和能力依赖于我们今天做出的改变。

第一部分

变革的背景

第一章

重新定义人力资源：
变革的背景

这个世界充满了数据，它影响着我们所有人的生活。它能根据我们以前的购买习惯预测我们想买什么，能监控我们的汽车每分钟的运行情况，也能通过各种应用程序跟踪我们的工作状态。

近十年来，很多企业通过持续探索大数据领域来制定战略，以应对激烈的全球化竞争、苛刻的客户期望和在效率、效用以及生产力方面不断出现的运营挑战。正如伯纳德·马尔所说："只有那些将数据视为战略资产的企业，才能够生存和繁荣发展。"[1] 然而，大数据领域的人力资源又是怎样的呢？

例如，瑞士信贷银行的员工测算了在自己所在组织中实行人才数据分析的投资回报率（ROI），发现每降低离职率一个百分点就能为企业节省7 500万美元到1亿美元的成本。[2]

在过去的50年里，人力资源部门处理了大量日益复杂的业务挑战，所有这些挑战都催生了它们对数据驱动方法的需求和渴望，这种需求和渴望比我们今天看到的还要强烈。有一些先行者，比如瑞士信贷银行，将分析和数据驱动方法嵌入了人力资源部门的核心职能。然而，这种做法往往是大公司才会有的，我们并不能在每个公司的人力资源部门都看到。我们相信，中小型企业具有灵活性，能够轻松获取推动变革的关键数据，只是它们缺少处理这些数据的理念和思维方式。当然，我们也不是让人力资源部门整天都处理数据。人力资源从业者（我们指的是更广义的人力资源领域从业者、培训团队以及当前人力资源领域内的其他团队）所面临的挑战其实就是关注数据。毕竟，没有数据的想法只是观点！

本章内容包括：

- 人力资源和新的工作场景：这部分主要涉及影响当今许多企业的关键数字化主题和趋势。我们将引入3D［数据（data）、数字化（digital）和设计（design）］模型来总结我们现在所处的世界的复杂性。

- 从人力资源职能向人力运营职能转变：这部分将回顾人力资源部门迄今为止取得的进步，并考虑下一步必要的转变方向，也就是人力运营部门。人力运营部门能更好地应对如今的挑战，并能积极重新定位过去的人力资源部门。

- 未来的人力运营部门：未来的人力运营部门面临的最主要的挑战是改变理念，即不仅要关注数据，还需要关注那些复杂的业务需求。这些需求不可避免地以创造和增长收入为中心，而不是聚焦于降低成本。毕竟，一味地降低成本又能降低多少呢？

人力资源和新的工作场景：3D模型

如今，不断创新的技术和持续变化的人口结构带来了快速的转变，跟上这些变化的节奏越发成为一项挑战。企业和员工被期待能够接受前所未有的创新。随着技术进步渗透到工作场所的方方面面，当我们向未来的敏捷工作场所过渡时，一定会有更多的变化出现。每一天都会有新的挑战，也会有大量关于自动化的影响、工作方式的变革的洞见和报告产生。

图1-1将这些报告中反复出现的主题突出显示出来，并相应总结了你和你的企业如果希望"经得起未来的考验"，就必须考虑的首要主题。

数字化工作场景

数字化工作场景的关键要素是由不断变化的影响因素驱动的，这些影响因素正在影响着所有组织，例如不断变化的市场和外部挑战、零工的日益增长和倡导自动化的呼声。

让我们来探索一下这些大趋势，因为它们都将影响未来的人力运营部门及相关从业者，以及不断变化的人才需求。

不堪重负的劳动力

各级员工都面临着压力，企业对员工的期望值也一直在增加。与此同时，随着自动化程度的提高和持续发生的变化，主管、经理和高层管理者都必须处理比以往任何时候都复杂的关系。其中的关键挑战主要包括：

- 执行：在成本导向的驱使下，实现"少花钱、多办事"的愿望。这是大多数企业都有的特点。
- 员工期望：随着自动化程度的提高，工作中有越来越多需要学习的新的流程、技能和方法。但这也有挑战，比如学习和成长是需要时间的，而工作的快速交付和任务或流程的实现等方面的需求也在不断增加。

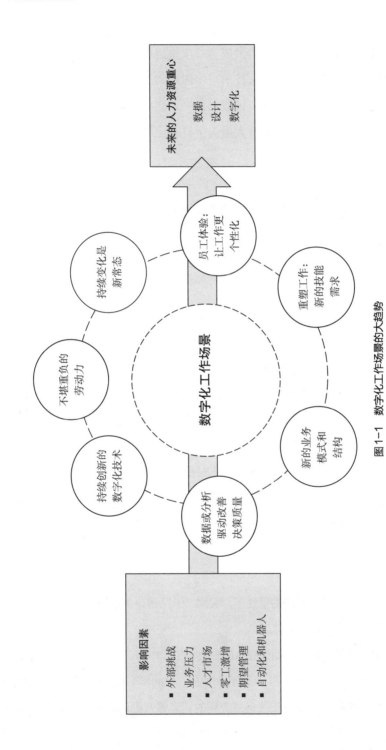

图1-1　数字化工作场景的大趋势

例如, 如果一个用于工作的应用程序一夜之间升级了, 那么我们是否有足够的时间去学习?

- 管理者的优先工作事项: 他们面临的挑战是, 如何在达成任务或流程与日益增长的"人性化"需求之间找到恰当的平衡, 这对创造一种对员工有吸引力的工作环境来说至关重要。

- 领导者的"工作幅度": 为了满足多个利益相关者的期望, 领导者有明确的工作重点。然而, 他们在工作的广度和深度方面的作用正变得越发复杂, 从企业文化到项目支持, 再到用明确的方式激励员工。

- 福利: 所有这些挑战都增加了企业福利的设计难度, 而它正变得比以往任何时候都更像是一个劳动力问题——员工的健康状况欠佳成为需要推动解决的企业运营挑战。

不管人力资源领域面临什么样的挑战, 收集的劳动力数据对于理解劳动力的真实感受都至关重要。最好在他们走出门前就弄清楚!

持续变化是新常态

这个话题已经被谈论了很多年, 但现在很明显地正在成为现实。一些普遍的挑战是:

- 适应变化: 多年来, 抵制变化都是一件很难的事情。但事实上, 变化影响着工作场所的每个人——从新的基于自动化的学习到流程的变革和优化。在工作场所, 人们还是需要建立适应变化的能力, 因为抗拒无疑是徒劳的。无论发生什么, 变化都会发生, 所以开始拥抱它吧!

- 变革计划: 大规模的变革计划在组织中仍然存在, 但关键的区别在于, 这些计划现在是由一系列较小的试点和项目所组成的, 反映了更广泛的情况。这意味着需要员工的高度参与[3]来获得认同和实时的洞见。这不仅有助于提高正在开发的解决方案的质量, 而且有助于和员工建立真正的价值关联。

IBM（国际商业机器公司）重新构想的绩效管理流程就是员工的高敬业度对变革计划的定位和实施带来影响的一个例子。[4]变革过程围绕着明确的战略展开，并确定从哪里开始。随后，企业通过在整个组织中众包设计理念，获得员工对转型和变革工作的支持，并通过展示员工层面的基于数据的改进，向高层管理者宣传变革的好处。

随后，企业通过多次迭代和反馈循环来推进流程的设计和优化，所有这些都是由持续参与设计流程的员工驱动的。越来越多的变革依托于来自员工的数据和洞见，以确保第一次的变化方向是正确的。毕竟，那些经历过无数次重组和变革的组织很显然没有在第一次改变时就把事情做好！

员工体验：让工作更个性化

"为员工的心灵和思想而战"变得比以往任何时候都更加重要，尤其是当不同辈的人都在这个工作场所中工作的时候。我们所知道的是，企业中的每个人都在努力做出贡献，但是如果我们坚持使用媒体上展现的对新生代、千禧一代等的刻板印象，管理者们将无法有效地管理员工。众所周知，当涉及领导和激励员工的时候，除非你和他们一起工作了一段时间，并和他们进行了有意义的对话，否则你永远不会真正知道他们的反应。

这就是为什么员工体验如此重要，因为不同的员工有不同的期望，而且员工不再像过去那样有耐心或愿意接受组织的某些意志。那么，在一个日益自动化的世界里，组织如何利用技术让每个员工的工作体验变得积极且富有个性化呢？

员工体验有多种不同的定义，让我们产生共鸣的一个简单定义是——"员工对其工作经历的感知和感受"。[5]IBM劳动力研究所进行的研究强调了抓住员工体验的五个关键要素。

- 归属感：感觉自己是小组、团队或组织的一部分。
- 使命感：理解为什么自己的工作很重要。
- 成就感：完成工作后的成就感。
- 幸福感：在工作中或相关领域产生的愉悦感觉。
- 活力：在工作中表现出活力、热情。

　　自动化和员工体验之间的联系正在建立，这以一种经济有效和可持续的方式为员工提供了个性化的解决方案和信息。这种联系围绕着整个员工生命周期，正如图1-2所示，自动化驱动着创新以及旨在使工作体验更加个性化和面向未来的方法。

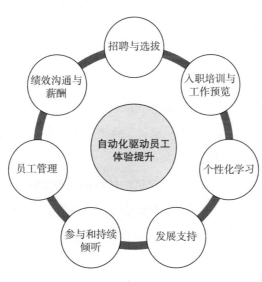

图1-2　自动化和员工体验

　　一些快速发展的技术应用不仅会改善员工体验，而且将提高整个人力资源部门的工作效率。在招聘领域，我们已经看到聊天机器人通过自动分析加速候选人的匹配，为招聘筛选提供帮助。区块链技术正被用于简历验证，而视频面试不仅能加快招聘速度，而且能让面试流程更严谨。基于游戏的测评技术，也越来越多地被用于提高评估的严谨性和提升候选人的体验。

一些企业采用了基于虚拟现实技术和工作预览的入职培训模式，所有这些都是由自动化的入职培训活动支持的，这样新员工从入职第一天起就能高效地"启动和运行"。培训领域也会受到很大的影响，企业可以采用更加个性化的方法（包括游戏化和虚拟现实学习），实时为员工的自我发展需求提供支持，勾勒可能的职业发展路径，提供晋升匹配机制和基于人工智能的自动化指导。

在员工生命周期内，复杂的人工智能和基于机器学习算法的技术，可以对员工参与的反馈、生产力和流程管理的支持、绩效沟通和基于薪酬激励的跟踪与建议等进行实时诊断并形成补救性方案。所有这些都是由数据和分析性预测驱动的，可以为企业节省大量的时间和金钱。

有了这些方法产生的数据，企业就有了洞见和证据来支持为什么要做某些事。这也是新技术系统确实能提升决策质量的证据。

重塑工作：新的技能需求

虽然员工体验侧重于组织变革的情感因素和影响，但业务主导的自动化争论意味着企业需要一种确定的方法来优化人与自动化工作的结合。图1-3概述了这个过程以及一些需要重点考虑的问题。

拉万·杰苏萨桑（Ravin Jesuthasan）和约翰·布德罗（John Boudreau）强调，这种自动化审查过程遵循两个主要步骤——解构工作和评估绩效改善的回报（ROIP），通过考虑可用的自动化类型以及自动化是否可以取代、扩充或改造人力，来优化人与自动化工作的结合方式。[6]

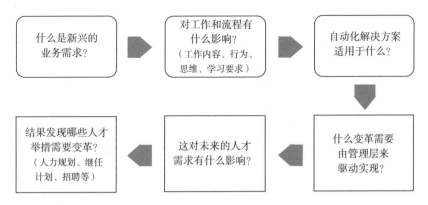

图1-3 在自动化和颠覆性的世界中重塑工作

据更广泛的媒体报道，就业岗位被大规模取代的威胁似乎是一种全球现象。我们认为，这种变化的程度被夸大了。当然，重复的任务和流程，而不是工作，确实将被自动化过程和新技术取代。工作需要被重新设计、合并、改变，甚至在某些情况下会消失，但随着流程和方式被重新定义和改变，新的工作也会出现。

无论出现什么情况，工作的三个主要要素（见图1-4）将保持不变，正如它们多年来的样子。

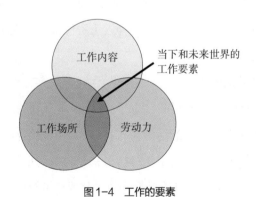

图1-4 工作的要素

- 工作内容：需要完成的工作是什么？这将包括完全自动化的工作，不断增加的基于机器、部分自动化的工作以及现有的"以人为主导"的、基于领域知识的工作（尽管自动化技术正在被越来越多的人探索）。

- 工作场所：工作在哪里被完成？随着技术的不断进步，人们对固定工作场所的需求正在被重塑，不同的工作方法和工作场所正在根据工作完成的地点和时间被重新定义。

- 劳动力：谁来工作？根据业务的需求，劳动力由不同比例的全职员工和兼职员工所组成，包括但不限于自由职业者、零工和人力资源外包供应商等。对这种不同的劳动力结构进行管理，也会给高层领导者、管理者和员工带来新的工作方式和交互模式。

工作内容、工作场所和劳动力之间的变化是密切相关的。其中一个要素的变化可能对员工和企业产生重要的影响，而这在以前是不需要考虑的。毕竟，未来的工作并不是一成不变的，因为每个人都试图定义它对他们的企业、员工和人才培养方式的意义。如果有一个解决方案能满足每个企业的需求就好了！

对数据的动态监测和洞察将使企业能够预测需要做什么，以重新定义战略和确保员工队伍"为未来的成功做好准备"。数据是一种燃料，它将为这些挑战注入动力，并为人力资源部门识别机会，使其成为未来战略的明确组成部分。

新的业务模式和结构

多年来，企业一直在寻找"金子弹"（一本万利的产品），从效率和盈利的角度来改变自身的运营模式和结构。组织结构的问题一直在揭示这样一个事实：如今的组织结构最初是为了稳定、可预测和可控制的环境设计的，而这些并不是推动数字化或业务转型的特性。

当下和未来都对组织结构的流动性、速度和响应能力有一定的要求。新的创新理念需要被迅速构建和应用，以最大限度地发挥竞争优势。随着技术发展比以往任何时候都要快，企业员工有时会被认为没有像期望的那样快速或积极地做出响应。组织结构必须像关注今天的需求一样关注明天的需求，否则就可能会丧失竞争优势。

这带来了一系列全新的基于组织设计的问题，范围从组织的运营模式到为正在组建的劳动力团队和创建的工作场所提供合适的技术。数据在组织设计过程中的作用将是至关重要的，企业要确保数据提供的事实和洞见与组织重新设计时共享的"充分沟通的意见"一样可信。你可以问自己这样一个问题："为什么需要重新设计？"答案是："因为我们第一次没有做对！"

数据或分析驱动改善决策质量

我们正在推广使用的数据和分析可以给任何人力资源部门带来"附加价值"，无论它们的规模和优先事项如何。本质上，每个组织，无论是竞争性企业、政府还是非营利组织，都经营着数据型业务。我们拥有的数据超出了我们的处理能力，我们面临的挑战是，明确高质量数据的广度和深度，以便为整个组织的优化提供信息并加速优化，无论这些优化是基于效率还是基于利润。

数据的力量在于它可以提供洞见，让客户或员工的体验比以往任何时候都更好。当然，这两个方面对组织的成功都至关重要。[7]这是一个文化变革的过程，而不仅仅是开发基于数据的分析能力。最终结果是，数据和洞见的产生为管理层提供了信息，帮助他们做出比以往任何时候都更明智的决策。但这并不是要剥夺他们的责任和决策权利。

这整个过程就像一次探索的旅行。全球劳动力洞察与分析主管兼阿斯利康人力资源部门负责人夏洛特·艾伦（Charlotte Allen）认为："人力资源部门不会被数据和分析取代，但不使用数据和分析的人力资源部门将被使用数据和分析的人力资源部门取代。"

持续创新的数字化技术

每个企业的数字化转型过程似乎都不一样，但总的来说，数字化技术只有被整合到企业的各个领域，才会导致组织的运作方式和向客户提供价值的方式发生根本性变化。这整个过程也是一次文化变革，意味着从长期存在的业务流程转向较新的流程，当然这些流程仍然需要一些"微调"。

技术变革的速度是飞快的，但是数字化转型不仅仅涉及技术，更多的是关于人和一种新的工作方式。

- 企业战略的组成部分。
- 从如何在工作中使用技术的思维改变开始。
- 提供更好的客户和员工体验。
- 使用所有能促进员工完成工作的技术。
- 使企业及其员工能够比以往更高效、更有价值地交付产品。

自1989年万维网被创建以来，数字化转型和驱动它的技术应用就一直存在。问题在于，今天正在开发的技术解决方案的复杂性和变化性达到了前所未有的水平。因此，实现真正的全组织技术变革的过程相当复杂。

在图1-5中，我们概述了一些企业需要关注的关键特征和领域。

在调整员工队伍和业务挑战时，人力资源部门有许多方面需要考虑，以便数字化转型项目能够提供衡量成功和进步所必需的数据，例如：

- 从一开始就让业务部门明确在前进的过程中需要哪些数据。
- 从需要评估的业务目标开始，而不是技术本身（它仅仅是促成因素）。

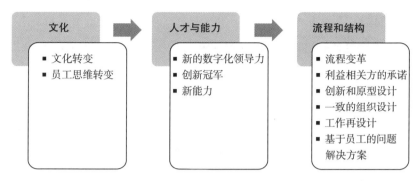

图1-5　数字化转型的相关要素

- 评估组织在数据、技术、劳动力等方面的现状。

- 设想文化、技术、结构、劳动力和领导力方面的理想状态，以及达到这种理想状态需要的数据。

- 通过获取所需数据，对设计、构建、实施和维持工作场所所需变革的能力进行差距性分析，以获得相关洞见。

- 在设计所需的基于数据和分析的解决方案时，关注当下和未来。

- 了解需要哪些分析和数据源，以确保流程优化的评估维度清晰易懂。

- 将数据和分析解决方案构建融入日常业务。

　　关键的一点是，未来的数字化工作是不断变化的：它不是另一个将被交付的一次性变革项目，而是要创造一种"新常态"。这意味着那些更成功的员工：

- 将持续的变化视为日常工作的一部分。

- 在工作中采取更加灵活和敏捷的方法。

- 随着工作和绩效期望的不断变化，持续学习。

- 在工作中接受更多的责任，因为技术为交付和执行提供了更大的灵活性和快捷性，减少了以往的管理和过程检查工作。

3D模型

这些复杂的趋势和因素共同为未来人力运营职能的发展创造了一个非常清晰的议程——3D模型，如图1–6所示。战略维度（Strategic Dimensions）的创始人兼合伙人、企业研究论坛的董事总经理迈克·哈芬登（Mike Haffenden）认为："人力运营职能是为了支持企业的发展而存在的，所以除非你谈论企业的未来，否则你没必要谈论人力运营职能的未来。"

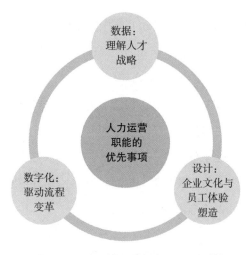

图1-6　人力运营职能的优先事项——3D模型

这三个要素是相互联系和相互依赖的，以确保它们能从各个方面推动更好的结果。

数　据

这对于理解以下内容至关重要：

- 在业务或战略层面，各种人才举措都是在为企业提供"附加价值"。
- 在改进人才举措和提高员工体验方面寻求机会，对未来的人才队伍是至关重要的。

- 能够证明人力运营部门制定的人才或劳动力战略与业务战略和商业需求之间的一致性。

设　计

这将成为人力运营部门关注的一个关键领域，具体包括：

- 未来新组织的设计。
- 设计自动化所需的新工作和重塑的工作。
- 确定新的工作场景对员工、管理者和领导者提出的全新的行为和技术能力及相关要求。

数字化

这不仅仅涉及通过支持组织变革来驱动转型新举措，还涉及人力资源数字化的变革举措——这些举措在全球人力运营部门中开始变得越来越普遍。

人力资源数字化是一种流程优化，即利用社交、移动、分析和云技术使人力运营部门更加高效。然而，新技术的应用并不是使人力运营部门变得数字化的原因。这还涉及文化融合、人才举措、业务方式和实施过程等，以平衡组织效率和创新机会——所有这些的焦点都是确保在组织不断变革的过程中，人力运营部门有能力为其提供清晰、可持续、可测量的影响。

从人力资源职能向人力运营职能转变

人力资源有许多名称，一些组织将其称为"人才""人力资本""劳动力"，最近还有人称其为"人力"。近段时间，专家认为该职能需要分成两部分：人力资源职能和战略性人力资源职能。[8, 9]人力资源职能负责支持员工的日常行政任务，比如招聘、入职、薪酬和福利，而战略性人力资源职能则着眼于如何基于人才洞见来提高组织绩效。

近段时间，通过引入新的技术，比如人工智能、聊天机器人、基于云技术的人力资源系统和机器学习，人力资源职能得到了改善。技术对人力资源领域的事务性和运营性工作都能产生巨大影响，比如招聘、入职、培训、领导力发展、绩效管理、薪酬和福利、奖励和表彰。有一些企业已经走到了这一步，但是鉴于影响（由新技术带来）的规模、范围的不确定性和可能产生的费用，有一些企业仍在观望。

正常来说，技术应该给人力资源部门提供更多的时间来应对更大的组织挑战，并帮其争取到战略地位。尽管如此，我们仍发现人力资源从业者在将这些技术与业务战略相结合及向业务领导展示其价值时，面临着一些运营挑战。这些挑战包括：

- 昂贵、耗时的信息技术支持和持续更新的系统附加功能。
- 笨重过时的平台，缺乏扩展性。
- 变更合规性问题及其对技术特性的影响。
- 数据不足或不易获得。
- 多个供应商的管理。
- 数据存储和安全访问方面的网络安全挑战。

这些都不是人力资源从业者最初入行时期望处理的问题。

职能变革：这不是已经发生了吗

在过去十年里，全球范围内的人力资源职能发生了重大变化。改变人力资源从业者的行为和方法一直是这一过程的关键部分，尽管当前仍有许多工作要做，尤其是涉及业务应用领域构成分析方法基础的人才数据时。

如图1-7所示，变化已经发生，挑战在于人力资源职能是否产生了它需要的业务影响。以往存在的运营性人力资源部门已经取得了不少进步，但是从综合性人才管理部门转向业务驱动的人力运营部门会更困难。

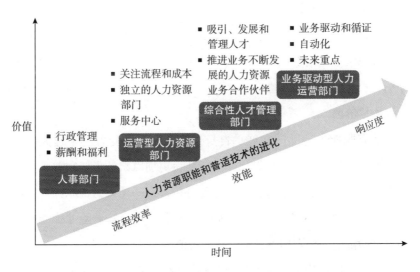

图1-7 人力资源职能的演变

人力资源部门似乎仍被视为成本管理部门，当组织形势变得艰难时，它会通过削减预算或减少员工数量来缩减开支。其他要素已经通过技术或集中外包实现了流程化，但是世界正在以越来越快的速度变化，人力资源部门必须以比传统的"少花钱、多办事"更多的方法来应对这些变化。它需要改进它所做的一切。

如果人力资源部门想要被看作一个在重要人才议程上能够影响高管团队的部门，它就需要提高自己的影响力和信誉。关键在于，这些优势能否对企业和高管团队产生影响。人力资源部门不能用一张旧地图来寻找新的路线。以下有一些可以使人力资源部门更敏捷、更具变革性的方法。这一切都是为了打破外界对人力资源职能的固有观念。

积极主动，行动迅速

人力资源部门必须积极响应。为了满足业务的未来需求和引领组织变革，人力资源部门不能等待别人来主导，而是必须鼓励研究，进行团队创新和基于场景的规划，将自身置于"前沿"的位置——这一点至关重要，而不是根据已确定的需求制订解决方案。

联合利华、荷兰银行和施耐德电气等公司的人力资源部门就采用了这种方法。这给它们的声誉带来的影响是十分显著的，并且它们至今仍在积极推进这种方法。

衡量价值

所有职能支持部门在展示自身价值方面都承受着越来越大的压力，人力资源部门也必须做出回应，变得更加以财务为导向并承担更多责任。为了更加注重数据、指标和分析，每一项人力资源计划或解决方案都需要以"零成本"为基础进行评估。这意味着除非你能够证明自己的价值，否则你不会增加任何价值。

倡导使用评价指标并不是说要衡量人力资源部门所做的一切，而是要将宝贵的资源集中在那些能产生更高回报的解决方案上。例如，为什么不将所有的管理流程与其他业务流程一起纳入运营中心？不能仅仅因为它们与人有关，它们就必须处在人力资源部门的管控之下。最终，无论是在12个月内还是3~5年内，聊天机器人都将取代人类，执行那些基础的人力资源流程。

增加价值

对人力资源部门来说，真正的挑战始终是如何增加企业的价值和竞争优势。衡量价值是重要的，但是人力资源部门需要去衡量那些为企业"增加关键价值和回报"的元素。这意味着只有基于数据展示投资回报率和进行预测性分析，人力资源部门才能真正显示出业务影响力。

一些企业可能会从员工的集体能力和与个人相关的成本出发，探索从员工身上获得的实际财务价值。

有效的人才举措

人力资源部门在思想领导力方面已经有了相当多的专业知识，只是需要对管理者进行相关赋能，以实现以下目标。

- 留住优秀员工。
- 提高他们激励、发展和考验员工的能力。
- 提供最具预测性的招聘方法，以识别顶尖人才。
- 确定最有效的培养和发展方案。
- 制订能提高顶尖人才绩效的福利方案。
- 确定对绩效影响显著的人才举措。

这一切都需要通过明确谁真正拥有员工话语权，以及相应的管理层和人力资源部门在其中分别扮演的角色来支撑。在某些企业中，沟通不畅似乎会成为一个问题。

具有战略思维

一段时间以来，人力资源部门一直致力于实现战略化，但这真的可以实现吗？具有"战略思维"意味着人力资源部门要产生影响关键业务目标的结果。因此，如果你想为某个战略性结果加分，那么你必须首先在该战略领域承担一定程度的责任。这就是你在使用数据和分析来展现你的价值时所面临的业务挑战。数字可以上升也可以下降，但你需要使用数据说明这些变化为什么会发生，而不是去关注这些变化对人力资源部门产生的直接影响。这才是业务经理每天都要面对的商业世界。

许多人将具有战略思维等同于拥有某种程度的正式权力或控制权，但实际上这两者之间并没有必然的联系。具有战略思维的人很少拥有他们想要的权力。例如，在大多数组织中，首席财务官负责所有的财务行为，但事实上，他对预算和财务支出几乎没有直接的权力。首席财务官的大部分权力是教育和影响他人，而不是改变业务方向、做出产品或服务决策，甚至以特定方式管理执行。首席财务官负责他们认为对企业成功至关重要的财务事项，尽管在大多数情况下，他们并没有完全的管控权或控制权。

人力资源部门如果期望自己被视为真正的战略部门或业务部门，就不能使用这种"难以控制"的借口。真正的领导是需要对没有完全管控权或控制权的事情承担责任的。如果你承认人力资源部门需要对人才举措的结果负责，而不仅仅是管理系统的运行，那么你必须用建议、劝说、教育等任何方式去影响整个企业的管理者和员工，使他们达到最佳的生产力水平。

领导者视角

当人力资源从业者从流程实施者的角色（这种角色仍然存在于各种组织中）转变为推动者或内部可信任的顾问时，他们必须允许管理者拥有自己的人才决策权，这样他们才能为有效的人才举措提供清晰的思想领导力。这不仅仅是将人力资源部门更名为业务合作伙伴，而是要在商业思维的驱动下，改变人力资源部门的运作和行为方式。

人力资源从业者的能力

泛泛而谈可能不公平——许多人力资源从业者在建立关系方面很强，但缺乏商业头脑，而商业头脑对在客户中建立信誉至关重要。新的人力资源从业者需要发展他们在业务和财务方面的能力，从而具备扎实的技术素养，并且能够平衡在解决业务挑战时出现的某些风险。

最重要的是，人力资源从业者必须对他们所处的商业世界有一个广阔的视角。请记住，每个人看起来都是人力资源从业者或人才专家，直到事情变得困难。那么，为什么我们不应该有一个关于市场营销、运营等方面的视角呢？它还能为你建立信誉。

正如我们所看到的，人力资源作为一门专业学科绝对走在了正确的道路上。但高管们如何看待已经取得的进步呢？以下是一位经验丰富的全球高管格雷格·里德（Greg Ridder）的见解。

思想领导力洞见

来自董事会的观点

格雷格·里德，科根网站的董事长，在澳大利亚担任多个全球执行董事职位

格雷格·里德在过去20年中担任过多个全球执行董事职位，包括首席财务官、首席执行官、公司总裁，以及最近随着投资组合的扩大而担任的董事长和董事会成员。在日益快速变化的世界中，他在全球和亚太地区组织的工作经验使他能够分享他对商业化和数据导向重要性的看法。

当下的商业环境和高层领导者的期望

有些东西永远不会消失，比如硬数据、指标，它们无处不在。我还没有发现没有损益表、资产负债表、现金流量表的公司。这些东西在全世界都是非常基本的，并且不可避免，而典型的指标报告和计分卡往往是"滞后"指标。我们需要更多的定性评估和前瞻性指标，但我们都知道这些指标是很难获得的。

几乎每个企业都有自己的战略规划，这对我们量化正在取得的进展或发现没有进展都是重要的。通常，这会转移到商业环境的问题上，所以我们需要开始讨论什么导致了事情的发生，什么在我们的控制之下，什么在我们的影响范围之内，什么直接存在于我们的市场环境中，等等。

一旦我们有了战略规划，一切问题都是关于你在做什么，以及你是如何沿着这条道路或高速公路前进的。但路上总有减速带、弯道、施工情况——各种让我们偏离道路的事情时有发生。最重要的是，我们如何校准，如何重新定位，如何继续前进？

这意味着领导必须有能力应对风险、提供洞见、预测场景和创造选项。这些事情告诉我，他们了解情况，也意识到有很多条路通向同一个目的地。此外，你还希望高管能够运用自己的专业技能，与任何调整后的行动计划进行紧密配合。有些高管的确涉猎较广，但如果你需要的是对背景进行解读的专业知识，那么他们不一定知道所有问题的答案。但是，他们了解他们所处的商业环境，并且知道如何找到和应用相关的信息与答案。

谈到领导力，我经常以箭头为例。一旦一个箭头开始了它的旅程，它就会去它所指向的地方。首席执行官和高管团队处于箭头的位置，他们对自己的目标有着更深入的了解，也更清楚自己要去哪里。然而，他们经常忘记他们的组织在箭轴和箭羽的末端。无论箭头指向哪里，箭轴和箭羽都将随之而动——因此，有目的地向员工展示相同的目标视图也非常重要，否则他们可能会与目标脱节。

对人力资源领导者的期望

20年前，人力资源从业者将工作重点放在软技能要求、招聘需求、向高管汇报员工敬业度以及一些关于员工流动性的简单指标上。问题是，人们根本不习惯被评估。

某些员工很多的组织，比如快餐店、连锁店等，必须采取更灵活的方法。我曾经与一位首席人力资源官交流过，他需要负责在澳大利亚招聘到"X"个到中国担任区域管理职务的人。他所在组织的推广计划是在中国每26小时开一家店，每家店基本上都需要100个人来维持店面运营！他不仅需要尽快找到这些人，还需要对他们进行企业文化的培训。

这个人是首席执行官的得力助手。因为在该领域第一个上市会产生很大的影响，所以他要拥有一支庞大、训练有素且结构合理的员工队伍。

其实，你的企业是否同连锁企业一样有活力并不重要，因为人力资源从业者需要知道当下和未来的业务需求。如果他们不掌握战略规划，他们就不能同时影响以下两个方面。

- 当下，我们如何获得出色的表现？
- 未来，我们如何优化组织？并不是所有的企业都处于持续增长之中——其中一些企业正在被洗牌，对它们来说，这可能就需要考虑如何在一个技术颠覆的世界中重塑组织和重新部署资源。

保持敏锐的战略意识和对未来业务需求的持续预测，将会让人力资源领导者变得更有价值。因为他们会密切关注外部环境，尤其是预测行业动态、监管变化和快速发展的技术。他们不必是战略规划专家，但他们必须了解外部变化及其对劳动力和技能需求可能产生的影响。

真正吸引我的是文化敏锐度，即看见、感觉和影响行为的能力。这些都是建立品牌和促进企业内部协同的能力，人力资源从业者必须足够强大，以呼吁那些能够影响企业文化的人。这个世界上潜伏着真正的"价值破坏者"，我们需要确保我们意识到了这些。我认为，任何企业都不能再忽视外部效应并说这超出了我们的能力范围。

我在许多企业工作过，要么担任董事长，要么担任董事会成员。其中有一家企业特别重视数据，它是一家大型在线零售商。在这一行，我们会戏称我们是伪装成零售商的统计学家和分析师，因为我们不支持判断，也不支持"这感觉很好"或"相信我"之类的语句。我们使用算法从世界上正在发生的事情中提取信息，然后说：如果它正在世界上发生，那么我们可以将其中的元素应用到我们的业务中。例如，我们会说我们销售的是"有需求的产品"，因为数据告诉我们存在需求，所以我们会寻找符合需求的产品。

这家企业中的每个人都乐意以真正客观的数据为工作导向。这意味着员工之间的对话是非常不同的，他们在验证和测试事物的真实性上更容易发出质疑。这个企业倡导数据与分析，也希望该理念深深植根于企业内的各个部门。在我担任董事会成员的其他企业里，数据与分析被应用得非常少，在战略对话中自然也就看不到人力资源从业者的身影了。

人力资源、数据和期望

有趣的是，与我共事过的最优秀的人力资源从业者后来都成了首席执行官。他们知道什么是业务重点，并且也清楚当业务需要时如何改变一家企业及其员工。

如今，数据和分析对于用证据支持我们的判断非常重要。关键的人力资源问题应该是："我们有依据吗？"在跟踪数据、效率、转化率、业务开发流程、新产品开发和成功率等诸多方面，我们都有可用的绩效指标，那么为什么人力资源部门在追求业务改进时要有所不同呢？

找到真正的衡量标准和相对的绩效指标非常重要，这样我们才能一直努力改进。我们总结了一系列可使用的指标，比如员工敬业度、净推荐指数（NPS）、客户满意度等。这样我们就可以在特定时间点追踪和测量它们，以确定它们是否变质或者改善。

人力资源部门扮演的角色的确很难，但我希望人力资源从业者：

- **战略性思考**：了解企业的战略规划。了解大局，因为这样你就能影响大局中的一小部分。如果你不这样做，你就只能对别人的行为和观点做出反应。我希望人力资源领导者更为主动，因为我希望他们能推进战略的实施。我想给他们一条长跑道来展示他们的技能，展示他们的成果，并质疑和挑战业务。

- **成为自信的合作伙伴**：人力资源从业者必须有足够的信心采取行动，以实现目标。在企业的最高管理层，我希望人力资源从业者成为首席执行官的合作伙伴。这不是一对一的合作关系，因为首席财务官也将拥有类似的关系，但他们必须至少被认为是企业首席官中的一员。如果他们被视为附属品，他们就很难获得信誉，也就不会得到同行的尊重，无法成为对任何事情有价值的贡献者，不仅仅是在人力资源领域。

- **有洞察力**：人力资源从业者需要精通各种角色。他们必须有洞察力、前瞻性和主动性。数据和分析是建立这种信誉的关键，而信誉对于任何在董事会工作的人来说都非常重要。

- **接受评估**：准备好评估自己和他人的表现，并衡量自己对战略实施的贡献。这就是数据的重要性所在。

格雷格的观点围绕着一种更加积极主动的商业视角而展开,并且得到了现有的数据和证据的支持。在期望、信誉和能力方面,格雷格并没有把人力资源部门与其他职能部门区别对待,因此变革的必要性不容忽视。

虽然已经发生了一些重大变化,但有人还是认为人力资源部门需要全面发展成为一个更具战略性的部门。我们可以看到,人力资源部门也可以把自己分成两个子集,像财务之于会计,营销之于销售。财务和营销都是后者的战略职能。我们认为,这种划分值得探索,以便人力资源部门成为它渴望变成的业务伙伴。要做到这一点,我们需要进行更彻底的变革,因为我们多年来对人力资源部门形成的固有看法需要改变。而我们的行为变化需要与更切实的业务成果相结合,这才是实现变革的基本杠杆。

任重而道远。战略维度的创始人兼合伙人、企业研究论坛的董事总经理迈克·哈芬登评论说:"世界已经发生了变化,但我不确定人力资源部门是否已经发生了变化。"

未来的人力运营部门

我们希望大家关注人力资源的战略职能,我们称之为人力运营。对我们来说,理解这些术语的定义很重要:"人才""人力资本""人力资源""劳动力""人力"。在广泛的商业世界中,这些术语经常被互换使用。然而,当解释它们时,你会发现它们的本质非常不同。为了表达人力资源部门希望成为一个更具战略性的职能部门的愿望,这些术语中的每一个都被用来定义其在企业中试图实现的目标。

下面,我们试图综合性解释为什么人力资源部门如果想增强战略属性,就需要采用"人力"这个名字。

"人才"

1998年，钱伯斯（Chambers）等人在文章《人才之战》[10]中首次将"人才"一词作为人力资源部门的一项职能。大多数关于人才管理的研究都假设组织需要有效地吸引、激励、发展和留住高潜力、高绩效的员工。[11]

然而，考虑到多样性、每个人所具备的独特技能以及它们对组织整体文化的影响，"人才"往往不能反映出未来的数字世界所关注的重点。

"人力资本"

财务一直对业务有着很大的影响，所以我们看到很多企业使用"人力资本"或"人力资本资源"这个术语。

我们今天使用的大多数研究结果都来自工业组织心理学。然而多年来，"人力资本"一词一直存在争议。因为这一概念表明，人是一种由组织拥有和控制的资本形式。因此，这个术语被认为是把人当作机器来对待的。[12]

"人力资源"和"劳动力"

"人力资源"是一种很好的描述，因为它涵盖了人力资源管理及其与其他业务部门的交互。类似地，"劳动力"一词涵盖了整个劳动力群体，而不仅仅是全职员工，并且考虑到了未来机器人将有可能取代组织内现有的工作岗位。

然而，这两个术语都表达了人力资源部门"向内看"的特点，这种特点使它无法朝着跨职能的方向发展，无法制定出与业务战略相一致的真正人才战略。有人认为，人力资源部门要想在企业战略中有所作为，就必须采取"向外看"的策略，不仅要了解业务、运营和财务状况，而且要以客户为中心。[13]

"人力"，新的前沿

有证据表明，人力资源部门正在产生比以往更多的数据。[14]由于数据无处不在，我们现在不仅可以收集组织内部的信息，也能收集外部的信息，看它们如何影响组织的绩效和文化。因此，我们认为"人力"是表达该职能部门如何执行人力资源战略的最清晰的方式。由于这个术语几乎没有限制，所以人力运营部门可以致力于整合和输出与人力资源、整个员工队伍、业务运营和客户等相关的所有活动的洞见。

虽然我们建议使用"人力"作为该职能部门的名称，但不同的企业有自己的文化或现实问题，它们可能还是会使用其他名称。随着许多企业的技术能力不断提高，人力运营部门第一次有机会将企业内外所有与人相关的活动真正联系起来，从而优化决策过程，提高组织绩效。这就是为什么人才数据的获取和分析过程对这一职能部门的发展如此重要。如今，人力运营部门的领导者和从业者比以往任何时候都更需要具备这一重要的技能和相关专业知识，而且需要对这一职能部门的发展有一个与企业战略保持一致的清晰愿景。

人力资源适应企业目标吗

几年前，专家们在一系列颇有争议性的文章中论证了为什么人力资源部门无法应对大数据的挑战。[15]他们认为，人力资源从业者没有足够的分析知识，并且受到信息技术解决方案的限制，这意味着他们无法证明人力资源数据对组织的价值。如今，许多企业都在努力创建一个数据驱动的人力资源案例，而相关从业者关注的是首席人力资源官的角色演变。[16]

虽然首席人力资源官关注的是领域知识和基于劳动力的洞见，但每个高管都需要一个非常明确的人来跟进他们的关注点。研究表明，组织希望人力资源部门做出战略性贡献，但它们对人力资源部门在企业中的角色感到困惑，并认为这主要是因为其缺乏分析技能。由于人力资本被认为是资产负债表上最昂贵的资产之一，有时占企业支出的70%以上，所以高管们一直都很关心人力资本如何为企业增加可衡量的价值。

新领导者的出现：首席人力官

首席人力资源官们被一次又一次地批评，因为他们不能从整体上看待员工创造的价值，无法理解数据和分析，无法为企业战略做出贡献。简而言之，首席人力资源官还没有被证明是首席执行官需要的业务合作伙伴，因此，首席执行官自然更倾向于向首席财务官寻求此类支持。

为了迎接变革，首席人力资源官的角色必须被重新定位为首席人力官。首席人力官需要有跨职能的业务经验，并对不同部门的业务挑战和机遇有着清晰的理解，同时具备数据才能。他们的优先工作事项是：

- 成为高管团队的业务伙伴，真正掌握关键的人力资产。
- 将人才数据分析嵌入日常流程，以推动制定更高质量的决策，提高组织绩效。
- 预测未来工作所需的劳动力能力。
- 预测和诊断与文化认同、员工敬业度、人才发展相关的问题。
- 通过使用技术解决方案，从人员角度分析业务问题，制订行动方案，以提高组织的敏捷度，从而释放或创造价值。

■ 拥有以数据为支撑的以人为本的文化。

考虑到这些,"金三角"是一个可以参考的框架,它通过最大限度地优化首席人力官与首席执行官、首席财务官的关系,来提高人力运营部门的重要性和影响力,如图1-8所示。[17]

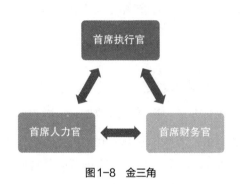

图1-8 金三角

随着整个企业的技术衍生数据和洞见不断增加,首席人力官不仅能够提出反映业务焦点的人员方面的建议,而且能将其整合,作为持续的战略需求的一部分。这将使首席人力官成为与业务战略相一致的人才战略的真正驱动者,并最终成为整个企业的战略合作伙伴。

人力运营部门的角色

在初级阶段,人力资源部门不仅可以通过招聘、培训、留用、激励和吸引员工来降低人力资本风险,而且能使整个员工队伍与整体业务战略保持一致。但大多数人力资源部门很难展示出员工如何真正为整体业务绩效做出贡献。随着代表人力资源核心职能的运营任务通过技术实现自动化,人力运营部门终于可以尝试衡量这些无形资产创造的价值。

人力运营部门的关键任务包括:

- 衡量、报告和分析企业的无形价值。

- 制定人才或劳动力战略，这在某些情况下被称为战略人力资源规划。

- 将人才战略与业务战略相结合，以数据驱动的以人为本的文化为基础，提升员工体验，留住组织中的优秀员工。

人力运营部门的一个重要特点是，它拥有一些关键能力，比如良好的数据分析能力、讲故事的能力、商业敏锐度、数据可视化、组织心理学、会计、财务和变革管理等。[18]

首席执行官们认为人力资本是他们面临的最大挑战之一，但他们低估了首席人力资源官和人力资源部门。这在很大程度上与人力资源部门的信誉和能力有关。不过，随着人力运营部门和首席人力官的出现，这种情况可能会有所改变。

向高层管理者推销人力运营部门

这种转变不会仅仅通过首席人力官的行为而实现。2005年，快速公司（Fast Company）发表了一篇题为《为什么我们讨厌人力资源》的文章。[19] 从人力资源部门的角度来看，这很残酷，但不幸的是，有些因素今天仍然存在！改变对人力资源部门的看法是一项挑战，但正如我们所知，人们的看法就是它们面对的现实。

首席人力官们和他们的团队非常清楚"战略思维"的重要性，并有机会在人才问题上影响高层管理者。新的工作模式需要通过变革工作行为来推动。与其只是努力工作、同意不合理的要求、专注于实现流程的变革，不如展示关键的业务成果，以引起首席执行官和高管团队的注意。这意味着人力资源从业者需要提供清晰的业务观点和思想领导力，并且能够：

- 从商业思维和业务思维出发，展开讨论并施加影响，而不仅仅是从人的角度出发。
- 从更广泛的商业角度来看待问题。
- 与不同的团队进行有效合作，实现变革。
- 为人员问题提供相关的业务洞见。
- 按时完成任务。
- 在运营层面和战略层面，就组织和人员问题主动提供业务观点和思想领导力。

潜在的意思是，人力运营部门要能够以一种更商业化的方式进行交流——这就是为什么人才数据分析在过去几年里一直是个热门话题。如果人力运营部门希望具有战略性，那么这意味着它们将影响首席执行官们的衡量标准和他们所关心的事情。首席执行官们和他们的团队会被那些了解他们所关注的事情的人吸引——这些事情往往是赢利能力、收入增长、客户吸引力或保留率、股东价值和业绩预测。

这还不包括人力运营部门面临的最大挑战——人。他们将是企业最大的固定成本之一，也是你和竞争对手的主要区别之一。如果人力运营部门能够确定什么对高管团队来说是重要的，它就可以制订一个营销或销售自身能力的计划，来帮助解决和支持那些关键业务驱动因素的实现。该计划涉及绩效指标、数据、投资回报模型和研究成果等的使用，所有这些都会用于提升价值、降低成本和提高效率。

首席执行官们和他们的团队需要了解你如何帮助他们实现业务目标，这也是通过数据展示价值如此重要的原因：需要识别企业的业务和人才数据之间的联系。高管团队所做的所有事情几乎都是由战略驱动的，并且聚焦数字结果。

不要仅仅满足他们，而是要激励他们，向他们展示员工能够取得的成就。从历史上看，许多人力资源部门都经历过削减或外包，因为它们无法以首席执行官和高管团队理解的语言提供量化的价值证据，也就是财务和商业绩效。

作为利润中心的人力运营部门

在过去五年左右的时间里，人力运营部门一直面临着全球经济的不确定性，因此它们倾向于关注流程效率也就不足为奇了，这意味着对质量和成本的持续权衡。当刚开始控制成本时，效果可能相当显著，但是随着时间的推移和工作的持续，节省的价值开始减少。如今，与人相关的成本很可能只占公司总体预算的一小部分，因此成本控制措施能够节省的成本可能很少。此时，企业应该把重点放在经济增长上，毕竟增长的限制要少得多。

每个职能部门都必须专注于"增加有形价值"，并最终凭借自身实力成为一个利润中心。未来几年，它们的关注点可能会发生变化。[20]但战略制定和演变、流动性、技术和新的运营模式将成为组织对所有职能部门的要求的核心特征。

在这种背景下，分析可以支持人力运营部门展示其项目和举措的经济价值。图1-9展望了未来的人力运营部门需要具备的条件。

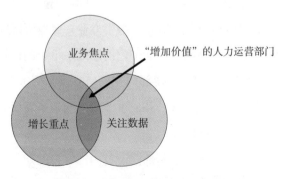

图1-9 人力运营部门的经济价值展示

- 业务焦点：哪些活动会影响组织效能（成本、效率、生产力）？

- 关注数据：人力运营部门如何证明其干预措施的经济效益和"增加的价值"？

- 增长重点：哪些活动能够切实影响组织的"底线价值"（收入增长和增长趋势、政府和非营利组织的关键业务措施）？

数据和分析过程将有助于回答这些关键问题。这意味着我们需要有一种持续的动力来展示人力运营部门所做的一切对业务的影响。这可能是其活动与优化的业务成果（比如销售或流程效率）之间的直接关联，或者是特定人员流程（比如招聘）与其对生产率、销售收入或利润的影响之间的关联。

分析方法的影响在于，我们不再关注人才存在的合理性，而是将重点放在向组织（使用业务语言，而不是我们的"人力资源语言"）展示人才项目能够为组织带来的切实影响上。这种心态意味着我们现在可以考虑成为一个利润中心，而不是成本中心，因为我们"走在最前面"，我们谈论的是增长、利润和生产率，而不是流程效率。

向利润中心转变始于人力运营部门对首席执行官和高管团队所关注的事情的关注。人力运营部门专注于提供基于数据的见解，更重要的是，基于干预措施和计划提供与增长相关的数据。与财务部门合作意味着，人力运营部门的业务数据和数字专业知识也可以用来构建切实的业务洞见，从而提高两个职能部门的绩效水平（例如收入目标），而不是完成流程目标。人力运营部门在任何时候都要考虑业务成果，即在可行的情况下关注收入增长和成本节约，而不是仅仅关注与人相关的成果——这一点很重要。

分析改变了人们对人力运营部门及其内部客户的期望。我们需要思考："下一步需要做什么？"分析的最终结果并不是使人力运营部门更加数字化，而是将其发展成一个以业务为导向的利润中心，而不仅仅是一个成本中心。这是我们这个职业的机会——我们能够而且必须做到这一点，尤其是当我们周围的混乱再次表明人才是当今世界面临的真正挑战时！[21]

本章的关键要点

- 未来的数字工作场景将会给人力运营部门带来一系列新的挑战，其中没有一个问题是"容易解决的"。人力运营部门需要主动参与制订应对这些挑战的解决方案。

- 业务部门不会坐等人力运营部门的介入，它们很可能认为自己在数据、设计和数字化（3D 模型）方面更有见识。这是人力资源从业者可以大放异彩的机会！

- 技术正在改变我们所处的世界，快速而无情的变化意味着人力资源部门比以往任何时候都更需要接受新的技术方法。企业领导人和员工现在都在期待他们作为消费者所拥有的那种技术体验。

- 过去的变化已经对人力资源部门产生了影响，但是现在人力资源部门必须关注一种基于商业影响的方法。这种方法的核心是更注重业务、更注重数据和证据、更注重分析方法。

- 企业领导人和高管认为更有影响力的业务焦点是为组织增加价值的重要因素。

- 改变整个人力资源部门的行为是改变人们对人力资源职能的历史认知的关键。董事会比以往任何时候都更需要一个清晰明确的人才战略，这也是为什么人力资源职能必须转向更积极主动的人力运营职能。

- 未来人力运营部门的作用是衡量、主动分析和制定稳健的人才战略，这些战略要与快速变化的业务需求保持一致。

- 首席人力官的作用至关重要，他不仅是该职能部门的榜样和名义上的负责人，而且是高管团队的一名重要成员。"金三角"在人员问题、业务数据和战略执行方面所建立的有价值的联系，对于推动新的需求至关重要，这种新的需求将使该职能部门从关注人才运营转向关注业务影响。

- 人力运营部门需要像关注成本管理一样关注收入和增长。大幅节省成本的机会可能不复存在，而寻找新的收入来源和提高生产率的方法对组织的影响则要大得多。只有使用数据和分析，人力运营部门才能成为利润中心。

- 随着使用数据和分析，人力运营部门可以提供比以前更广泛、更面向业务的洞见。

参考文献

1. Marr，B (2017) *Data Strategy: How to profit from a world of big data*，*analytics and the Internet of Things*，Kogan Page，London.

2. Baillie, I (2018) What is the Business Value of People Analytics? *myHRfuture* [Online]. www.myhrfuture.com/blog/2018/11/2/what–is–the–business–value–of–people–analytics (archived at https://perma.cc/P2VC–USXY).

3. Zafar, Dr F, Butt, A and Afzal, B (2014) Strategic Management: Managing Change by Employee Involvement, *International Journal of Sciences: Basic and Applied Research (IJSBAR)*, 13 (1), pp 205–17.

4. Kiron, D and Spindel, B (2019) Rebooting Work for a Digital Era, *MIT Sloan Management Review*, [Online]. https://sloanreview.mit.edu/case–study/rebooting–work–for–a–digital–era/ (archived at https://perma.cc/EU6D–NLDP).

5. IBM Smarter Workforce Institute (2016) The Employee Experience Index, *IBM* [Online] www.ibm.com/downloads/cas/JDMXPMBM (archived at

https://perma.cc/6DB9–XAVR).

6. Jesuthasan, R and Boudreau, J (2018) *Reinventing Jobs: A 4 step approach for applying automation to work*, Harvard Business Review Press, Brighton, MA.

7. Morgan, B (2018) The un–ignorable link between employee experience and customer experience, *Forbes* [Online] www.forbes.com/sites/blakemorgan/. 2018/02/23/the–un–ignorable–link–between–employee–experience–and–customer–experience/#60502f9448dc (archived at https://perma.cc/384F–ER42).

8. CIPD (2015) Changing HR Operating Models, *CIPD* [Online] www.cipd.co.uk/Images/changing–operating–models_tcm18–10976.pdf (archived at https://perma.cc/Z8NK–VEZT).

9. Charan, R (2014) It's time to split HR, *Harvard Business Review*, 92 (7), pp 33–34.

10. Chambers, E *et al* (1998) The war for talent, *McKinsey Quarterly*, 3, pp 44–57.

11. Lewis, R E and Heckman, R J (2006) Talent management: a critical review, *Human Resource Management Review*, 16 (2), pp 139–154.

12. Wright, P M and McMahan, G C (2011) Exploring human capital: putting 'human' back into strategic human resource management, *Human Resource Management Journal*, 21 (2), pp 93–104.

13. Michie, J *et al* (2016) *Do We Need HR? Repositioning people management for success*, Palgrave Macmillan, London.

14. Guenole, N, Ferrar, J and Feinzig, S (2017) *The Power of People: Learn how successful organizations use workforce analytics to improve business performance*, Cisco Press, Pearson Education, Inc, USA.

15. Angrave, D *et al* (2016) HR and analytics: why HR is set to fail the big data challenge, *Human Resource Management Journal*, 26 (1), pp 1–11.

16. Charan, R, Barton, D and Carey, D (2015) People before strategy: a new role for the CHRO, *Harvard Business Review* [Online] https://hbr.org/2015/07/people–before–strategy–a–new–role–for–the–chro (archived at https://perma.cc/Z9PJ–QXS9).

17. Hesketh, A and Hird, M (2009) The golden triangle: how relationships between leaders can leverage more value from people, *Lancaster University Management School* [Online] https://pdfs.semanticscholar.org/1c0c/b4ca509de78a470962ca8854283e0a621bb1.pdf (archived at https://perma.cc/CU5Q–MAAZ).

18. Green, D (2017) The best practices to excel at people analytics, *Journal of Organizational Effectiveness: People and Performance*, 4 (2), pp 137–144.

19. Fast Company Staff (2005) Why We Hate HR, *Fast Company* [Online] www.fastcompany.com/53319/why–we–hate–hr (archived at https://perma.cc/BY5N–HCUL).

20. Caglar, D, Couto, V and Trantham, M (2019) HQ 20: The next-generation corporate center, *Strategy + Business* [Online] www.strategy-business.com/article/HQ–2.0–The–Next–Generation–Corporate–Center?gko=3c886 (archived at https://perma.cc/Y9H3–8A5V).

21. Kane, G C *et al* (2019) *The Technology Fallacy: How people are the real key to digital transformation*, MIT Press, MA.

第二章

数据与人才数据分析的时代

在上一章，我们讨论了变革的背景，包括持续全球化的市场、正在发生的技术革新、不断变化的人口结构，无论它们的变化是大是小，都会影响每个组织。当今世界是VUCAR〔volatile（不稳定）、uncertain（不确定）、complex（复杂）、ambiguous（模糊）和responsive（响应式）〕的。我们之所以在VUCA后面增加了一个"R"，是因为除非组织能对这些干扰因素做出切实、快速的响应，否则对所有这些挑战的关注都是毫无意义的。

那些能以最快、最有效的方式做出反应的组织将拥有竞争优势，尽管优势可能只是在短期内存在。这种混乱的"新常态"，预示着未来的人力运营部门可能会有令人振奋的变化，但前提是它们能够拥抱和利用数据的力量，并以具有敏捷性和战略性的方式运作。计量时代已经到来，我们必须成为其中一员。

本章内容包括：

- 衡量商业价值：我们关注的商业价值，包括有形价值和无形价值，以及人力资源部门如何定义其衡量的内容和方法。我们同样关注人才数据的来源，以及它是如何促使人们将报表转化为分析的。

- 人力资源领域的数据和人才数据分析：我们发现不断变化的商业需求正在影响我们日常使用数据的方式，并且促使其他行业和职能部门也改变数据的使用方式。我们会在此介绍人力资源数据分析的原则和范围。

衡量商业价值

随着行业的成熟，人们倾向于使用统一、标准的定义和测量方式，使专业人才能够衡量进展和影响。我们已经学会了衡量一切有形的东西，从时间、重量和空间的度量，到利用财务状况（诸如金钱、资产等）来衡量企业的商业价值。财务方面的标准如一般公认会计原则（GAAP）已经建立，但是利益相关者意识到，衡量长期商业价值比查看这些狭义的财务指标更加复杂。

这个悖论让我们意识到，商业价值是有形资产和无形资产（财务和人才价值）的结合体。如今，企业都用自己独特的衡量标准来评估这些无形资产，这使得在整个行业中横向比较这些业务表现变得困难。这就需要围绕如何衡量无形资产制定标准——除了人力运营部门，还有谁更适合负责衡量、报告和分析这些无形资产的价值呢？

80/20切换

在过去的30年里，企业价值创造的驱动力已经发生了巨大的变化，从有形资产（机器、建筑、土地和库存）转变为无形资产，例如人才、商誉和品牌认知度。以前，我们知道该衡量什么，因为80%的商业价值可以计入资产负债表。但这一比例已经发生了逆转，现在80%的商业价值都在资产负债表之外，通过无形资产来体现。[1]这一变化促使企业领导者积极寻找措施，以最大限度地提高这些无形资产的效力，并将它们与业务成果联系在一起。

那么，这些无形资产到底是什么呢？一个基本的来源是人的价值和消费者的价值。专家将人的价值分为人力资本配置、组织文化和员工福利。消费者的价值包括创新、消费者信任和消费者健康。[2]而人才被广泛划分为人力资本、社会资本、声誉资本（政治资本）和智力资本（商业模式）。[3]

我们对无形资产的看法如图2-1所示。无形资产虽然在学术领域存在一些争论，但有一些共同的核心元素，其中人才数据是无形资产的重要来源。

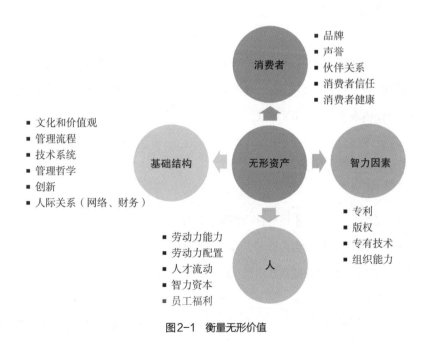

图2-1　衡量无形价值

衡量人的回报——关于无形价值

大约20年前，英国政府成立了一个特别工作组，旨在编写一份报告，重点介绍企业如何衡量人力资本。然而，这个项目失败了。人力资本计量指的是组织衡量其人员、政策和实践所创造的价值的方式。有些标准对一个组织来说可能非常重要，但对另一个组织来说却无关紧要。[4]更重要的是，在涉及更多专业指标（比如员工敬业度）时，各个组织有自己的主观衡量标准。[5]另外，组织在挖掘、清理和分析这些数据上花费了太多时间，更不用说确保人力资源部门使用的传统人力资源信息系统（HRIS）的数据质量了。[6]这就导致比较一个组织和另一个组织的价值变得困难。

企业仍然没有一种通用的方法来管理、衡量和报告其人员层面的价值。主要的问题是，用于描述员工价值的指标和衡量标准在企业的其他部门缺乏可信度，因为它们是根据成本而不是投资来描述价值的。[7]

具有讽刺意味的是，无论规模大小，企业都倾向于将劳动力首先视为成本，然后才是投资。这些都隐藏在商品的销售成本中，不能在资产负债表上单独体现，这是因为我们仍然在努力确定人力资本标准和衡量方法，我们无法提供人们为企业创造价值的真实证据。这个问题的核心围绕以下事实展开。

- 人力资源历来都不是一种决策科学职业。
- 人力资本计量来自会计学，人力资源部门关注的历来是成本。
- 人力资源部门主要被要求通过成本和流程来评估员工。

人力资源测量的演变一直围绕着成本。一些分析方法，例如效用分析（这是一种定量方法），基于工人生产率的提高，然后通过人力资源计分卡和指标来评估干预措施产生的实际效益。

旧的测量方法并没有被完全抛弃，而是被新的技术补充，因此一套相当复杂的解决方案产生了。[8]

人力资本如何为组织增加价值

一家公司的劳动力通常是其最大的成本之一，衡量人力投资的真实回报一直是一项挑战。现在已经有几种衡量和分析劳动力的方案，但它们在不同的企业和国家之间存在差异，这使得确定统一的基准和使其具有全球通用性成为一个挑战。关于人力资本报告并没有什么明确的规定，但在会计方面，国际财务报告准则（IFRS）规定了如何对企业中的一切进行会计核算。对于人力资源部门来讲，围绕人力资本建立标准是一项旷日持久的工作，尽管专家强调企业需要更智能的报告，以超越财务范畴并围绕组织的长期价值创造提供洞见。[9]

将企业的无形资产创造的所有价值"编织"起来的最新的举措之一是，在人力资源管理中引入ISO（国际标准）30414。[10]这项举措旨在综合人力资本领域的关键衡量指标和报告标准。ISO 30414提供了许多国际公认的关键指标，适用于所有类型和规模的组织，能够指导企业在文化、招聘、离职、生产力、健康、安全以及领导力等领域开展工作。

各组织已经意识到人力资本给企业带来的价值，现在正鼓励人力资源部门报告员工队伍各方面的情况，这将使组织不仅能够衡量、监控、跟踪和了解员工的管理和发展情况，而且能够在所有人员工作中采用更多数据驱动的决策方法。通过提供许多全球认可的关键指标，这一举措可以成为重要的第一步，以便人们就企业如何真正通过无形资产来创造价值以及如何以对企业和投资者都有用的方式衡量这种价值达成共识。

人力资本计量采用了一种数据驱动的方法来确定有效的人才管理

方法，但即使正确实施，它也只能支持人才数据分析的相关需求。

人才数据的类型

我们已经谈论了很多关于人才数据的问题，但是人力资源部门需要收集哪些类型的数据呢？我们的研究表明，人才数据可以根据复杂程度分为三种：基础数据、中级数据和高级数据。[11]

基础数据

基础数据包括使用现有数据传达的一些基本信息，比如缺勤、突发状况、离职等。这些数据可以帮助组织确定提高工作效率和效能的措施，并解决诸如缺勤或缺乏多样性等问题。基本的衡量标准可分为硬衡量标准（比如培训天数）和软衡量标准（比如员工满意度）。

人力资源从业者经常收集这些衡量标准，以便他们能够报告职能部门本身的运营表现。然而，人力资源从业者一般不会把这些数据与更广泛的业务战略结合在一起。

中级数据

中级数据包括为特定的劳动力需求设计的数据集。这些数据集以特定的方式收集，多以描述的方式展示劳动力对企业的价值，但可能缺乏对业务的战略预测。

中级数据可分为五大类：绩效数据（比如缺勤分析、成本计算、员工和组织绩效）、人口数据（比如性别、机会均等分析）、招聘和留用数据（比如离职分析、人力成本、采购数据）、培训和发展数据（比如评估）以及意见性数据（比如员工敬业度）。

高级数据

高级数据包括定量（财务）数据集和定性（动机、感受和意见调查）数据集，具体的收集方法是确定与业务战略相关的关键绩效指标（KPI），并将收集的所有人才数据整合到业务模型中。由此产生的数据可用于为战略选择提供建议，并通过一系列分析过程进一步向各类受众群体传达无形的价值。

高级数据可用于确定业务的驱动因素，以便在组织内部做出更明智的决策，并向外部报告与战略相关的进展情况。

谁对理解人才的价值负责

专家们一致认为，提交给董事会的高质量人才信息与财务信息一样有吸引力。[12] 与财务部门和市场营销部门相比，人力资源部门往往无法将自己的工作与业务成果联系起来，这就是挑战所在。人力资源部门的衡量指标与组织目标不一致的缺点之一是，它凸显了人力资源部门缺少分析思维或不以数字为导向。

即便如此，仅仅报告数字而不分析和预测结果，也不会产生真正的影响。为了使人力资源职能得到重视，人力资源部门不仅应该提供预测性分析，而且应该为业务人员提供最佳的行动方案。

从报告到分析

有一种误解是，仅仅通过报告人力资本，你就能够识别并推进那些可以转化为行动的洞见。研究表明，人力资源部门在数据挖掘和数据管理等基本报告任务上花费了过多精力，不利于分析这些数据。

报告旨在通过仪表板（其中可能包括重要员工数据的关键绩效指标）突出显示当前的劳动力结构和关键人力资源指标的过往趋势。分析旨在探究劳动力相关问题的根因，并提供减少任何可能的相关风险的知识。报告着眼于过去，而分析着眼于未来，以提供可以影响决策的洞见（见图2-2）。[13]

当前的人力资源技术系统与业务数据是分离的，往往使人力资源部门无法将人才数据与业务表现数据联系起来；不过，这种情况正在改善。这些系统和业务数据的分离可能会阻碍人力资源部门通过提供洞见来提供价值的能力，但我们设想人力资源部门会测量和报告这些数据，随后由人力运营部门进行诊断和分析。

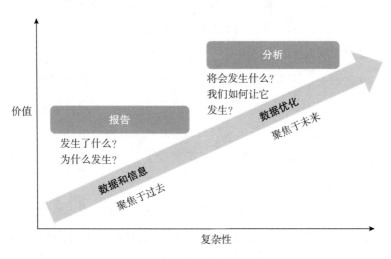

图2-2　从报告向分析性洞见转变

　　人力运营部门的职责是将这些数据与其他业务数据源（比如市场、财务、销售和运营）联系起来。所有收集到的数据都可以通过一个更广泛的系统联系起来，该系统可以衡量人员、业务战略和绩效之间的关系。

　　在如今的数字时代，每个人都在谈论大数据和分析，以及如何使用它们来指导组织提高生产力和绩效。因此，我们正在朝着大数据和人才数据分析的方向前进。特许人事和发展协会的研究和人才数据分析主管埃德·霍顿（Ed Houghton）强调了这一立场，他表示："人才数据分析的维度和使用数据的方法将比常规的人力资源分析对高管层更有用，后者往往更具操作性，主要用于人力资源运营管理。"

人力资源领域的数据和人才数据分析

迄今为止，世界经历了四次工业革命，每次革命都以重大的技术突破为基础。

- 工业1.0：18世纪蒸汽机和机械设备的出现。
- 工业2.0：19世纪电力的引入。
- 工业3.0：20世纪台式电脑和互联网的发展。
- 工业4.0（今天）：机器的互联性，无处不在的技术和系统对最佳性能的追求。

如今的企业正在经历一场飞速发展的数字变革。工业4.0关乎人工智能、自动化和机器学习的应用。上述这些技术已经重新定义了我们所知道的工作，并将继续创造改变的机会。新的关系将出现在一系列商业领域，例如管理交互式机器的经理和交互式指导人类的机器。制造业（例如汽车行业）已经经历了其中的一些变化，但是未来不止如此，变化的范围和广度将是巨大的。

在消费者层面，5G（第五代移动通信技术）已经到来，6G（第六代移动通信技术）也已经在世界的部分地区推广。[14] 技术变革的脚步不会停止，工作场景将继续进化和改变。然而，人们已经开始讨论工业5.0[15]了，即从机器人真正让人类工作得更好和更快的角度，把人和机器之间的关系和互动提升到另一个层次，以通过新的方法真正提升效率和生产力。目前正在使用的"协作式机器人"（cobots）一词，其实就强调了人类在机器人技术中的协作本质。

每一次工业革命都对组织的进化产生了影响。以体育界为例，数据现在是一个强大的工具，是每个职业体育教练团队工具包的一部分，可以监控从饮食到行进距离、铲球次数、传球次数、转换次数等一切信息。

迈克尔·刘易斯（Michael Lewis）的故事《点球成金》[16]揭示了数据的力量以及它是如何提供竞争优势的。体育专家比尔·杰拉德（Bill Gerrard）阐明了这个故事的力量。

思想领导力洞见

点球成金的故事

杰瑞米·斯内普（Jeremy Snape），运动优势公司的创始人和总经理，与比尔·杰拉德有过交流。比尔是利兹大学的商业和体育分析教授，也是阿尔克马尔足球俱乐部的数据分析师

比尔的主要研究领域是体育分析和基于证据的教练体系下的个人和团队运动表现数据的统计分析，以支持人才识别、球员招募和发展、确定训练优先事项、伤病管理、团队和战术选择等方面的决策。比尔曾与世界各地的一些精英运动队合作过。他还与美国职业棒球大联盟奥克兰运动家队的总经理比利·比恩（Billy Beane）合作过，比利对体育分析的应用正是好莱坞电影和畅销书《点球成金》的主题。

高绩效咨询服务商运动优势公司的首席执行官杰瑞米·斯内普采访了比尔·杰拉德，询问他对体育分析的见解，以及分析如何帮助体育领域创造一个更加公平的竞争环境。比尔的想法如下：

"点球成金的故事本质上就是我所说的'大卫战略'的案例研究。奥克兰运动家队是一个资源有限且预算也不多的组织，但它不得不与金融巨头（比如纽约扬基队）竞争。2001年和2002年，扬基队在球员工资上的

花费是奥克兰运动家队的三到四倍。奥克兰运动家队希望能够竞争和争取荣誉，并且想要在可持续发展的基础上做到这一点，于是他们发现了对他们有效的'大卫战略'。

"他们的解决方案是在招聘过程中使用数据分析，因此他们特意去寻找那些球队负担得起的人才，更重要的是那些统计数据显示价值被低估的人才，这样他们就可以让自己的钱花得更有价值。最终，正如电影中的台词所说的那样，'目标是购买胜利，而不是玩家'，这也正是他们所做的。他们使用统计数据和现有数据招聘人才，并意识到其他团队仍在使用传统的招聘方式，以非分析为基础的决策来主导他们的招聘策略。

"奥克兰运动家队在利用数据推动决策方面取得了令人难以置信的成功。在2001年和2002年，他们的薪水排名分别是倒数第二和倒数第三，但他们的常规赛胜率排名第二。事实上，在一个赛季既定的162场比赛中，他们比扬基队多输了一场，但扬基队比他们多花了大约一亿美元。

"这是一个不可思议的案例，但它表明你可以利用数据来尝试创造公平的竞争环境。无论是在体育领域还是商业领域，你都要尽可能高效地利用你现有的资源，并在你没有资源的时候，用大脑来弥补体力的不足。"

由运动优势公司提供：www.sportingedge.com（存档于https://perma.cc/JAX4-SUXZ）。

点球成金的故事之所以非常成功，是因为其中的领导者（在这个例子中是比利·比恩）勇于使用数据分析来帮助自己经营公司。这是分析和领导者信念的结合，领导者相信他可以通过数据提供的洞见来改变组织的命运。

从体育运动到市场营销，人们正在积极拥抱数据的力量，而人力资源部门对这场变革的反应却很缓慢。市场营销将焦点转向数据的举动，已经将这一职能提升到了前所未有的战略高度。迈克尔·利伯曼（Michael Lieberman）从事市场分析工作多年，他认为数据可以给人力资源领域带来重大的转变和机遇，因此他现在同时在两个职能领域工作。以下是他看到的机遇和挑战以及一些思考。

思想领导力洞见

基于营销的人才管理分析

迈克尔·利伯曼，研究咨询公司多元解决方案的创始人和总裁

人才数据分析如何对人力资源管理产生帮助

随着市场分析彻底改变了营销领域，预测分析让微目标营销的有效性最大化，人才数据分析正在改变人力资源领域。它使人力资源部门能够：

- 使用数据做出更好的决策。
- 为人力资源举措创建一个商业案例。
- 验证人力资源举措的有效性。
- 衡量和改善员工体验。
- 量化员工敬业度。
- 优化组织发展。

如今，人力资源部门的大部分职能都集中在报告员工数据上。在今

天这个数据驱动型经济时代，这是不够的。分析对人力资源专家来说至关重要，他们可以分析大量的组织数据，从而获得切实可靠的洞见，推动收购，优化领导力沟通，衡量员工效率，并基于数据驱动的证据做出关键决策。

基于分析的市场营销洞见

分析为市场营销提供了情报，而分析工具可以支撑我们的客户增长、效益创造和风险管理目标。无论是哪个行业，数据驱动的洞见都始于旅程的终点——你想回答的问题。一个人必须有一条预先想好的分析路径，然后才能使用分析工具来完成一系列的分析。那么，你就要从头脑中设想的终点开始。

无论是寻求品牌洞见、客户选择模型或者确定产品或服务的最佳价格，还是评估员工敬业度，我们都要密切关注最终的输出。设想一下分析师必须向高层管理者传递的三到五个要点，无论对方是首席营销官、首席执行官还是首席人力资源官。高管只会看到这几个要点的输出。这种"方法"思维将引导组织采用更有效的分析方法，建立数据驱动决策的文化，并引导整个人力资源行业在日常运营中采用分析方法。

所有的分析都需要人的参与

在人力资源领域，人工智能和机器学习开始成为与分析相关的最热门的话题。然而，无论多么强大，这些技术的运用仍然需要人的参与，以便完成分析和制订行动计划。此外，这些技术并不总是优于那些已经在人力资源领域使用了很长时间的、经过测试的老方法，例如用于销售招聘的柯力堡测评档案（Caliper Profile）或用于团队发展的贝尔宾团队类型（Belbin Team Types）。

培训未来的人才数据分析专家

我给任何进入分析领域的人力资源从业者的第一条建议是，学习基本统计学，这相当于统计学院的入门课。人力资源分析师不一定要成为专业的统计学家，但我希望他们明白相关性并不意味着因果关系。

人力资源分析师必须能够看懂回归分析（一种强大的统计方法，用于检验两个或多个变量之间的关系）、时间序列回归或员工离开公司的概率。他们必须理解协作分析和基本预测分析的含义。

他们应该或不应该做什么

分析师只是人力资源从业者扮演的角色的一部分。只有有限的数据分析会在人才数据分析领域得到恰当的应用，它们构成了大多数日常分析输出的主要内容。我强烈建议人才数据分析专家掌握人才数据分析领域最常用的一些分析技术，比如分析矩阵、员工流失分析等。

我建议组织考虑远离传统的绩效评估。有了现代数据采集技术，我们就有可能更全面地分析绩效，而不必过于关注某些可能导致员工改变行为的工作细节因素。这些技术消除了"直觉"在一个大型组织中的作用，从而减轻了单个经理对员工工作表现的评价的分量，会让员工感觉工作更幸福，通常也会改善员工的表现。

结论：从市场营销分析转向人才数据分析

这里我要强调一个重点，即"人就是人"。人才数据分析要致力于丰富和改善员工的职业生活，并使他们所服务的企业更高效，获得更多利润，这与市场营销分析的目标是最大化产品的销售、价值或分销效率是不一样的。人才数据分析是要实现公司与员工的共赢。

综上所述，这些技术是存在的。你要先明确你所在部门的目标，然后掌握必要的技术，不要过于依赖分析平台作为解决所有人力资源需求的灵丹妙药。这些技术都是有效的工具，但只有在能使用它们解决问题的人力资源从业者手里，它们才能发挥作用。分析平台是达到目的的手段，而不是目的本身。

www.mvsolution.com（存档于 https://perma.cc/2MHM-CM6L）

迈克尔重申，探索数据是为了释放更多商业价值。如果职能部门需要不断进步并达到更高的层次，那么为什么人力资源部门不愿意这样做呢？

人才数据和分析

特许人事和发展协会研究发现，具有高级人才数据分析能力的组织平均生产率提高了25%，同时招聘效率大幅提高，员工流失率降低。[17]此外，他们的研究表明，使用人才数据分析可以提高组织绩效。人才数据分析不仅有助于组织了解不断变化的工作环境，还能为组织驱动客户行为和提升员工敬业度提供洞见，从而带来更好的业务结果。然而，需要特别重视的是，实现人才数据分析卓越价值的关键障碍是组织缺少人才数据分析战略，更不用说与业务战略保持一致的持续的人才数据分析战略了。

我们的建议是，人力运营部门应该制定一个经过深思熟虑的战略，重点关注对整体业务真正重要的方面，并确保其与员工行为和组织文化保持一致。这可以保证人才数据分析不仅能够让业务部门衡量和跟踪与业务战略有关的进展，而且能通过为董事会确定未来的行动规划来管理整体的人才战略，并最终实现组织的战略目标。

有三个术语可以在我们描述数据时互换使用：

- 人力资源数据。
- 劳动力数据。
- 人才数据。

但是，它们也不完全相同。[18]人力资源数据关注和衡量的是人力资源团队的运作情况，并着重描述人力资源团队在运营方面的表现，偏重于自我总结。劳动力数据包括人力资源数据、全部的劳动力数据和不断增加的自动化数据源。人才数据包括人力资源数据、全部的劳动力数据和客户或商业洞见。

真正的人才数据分析应该涉及人力资源数据、全部的劳动力数据以及客户或商业洞见。人才数据分析应该衡量和分析这些信息，并将它们整合在一起，以改善决策和提升业务绩效，从根本上为组织提供战略洞见（见图2-3）。[19]

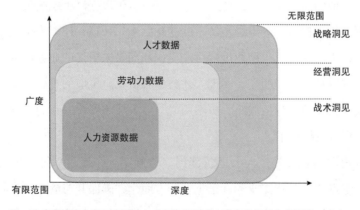

注：改编自特许人事和发展协会（完整信息请查看本章参考文献的第19条）。

图2-3 数据范围

智能人力资源4.0与人力运营部门

传统上，人力资源部门负责管理员工生命周期的方方面面，从招聘到退休或离职。尽管技术和数字化的快速发展使人力资源流程变得更加自动化，但许多组织仍然认为人力资源部门只是一个"操作工"。虽然技术被视为可以巩固人力资源部门在董事会中的角色的因素，但由于人力资源部门忙于完成一些技术基础架构所需的日常运营工作，这就导致了人力资源工作的停滞不前。

因此，我们提出拆分部门的建议，让人力运营部门承担制定人才战略的角色。专家还提出了智能人力资源4.0（SHR 4.0）的概念，这一概念已成为整个工业4.0的一部分，其特征是物联网、大数据、分析和人工智能等数字技术，这些都是由越来越快捷的网络推动的。[20]

我们相信它有潜力让人力资源职能发挥真正的作用。人力资源行业及其从业者比以往任何时候都更需要拥抱数据和数字！

数据爆炸——数据越来越多

今天，我们所做的一切都是在创造数据，并会留下数字足迹。从手机到信用卡，我们生活中的每件东西都可以精确地追溯到我们本身。大数据无处不在，任何数字过程、系统、传感器和移动设备都在传输数据。

大数据有许多不同的分类。简单来说，我们关注的是IBM提出的大数据的四个方面。

- 体积（数量）。
- 速度。
- 种类（范围）。
- 准确性（精度）。

　　IBM进一步指出一个事实，即大部分数据是以非结构化的形式存在的。[21]大数据是"以新颖的方式利用信息来产生有用的洞见或有重大价值的商品和服务的能力"。上述定义将大数据解释为一种分析形式，因为它试图从数据中提取智慧，并将其转化为商业优势。[22]

　　我们一直在不间断地创造数据。从简单的传感器到智能手机和可穿戴设备，物联网涵盖了所有与互联网相连的东西，让这些设备具备相互交流和学习的能力。[23]到2025年，全球物联网互联设备的总安装量预计将达到754.4亿台，10年间增长5倍。[24]

　　到2025年，这些设备在数字世界中收集的数据预计将达到175泽字节；[25]一泽字节等于十亿兆兆字节。更确切地说，在2013年年底，我们只生成了4.4泽字节的数据，从那以后数据就呈指数级增长。多达90%的数据将是非结构化的，并从物联网中收集而来。其他非传统来源的数据通常被称为"暗数据"，这也将成为一种数据特征。[26]暗数据是通过各种计算机网络运行获得的数据，但不用于获取洞见或进行决策。

　　从最广泛的意义上说，现在分析大部分未开发的数据是可能的，这不仅可以帮助企业预测客户的购买模式和行为，还可以帮助它们了解员工的需求、动机和挑战。

　　这些额外的非结构化数据正在让大数据的量级呈指数级增长，为了从这些复杂的数据中获取洞见，大数据项目依赖于包括数据科学和机器学习在内的尖端分析技术。通过运行算法复杂的计算机，组织可以克服大数据的巨大量级、多样性和速度所带来的干扰，从而提高信息的准确性。在科技时代，许多企业正在努力从这些数据中获取洞见以形成竞争优势。[27]

技术与人力资源职能的转变

　　将技术嵌入人力资源部门的核心工作，对每个组织来说都是关键挑战。企业正在寻找一个具备集成性和一致性的全球系统，以统一的方式将数据和实践结合在一起，而部分小型企业则希望它们采用的第一个人力资源系统能为员工提供基本的自动化解决方案。无论你所在的组织处于技术发展的哪个阶段，人力资源技术都是新流程设计的关键推动者，它将在整个员工生命周期中为员工带来全新的体验。技术驱动着人力资源部门的三个E：效率（efficiency）、效能（effectiveness）和敬业度（engagement）。

相应地，人力资源和培训从业者需要为未来的技术工作场所做好准备，这意味着他们要采用更多的"客户体验思维"方法来改善其他部门对他们提供的解决方案的认知。这就要求解决方案是用户友好、容易参与、简单且易于适应的。使用新的技术平台，人力资源从业者需要将人员和流程前所未有地结合起来。这意味着技术驱动的变革管理将成为人力资源团队必须掌握、发展和加强的核心能力，人力资源团队要能够利用最新技术提供个性化的在线体验。

随之而来的是，人力资源和培训从业者必须培养自己的数字素养，同时提高组织员工的数字素养，以应对不断变化的需求和期望。在此基础上，人力资源部门可以使用分析来预测和评估整个员工生命周期，所有这些都是由技术平台提供的数据的广度和深度所驱动的。

自动化的未来已经到来

技术可以将人力资源部门从常规的流程中解放出来，例如制作工资单、回答员工问题和安排招聘面试。从现在开始，人力资源部门可以更加高质量地使用时间，把时间花在组织设计、继任规划和劳动力规划等实践和过程上，这些实践和过程在塑造未来劳动力方面更具有"增值"和战略意义。

人工智能可以减少工作量，并在招聘等关键人才举措中消除猜测。[28]人工智能在这一过程中可以利用关键数据源分析大量简历、职业履历表和申请表，帮助确定潜在的优秀候选人。这就为招聘人员节省了大量时间，使他们能够专注于与员工互动。

许多组织现在都在使用脉冲调查来衡量员工的敬业度。以前这种调查是由人力资源部门进行的，需要花费几周甚至几个月的时间来分析，而现在可以通过人工智能进行，调查结果可以"实时"提供给管理者和他们的团队。人工智能可以从组织内部和外部的人才数据中获取洞见，例如在一个叫作玻璃门（Glassdoor）的招聘网站中，现雇员和前雇员可以匿名评价雇主和分享他们对当前或过往的组织的看法。

学习与技术

技术让学习方式有了变革性进步，但组织仍有许多工作要做。由人工智能技术驱动的未来学习方式将包括：

- 移动优先、创新、设计良好、员工按需进行的微学习。
- 由学习者需求驱动的个性化学习，包括学习者在学习时会使用的学习计划、学习小贴士、在线学习平台等。
- "推动转向拉动"式学习是"从让我学向我想学转变"，也是按需学习，需要各种格式的视频和资源作为基础。
- 在工作中学习，员工会采取格点法，即学习、忘却、再学习，重复这一过程。
- 知识和学习的去中心化，让信息对所有人开放，允许组织加速知识共享。知识将不只属于权力层级。
- 自动化学习成为新常态，因为人类将由机器来教导。人工智能将提供数据驱动的建议，以提高员工绩效，并在学习者最需要的时候为他们提供信息。

以前培训部门要求员工参加专门的培训活动，现在员工可以利用新的学习方法"随走随学"。数字平台和在线学习解决方案比以往任何时候都更能满足个人需求和工作需求。人工智能将把学习提升到一个新的层次，即先评估员工的能力，然后根据个人的角色、兴趣和需求给予个性化的学习建议。

这让我们可以在学习中使用分析，因为每个员工的学习进度都可以通过他们在组织里的编号来跟踪。从观看视频到回答问题，这些数据可以提供以前获得不了的洞见，有助于促进员工发展。不过，组织还有更多的事情要做。乔什·贝尔辛（Josh Bersin）的建议是："员工（你的客户）不会用零散、复杂的方式来学习，完成率和满意度是由简单又完整的学习体验驱动的。"[29]

未来，人工智能将成为大多数人力资源职能的优先支持工具，尤其是在人才挑战一直存在以及需要持续地体现出人力资源职能的价值的情况下。最大的问题是，人工智能技术是被用来以积极的方式辅助整个劳动力体系的，还是仅仅被用来进一步降低成本和减少员工总数的？

还有一段路要走，人力资源部门

数字化转型的速度比以往任何时候都要快，使用人工智能是不可避免的。最终，减轻基础工作负担将使人力资源成为一种兼顾"技术与交流"的职业，拥有真正人性化的技术。由于自动化的应用，工作正在被重新定义，我们现在正在寻找方法让工作环境变得更好。技术给我们提供了了解员工敬业度和生产力水平的机会，让我们思考如何通过更好的表现和循证决策来改善它们。

组织拥有丰富的人才数据，许多人都知道他们需要使用这些信息来提高绩效和生产力。尽管技术一直在进步，全球就业水平也在不断提高，但是全球生产力依然疲软，增加的工作机会仍然是相对低生产率、低效益的工作。[30]

虽然大多数组织将人才数据用于策略报告和核心仪表板，但仍有大量数据未被使用，导致组织错失了发现业务成功关键驱动因素的机会。通过明智且有洞察力的人事决策来提高生产力，已经迫在眉睫。

在这场技术革命的背景下，人们对人才数据分析的兴趣日益浓厚，人力资源部门能够生成比以往更多的人才数据。那些能主动利用这些数据的人，更能成功展示人才数据分析的商业价值。这意味着首席执行官们现在要开始关注首席人力官或首席人力资源官以及他们在领导文化变革、管理人才战略和优化企业绩效方面的能力。

人力资源从业者作为业务顾问的角色是至关重要的，而对数据和证据的关注对于建立业务联系至关重要（见图2-4）。这让人力运营部门有机会理解和利用从人才数据分析中获得的最佳见解，并将人才数据分析当作它们的战略工具之一。[31]这一变化不仅会巩固它们作为业务合作伙伴的地位，而且将通过被证明的价值确保它们的定位是企业值得信任的战略顾问。

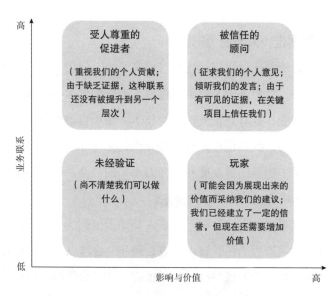

图2-4　人力资源从业者：影响和联系

─────────── 本章的关键要点 ───────────

■ 人力资源部门必须了解利用好人才数据的益处，以及基于数据聚焦商业结果的好处。人力资源部门的数据报告是有用的，但由于缺乏面向业务挑战的分析方法，许多洞见尚未被发掘。

■ 其他职能部门和业务部门已经向更加以数据为中心的方式转变。虽然变化有时令人担忧，但我们的焦点应该是机遇，而不是威胁。

■ 数据不会消失，人力资源部门需要拥抱数据这一事实不会改变，数据可以证明和告诉我们的内容也不会消失。数据会一直存在，问题在于人力资源部门何时做出转变。

■ 数据和技术的爆炸式增长意味着组织需要比以往任何时候都更加关注员工。人才是这种分析方法的核心，新工具和自动化过程会成为变化的焦点。

■ 技术是游戏规则的改变者，它可以改变人们的行为方式，为员工提供新的体验，提高信息和服务的可获得性，从而改变人们对职能部门的旧有认知。

■ 在回答人才问题、商业问题以及面对挑战时，采取更有依据的数据方法，可信赖的顾问的作用将再次被点燃。

参考文献

1. Hesketh, A (2014) Managing the value of your talent: a new framework for human capital measurement, *CIPD* [Online] https://www.cipd.co.uk/Images/managing–the–value–of–your–talent–a–new–framework–for–human–capitalmeasurement_2014_tcm18-9266.pdf (archived at https://perma.cc/GG8U–ZB6P).

2. Blasio, F *et al* (2018) Embankment Project for Inclusive Capitalism, *Coalition for Inclusive Capitalism* [Online] www.epic–value.com/static/

epic–report–webdf894ad112b70406d9896c39f853deec.pdf (archived at https://perma.cc/J334–QRNA).

3. Sparrow, P, Cooper, C and Hird, M (2015) *Do We Need HR? Repositioning people management for success*, Palgrave Macmillan, London.

4. Robinson, D (2009) Human capital measurement: an approach that works, *Strategic HR Review*, 8 (6), pp 5–11.

5. Wright, P M and McMahan, G C (2011) Exploring human capital: putting 'human' back into strategic human resource management, *Human Resource Management Journal*, 21 (2), pp 93–104.

6. Bondarouk, T V and Ruel, H J M (2009) Electronic human resource management: challenges in the digital era, *International Journal of Human Resource Management*, 20 (3), pp 505–14.

7. Bassi, L, Creelman, D and Lambert, A (2015) Advancing the HR profession: consistent standards in reporting sustainable human capital outcomes, *People and Strategy*, 38 (4), p 71.

8. Levenson, A and Fink, A (2017) Human capital analytics: too much data and analysis, not enough models and business insights, *Journal of Organizational Effectiveness: People and Performance*, 4 (2), pp 159–70.

9. Bassi, L, Creelman, D and Lambert, A (2015) Advancing the HR profession: consistent standards in reporting sustainable human capital outcomes, *People and Strategy*, 38 (4), p 71.

10. ISO (2019) New ISO international standard for human capital reporting, *ISO* [Online] www.iso.org/news/ref2357.html (archived at https://perma.cc/4V7XT9ML).

11. Torrington, D *et al* (2011) *Human Resource Management*, Pearson, Harlow.

12. Robinson, D (2009) Human capital measurement: an approach that works, *Strategic HR Review*, 8 (6), pp 5–11.

13. Hill, S and Houghton, E (2018) Getting started with people analytics: a practitioners' guide, *CIPD* [Online] https://www.cipd.co.uk/Images/ peopeanalytics–guide_tcm18–51569.pdf (archived at https://perma.cc/ U5UD–DY4E).

14. University of Oulu (2018) University of Oulu To Begin Ground–breaking 6G Research as Part of Academy of Finland's Flagship Programme, *University of Oulu* [Online] www.oulu.fi/cwc/node/52107 (archived at https://perma.cc/U9MK–D7DB).

15. Universal Robots (2018) Welcome to Industry 5.0: The "Human Touch" Revolution Is Now Under Way, *Universal Robots* [Online] https://info. universalrobots.com/hubfs/Enablers/White%20papers/Welcome%20 to%20Industry%205.0_Esben%20%C3%98stergaard.pdf (archived at https://perma.cc/SBA3–SETL).

16. Lewis, M (2004) *Moneyball: The art of winning an unfair game*, W W Norton & Company, New York.

17. McKinsey (n d) People Analytics, *McKinsey* [Online] www.mckinsey. com/solutions/orgsolutions/overview/people–analytics (archived at https:// perma.cc/A5LV–CWFQ).

18. Khan, N (2019) When it comes to people analytics, terminology matters, *People Management* [Online] www.peoplemanagement.co.uk/voices/ comment/peopleanalytics–terminology–matters (archived at https://perma. cc/K3VP–5LHM).

19. Hill, S and Houghton, E (2018) Getting started with people analytics: a practitioners' guide, *CIPD* [Online] https://www.cipd.co.uk/Images/

peopeanalytics–guide_tcm18–51569.pdf (archived at https://perma.cc/ U5UD–DY4E).

20. Sivathanu, B and Pillai, R (2018) Smart HR 40 – How Industry 40 is Disrupting HR, *Human Resource Management International Digest*, 26 (4), pp 7–11.

21. IBM (n d) Big Data Analytics, *IBM* [Online] https://www.ibm.com/ analytics/hadoop/big–data–analytics (archived at https://perma.cc/TBK9– PDPK).

22. Mayer–Schönberger, V and Cukier, K (2013) *Big Data: A revolution that will transform how we live, work, and think*, Houghton Mifflin Harcourt, Boston, MA.

23. Burgess, M (2018) What is the Internet of Things? *WIRED* [Online] www. wired.co.uk/article/internet–of–things–what–is–explained–iot (archived at https://perma.cc/S3KT–GQCG).

24. Statista (2016) Internet of Things (IoT) connected devices installed base worldwide from 2015 to 2025, *Statista* [Online] www.statista. com/statistics/471264/iot–number–of–connected–devices–worldwide/ (archived at https:// perma.cc/K85F–6ART).

25. Patrizio, A (2018) IDC: Expect 175 zettabytes of data worldwide by 2025, *Network World* [Online] www.networkworld.com/article/3325397/idc– expect175–zettabytes–of–data–worldwide–by–2025.html (archived at https://perma.cc/MGD4–BKG3).

26. Kambies, T *et al* (2017) Dark analytics: illuminating opportunities hidden within unstructured data, *Deloitte* [Online] www2.deloitte.com/insights/us/ en/focus/tech–trends/2017/dark–data–analyzing–unstructured–data.html (archived at https://perma.cc/AHS2–4BT7).

27. George, G, Haas, MR and Pentland, A, 2014 Big Data and Management, *Academy of Management Journal*, 57 (2), pp 321–26.

28. Guenole, N and Feinzig, S (2018) The Business Case for AI in HR, *IBM* [Online] https://www.ibm.com/downloads/cas/AGKXJX6M (archived at https://perma. cc/VY46–K6JQ).

29. Bersin, J (2019) Learning technology evolves: integrated platforms are arriving, *JoshBersin.com* [Online] https://joshbersin.com/2019/06/learning–technologyevolves–integrated–platforms–are–arriving/ (archived at https://perma.cc/3UY7–83R9).

30. OECD (2019) Low productivity jobs continue to drive employment growth, *OECD* [Online] www.oecd.org/industry/low–productivity–jobs-continue–todrive–employment–growth.htm (archived at https://perma.cc/UB7B–4BRU).

31. Adams, L (2019) *The HR Change Toolkit*, Practical Inspiration Publishing, London.

第二部分

向数据驱动的方法转变

第三章

人力资源的商业化思维

国际公认的人力资源思想领袖约翰·沙利文（John Sullivan）博士认为，人力资源部门必须改变工作方式。他认为，公司平均60%～80%的成本都围绕员工产生，然而许多人力资源部门既不了解业务，也无法描述这笔费用能带来的商业回报。

我们介绍了人力资源部门商业化的实际含义。更重要的是，我们还介绍了作为人力资源从业者，如果你想要掌握更多数据驱动的方法，那么你需要如何在这个领域提高自己的能力，这是一切的基础。

本章内容包括：

- 拥有强烈的商业导向的必要性：更加商业化的视角能带来我们所需要的思维转变。我们会介绍商业化的含义，因为这是所有以数据和分析为基础的活动的关键。
- 培养商业意识：这包括一个自我评估框架，它是用来评估你自己的商业能力的，我们认为这些能力对与数据和分析有关的一切都非常重要。

拥有强烈的商业导向的必要性

人力资源部门对尤里奇模型（Ulrich Model）的应用为它们自己创造了一个商业挑战，即确定和发展HRBP。这个角色的职责比单单成为一个人力资源从业者或人才专家要丰富得多，因此对商业敏锐度的需求已经成为人力资源部门需要解决的问题。克里尔曼研究机构的首席执行官戴维·克里尔曼（David Creelman）认为，商业化的人力资源部门需要对业务产生积极影响。

日益增长的以数据和分析为基础的工作需求，提高了人们对人力资源部门应该更加商业化或具有商业智慧的期望。不幸的是，普遍的反馈都是人力资源部门的能力还没到达这一水平。2017年，光辉国际针对首席人力资源官开展的调查显示，由于人力资源部门变得更具战略高度和备受瞩目，人力资源从业者需要为发现业务洞见并取得成果而改进自己的工作方式。[1]当被问及在为自己的团队寻找人力资源人才时，哪些能力最缺乏时，首席人力资源官回答最多的是商业敏锐度（41%），其次是将战略转化为行动的能力（28%）。

什么是商业导向

"商业导向"是一套技能，它能够使个人、业务部门、职能部门和团队为组织、职能体系或业务单元带来出色的绩效，从而增加收入或销售额、利润或现金流。实现这一目标的效果是增加价值，进而对组织的股东或利益相关者产生影响。

在我们对数据分析及其对人力运营部门产生的影响进行研究的过程中，许多高级管理者重申，仅靠数据分析是无法将人力运营部门转换成他们期待的样子的。他们将数据分析视为一种明确的差异化工具，这一工具将基于正在发生的事情，提供关于组织和员工的更清晰、更全面的洞见。

在开始任何分析之旅之前，最基本的要求是确保所有人力资源从业者都理解具有商业思维的重要性。企业研究论坛的《培养人力资源从业者的商业敏锐度》[2]报告介绍了以下几种特质，这些特质可识别出具有商业思维的优秀高管。

- 商业敏锐度——处理问题和突发情况的方向或视角，分析形势并找出对策的能力。
- 前瞻性——通过预测市场和竞争对手的趋势把握"全局"和细节的能力。
- 把业务放在第一位，把部门工作放在第二位。
- 不断强调持续改进。
- 一旦做出决定，就会坚守目标，坚韧不拔，贯彻到底。
- 能够使他人相信即将开展的行动是"正确"的。

在浏览了一系列有关人力资源领导和商业领袖的访谈后，我们发现有四个主题是商业导向的基础（见图3-1）。

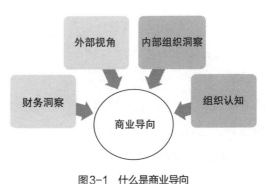

图3-1 什么是商业导向

财务洞察

财务洞察是指通过现金管理和公司资产负债表中的各项内容，全面了解是什么让企业拥有了赢利能力和现金流。要做好这项工作，你就必须了解当前或未来的财务稳定性的要求，包括过去或未来的挑战，以及人力成本对收入产生的影响，等等。此外，你还需要对可能影响组织实现预期绩效的所有风险有清晰的认知。

这不是要求你成为一名会计，而是需要你真正了解公司的成本、利润和收入，并将这些知识应用于日常与业务领导的沟通中。这是你在应用一些与数据和分析相关的原则时，转变思维的基础，这些原则将贯穿本书。

外部视角

这意味着你要清晰地了解外部环境、竞争对手的活动以及组织所处的行业（问题、机会、风险、可能发生的法律变更等，这些都是正在发生或将会发生的）。这需要你了解竞争对手战略背后的基本原则，可能包括某种形式的"最佳实践"评估，甚至短期对标研究。了解你自己的组织和竞争对手或同行之间的异同是很重要的。

你要尝试与组织里的其他部门合作，了解它们对竞争对手和市场的理解。当你试图预测在组织里实施任何类型的变更所产生的影响时，这些信息是非常宝贵的。

内部组织洞察

内部组织洞察是指了解你所在的组织（例如业务战略、文化、预期结果、关键绩效指标等之间重要的依存关系）。这将促使你对高层管理团队的战略议题有一个清晰的认知。

此外，你还需要真正了解你所在组织的产品、服务和解决方案，以及你的外部客户（他们如何购买解决方案以及对顾客体验有什么期待等）。这要求你基于更广泛的组织议题来调查和诊断业务问题。

组织认知

组织认知是指了解你所在的组织是如何完成工作的，需要注意成文和不成文的规定。你应该了解权力和影响力在你所在的组织中是如何发挥作用的。你也需要建立你的人际网络，这样你就可以被高管团队熟知，并能够在必要时获得信息和访问相关人员。组织认知还将帮助你了解整个组织中存在的公司政治。

人力资源部门的一个关键任务是，在必要时挑战业务部门，而只有当你对执行任何变革或流程所需的组织动力和外部联系做到心中有数时，这才可能成功。

学习场景

变得商业化

业务要求

在一场我为高管团队召开的员工敬业度会议中，我正在给人力资源总监和其中一位HRBP做简要介绍。会议却被业务发展副总裁打断了，他表示有个紧急的事情需要进行讨论。于是，我主动提出回避一下，但这不是必需的。

这位副总裁接着提出组织中的1100名销售人员急需一次培训，他建议最少开展两天的培训。理由是，销售业绩没有按要求增长，而资产周转率（我从以前与我共事过的销售人员那里知道，这是指净销售额或收入占总资产的百分比）很差。这位副总裁已经为这项计划拨出了110万美元的资金。

人力资源总监和HRBP了解了实际的销售业绩状况和培训需求紧急的原因。副总裁承受着提交预算的巨大压力。人力资源总监问的最后一个问题是："你希望什么时候进行培训？"副总裁的回答是："在接下来的六个星期内，这是毫无疑问的！"

副总裁离开这个房间后，人力资源总监问我的想法。我的意见如下：

- 该行业通常的资产周转率是多少？人力资源团队并不清楚这一比例，甚至不清楚他们所在组织的绩效。

- 副总裁准备在未来两年内投入多少增量收入来为这个培训计划创造可接受的投资回报？

- 在他们的组织中，销售效益是如何衡量的？

- 这项计划将投入多少资金？副总裁给出的110万美元的数字是不正确的。根据销售数据，销售人员平均每天创造的收益是6 000美元。因此，培训1 100名销售人员两天=2 200天×6 000美元=1 320万美元的销售机会损失。因此，这项培训的投资为110万美元+1 320万美元=1 430万美元（可能会略有不同）。

我的总体意见是，这个需求没有经过充分考虑，似乎有些不合理，而且需要培训的证据是间接的和薄弱的。

结　果

人力资源总监向财务部门询问了关于销售人员业绩数据的更多细节内容。他们发现，销售能力问题并不广泛存在。组织的资产周转率比其最大的竞争对手高出32%！人力资源总监与副总裁进行了进一步的沟通，并马上开展对培训需求的诊断，以弄清其中存在的问题（如果有的话）。

根本的问题不在于销售队伍，而在于销售经理们以及他们为了实现业绩使用的管理方式。最后，这个组织实施了一个不同的解决方案。

商业导向学习

- 人力资源总监和HRBP不清楚用于衡量销售人员的指标。（财务洞察力薄弱）

- 他们忘记了时间就是金钱。当存在一个关键的基础工具，可以驱动各种不同的有价值的基于成本的洞见时，大部分组织都忽视了这个事实。（财务洞察力薄弱）

- 他们对组织在销售环境中的表现没有任何评价。（外部视角薄弱）

- 他们没有询问相关的商业问题，以真正地理解潜在的业务问题。（内部组织洞察力薄弱）

- 他们努力交付别人要求的解决方案，而没有进行充分的诊断或提出问题。（错误的组织认知）

www.hrcurator.com（存档于 https://perma.cc; WPA4-ANNL）

人脉发展

作为一位人力资源从业者，了解不同类型的关系可以确保你的商业信誉得以发展并保持，特别是当你开始与你的客户更多地使用数据和分析的时候。

4A模型（见图3-2）可以提醒你组织中存在不同的"玩家"。

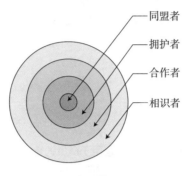

图3-2 关系模型——4A

- 同盟者：你的目标是让所有客户和人脉都成为你的盟友，或接受你的职业、想法、见解和工作方式。

- 拥护者：在理想情况下，你更希望客户和同事成为你和你的人力资源职能的拥护者，这样你的信誉会因为他们在整个组织中得到加强。

- 合作者：你的合作者是你在人力资源部门的同事——在整个组织中建立有效的工作关系是非常重要的，尤其是当你学习如何在人力资源的新领域应用数据和分析时。打破人力资源部门的壁垒对整体成功至关重要，以确保无论是来自人才获取、培训还是其他方面的信息都可以沟通一致。

- 相识者：如果你的更广泛的相识者拥有你可能需要的技能，并能帮助你发展分析、数据解读、基于数字的计算等方面的能力时，他们就尤其重要了。

政府机构及非营利组织的商业导向

在商业世界之外，探讨人力资源运作方式的商业属性也很重要，这里更多聚焦的是价值创造。过去10年的一个趋势是寻求将商业方法引入政府机构和非营利组织的方式，旨在让服务更加"物有所值"。

在政府机构和非营利性组织中，有一个不同于商业组织的方面。商业组织希望基本上能满足两类利益相关方——客户和股东的需求，而政府机构和非营利性组织明确地对更多元的利益相关方负责，运营的环境与市场是高度脱节的。

无论你的组织在哪里运营，更加商业化的原则和意识都是非常重要的。关键的一点是，建立这种能力将确保你作为一名人力资源从业者，能够分享关于任何业务或组织问题的观点，而不是仅仅以人为中心——这是让自己具有信誉的关键因素。

战略思维

多年来，人力运营部门一直在寻求变得更具战略思维——但这真的能做到吗？毕竟，在任何组织中，谁能每天都保持战略思维呢？我们更倾向于让人力运营部门专注于商业化，因为这在一年365天中都是挑战，会对业务成果产生直接影响。

如果这一点被证明，那么你猜会怎么样——就像变魔术一样，你会被认为很有战略眼光！这就是为什么人才数据分析如此重要。如果我们作为一个部门能够认真对待这件事，我们就可以对最重要的结果产生影响。

展现出商业导向

由此可见，人力运营部门在做任何事情的时候都要以商业为导向，这对这个职业的未来至关重要。由于业务部门关注的是价值创造，所以它们对基于数字或证据的洞见的需求在不断增加。这意味着我们需要通过一些关键点向业务部门展示人力运营部门运作的方式，也就是6C模型（见图3-3）。

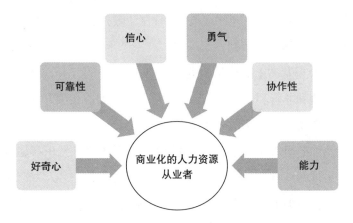

图3-3　商业化的人力资源从业者——6C模型

- 好奇心：人力资源从业者对他们所从事的行业保持好奇心是至关重要的。人力运营部门不仅需要全面理解组织运营的商业环境，而且要专注于那些能够驱动组织竞争优势的方面。对业务及其挑战的全面了解还有助于人力运营部门决定工作的优先级。

- 可靠性：每一位人力资源从业者都需要具备财务知识。在高层管理者和领导的眼中，这一点可以驱动真正的业务可靠性。这意味着你有能力解读财务报表、财务术语和推动组织成果的财务指标。关键是，无论谈论什么话题、做出什么决定，你都要让人知道你是一位能够"增加价值"的同事。

- 信心：要转向更加以数据和证据为基础的结果分析法，整个人力运营部门就要有信心去实现它。毕竟，不是每个数字或分析项目都会揭示出一个深刻的见解。然而，人力运营部门确实需要证明它"能够掌握这些数字"。这意味着你要非常熟悉关键绩效指标或"人才指标"，这些指标可用于确定某个组织、团队甚至部门的成功或失败。通过关键绩效指标，尤其是以比率的形式来衡量绩效，你可以说明它们突出的优势和劣势。这不仅需要你有信心解释数据，还需要你有信心根据观察结果对业务部门提出挑战和质疑。

- 勇气：人力运营部门需要持续专注于产生、评估并执行新的更好的工作方式，尤其是在自动化需求不断增加的情况下。这意味着你要有勇气和胆量去发现绩效改进的机会和不同的工作方式，而不是仅仅关注人力运营部门职责内的事情。

- 协作性：协作性对于汇集不同的部门、想法和领导者非常重要。这就是人际交往技能——影响、展示、谈判、领导、促进，与财务和计算方面的"硬"技能一样重要。事实上，商业化的一大特征就是目标明确，有实现目标、把握主动权并在必要时做出艰难决定的坚定意志。在告诉同事和直接下属他们需要听到的信息而不是他们想听到的信息时，头脑需要控制感情。

- 能力：在整个员工队伍中，能力的持续发展变得越来越重要，人力资源从业者也不例外。除了增进对财务的了解外，人力资源从业者还有其他几个重要的主题需要了解，例如很好地掌握业务战略及其形成的过程，熟悉保持战斗力的技术，知道什么是流程优化，并随时了解几乎每天都在发生的持续的技术进步。优秀的员工从不停止学习！[3]

培养你的商业意识

商业意识

正如我们已经探讨过的，商业意识对未来的人力资源从业者至关重要，它是本书所倡导的基于数据和分析的方法的支撑。表3-1是企业研究论坛提供的一个自我评估清单，它能够使你对自己在多大程度上具备商业意识进行评定，从而有效地扮演一个人力资源从业者的角色。

表3-1 商业意识自我评估表

序号	商业意识自我评估	1	2	3	4	5	6	7	8	9	10
财务洞察											
1	我知道什么是损益表、现金流量表和资产负债表										
2	我知道重要财务术语的意思,例如现金流、收入、息税前利润、资产净值、净现值、营业利润和营运资金										
3	我切实了解所在企业关注的财务业绩指标,例如应收账款周转天数、人力资本回报率和股东总回报率										
4	我关注数字,以便真正了解我的企业或部门发生了什么										
5	当复盘业务和财务状况时,我可以做出积极的贡献										
6	我制定了预算并进行了财务预测										
7	我能够为长期项目(例如为新业务招聘员工)准备一个业务案例;如果有需要,我还可以提供净现值和内部收益率等项目评估指标										
8	如果我的业务单元或业务主体是一家上市公司(在股票市场上市),我就会通过观察股价趋势和阅读分析报告来获得对于企业业绩表现和前景的见解										
9	我可以评价我们公司最新的财务结果的优势和劣势										

（续表）

序号	商业意识自我评估	1	2	3	4	5	6	7	8	9	10
10	我参加过正式的与财务技能相关的培训或学习项目										

外部视角

11	我定期阅读商业报刊，以了解最新的新闻和进展										
12	我的好奇心促使我花时间通过阅读报刊（例如《哈佛商业评论》）来学习商业知识，做一些研究并建立关系网										
13	我非常熟悉公司经营所处的竞争环境，包括影响经营活动的政治、经济、社会、技术、法律和环境趋势										
14	我能够评价竞争对手的优势和劣势，并发现我们获得竞争优势的方法										
15	我清楚地知道我所在公司赢利的方法										
16	我能够参与讨论最新的财务结果，并评估其对竞争对手新产品发布的影响										
17	我能够读懂年度报告中最重要的部分（例如总裁评论），从中获得更广泛的关于商业目标和业务战略的洞见										
18	我知道竞争对手的战略和驱动他们成功的方法										
19	我能够很清楚地区分我们公司和强劲竞争对手的业务和人才战略										

（续表）

序号	商业意识自我评估	1	2	3	4	5	6	7	8	9	10
20	我已经清楚知道当涉及人才战略和战术方面的问题时，如何充分利用竞争对手的弱点										

内部组织洞察

序号	商业意识自我评估	1	2	3	4	5	6	7	8	9	10
21	我有丰富的关于公司营销和售卖的核心产品和服务的知识										
22	我完全了解公司其他部门在做什么，以及它们的协作方式										
23	我曾全面参与某一业务单元的战略实施（一项盈亏自负的活动）										
24	我对公司或部门如何赚到更多钱并更加高效运营有很多想法										
25	我拥有丰富的关于我的公司或部门商业计划的知识										
26	我是一个积极的战略思考者，对公司或部门正在或没有执行的战略有自己的观点和见解										
27	我非常熟悉重要的流程优化技术，例如精益思维、六西格玛、流程分析、因果关系图、流程图与设计思维										
28	我拥有丰富的关于重要项目管理工具（例如关键路径分析、工作分解结构与责任图）的知识										
29	我知道公司的风险管理方法，必要的时候，我可以将其付诸实践										

（续表）

序号	商业意识自我评估	1	2	3	4	5	6	7	8	9	10
30	我曾在一系列重要的变革管理项目（例如将设备重新安置到其他国家、并购和收购、重组业务等）中扮演了一个重要的角色										

组织认知

序号	商业意识自我评估	1	2	3	4	5	6	7	8	9	10
31	在与同事谈话和参加会议时，我在做决策前会试图评估特殊选择的收益和成本										
32	我以往在公司或部门基于最大利益做艰难决策的过程中起到了重要的作用										
33	我知道如何基于明确的关注点来达成一致的业务目标										
34	我知道我现在已经足够坚韧，可以处理工作生活的曲折起伏										
35	我拥有一个广泛的关系网，并能够定期联系其他部门的同事										
36	当我认为高管们的一些观点和决策不适合当前的业务场景时，我有信心挑战他们										
37	我定期绘制利益相关者图，以思考如何与高层领导和关键影响者建立更牢固的关系										
38	我知道如何有效应对业务领域内不同领导的风格和需求										
39	我认为我能够为我所在公司或职能领域制订长期商业计划，并考虑到所有存在的不同利益和观点										

（续表）

序号	商业意识自我评估	1	2	3	4	5	6	7	8	9	10
40	尽管存在内部政治，我依旧能高效工作										

这个清单不是决定性的，它的目的在于：

- 突出你的学习和发展重点。
- 识别你在业务方面的短板。
- 为希望提升商业技能的同事提供建议。
- 为你的公司准备一份学习需求分析报告。

完成这份清单

请在对应数字的方框内打勾，范围为 1 ~ 10。"1"代表你同意，"5"代表部分同意，"10"代表完全同意。如实填写非常重要，这可以对你的画像进行精准的描述。

如果由于任何因素，其中一条不适用于你或你不知道，你就不要给这一条打分，然后跳转到下一条。

进行自我评估

清单各部分的最高分如表3-2所示。你可以把你自己的分数写在最大值旁边，然后计算你的分数百分比。例如，"财务洞察"的最高分是100分，如果你得了65分，那么你的分数百分比则为65%。

表3-2　给你的回答打分

商业导向标准	你的分数	最高分	你的分数百分比
财务洞察		100分	
外部视角		100分	
内部组织洞察		100分	
组织认知		100分	
总分		400分	

解读你的分数

在清单的每一部分，得分超过75就表明你处于最佳状态。现在的问题是确保你可以继续发展你的商业技能，例如通过承担额外的工作责任来获得发展。

得分为50～75表明，你在商业技能方面存在重大差距。你可以考虑制订一个学习与发展计划来尽快填补这些空白。

得分低于50表明，在这一特定领域，你的商业技能可能严重不足。如果你希望在人力资源领域工作并承担更多的责任，那么你最好准备一份职业规划，这样你就可以采取切实可行的措施来提升你的整体商业意识。

www.crforum.co.uk（存档于 archivedathttps://perma.cc/ R2RG-TBCR）

提升商业意识

对商业意识最有效的培养是在工作和实时环境中进行的。实践经验很重要，但组织可能不愿意让一个没有经验的人承担全部商业责任。随着时间的推移，经验可以逐渐积累——也许你可以从担任项目的责任人开始，然后在承担不同职能时逐渐增加自己的责任。

以下是一些提升、发展、构建或开发商业能力的技巧，获取这一能力对组织的发展有所帮助。

承担业务领域的损益责任

这是积累商业经验的最佳方式，但可能只适用于组织内少数有潜力晋升为一般管理人员的人力资源从业者。

这包括对收入和支出负责，并聚焦于损益表的"支出"方面。这也让人力资源从业者有机会制定目标和预算，并在必要时管理计划和重新预测。

项目或任务

参加项目或被借调到其他业务部门，可以让你有效地学习关键技能，比如预算、预测、目标设定和绩效改进，并培养你对其他部门如何运作的理解力，所有这些都将有助于增强你对业务的了解。关键是，你要获得实现商业利益的方法，而不是执着于"准时交付"。

准备和交付商业案例或项目计划

这为你提供了撰写商业案例、获取项目资金、管理预算以及影响高层管理者以获得支持的经验。

参与并购或处置项目

并购或处置为你参加商业活动（从尽职调查到整合）提供了许多机会。在尽职调查中承担与潜在业务改进或效率提高有关的责任，有助于你提高商业技能。

对于人力资源从业者来说，外包项目或收购后的整合项目也提供了极好的机会来发展技能，例如如何评估业务、降低成本和提高服务标准。

体验业务管理者的角色

人力资源从业者可以通过在职业生涯中担任业务部门经理来增强自己的商业经验和可靠性：一方面，可以观察到经营企业的困境和得失；另一方面，能与客户接触，这是部门经理角色的一部分。这可以通过参加销售访问或被赋予特定客户的关系管理职责来实现。

这有助于你理解客户需求以及企业从不同客户群体中赢利的能力。一些组织还会邀请关键客户参与培训。

培训与模拟训练

商业意识有不少方面需要具备基础知识，比如解释财务报表和指标，以及选择和应用诊断模型，这些都可以通过培训来学习。然而，商业意识有很大一部分是关于培养正确的心态和态度的，而培训不太可能完全改变这一点，因为这与在实际工作中把新知识应用起来有关。不如与财务团队一起工作几天，了解财务分析的方法和应用，怎么样？

与此相关的是，一些组织使用现成的业务模拟方案来评估人力资源从业者的商业能力。另外，内部管理者可以引导人们进行案例研究或场景分析，这些案例或场景反映了商业经理在现实生活中面临的困境、选择和后果。

财务简报

在一些组织中，人力资源从业者要花时间与财务团队一起去理解人力资源从业者负责的业务领域的业务指标，这是入职流程的一部分。

外部视角

人力资源从业者要阅读报纸（例如《金融时报》）上的商业栏目。《经济学人》《欧洲商业评论》《福布斯》《哈佛商业评论》这样的优质报刊也是很好的信息来源。请记住，高效的人力资源从业者能够表达对所有业务问题的看法，而不仅仅是对人员问题的想法。

基于分析的目标

最后，如果你已经开始了人才数据分析的旅程，你就可以根据分析所得的干预措施在收入产生、成本节约等方面设定一个目标，从而证明人力资源部门了解整个组织的真正商业利益。

这并不是一个完备的清单，但是正如你所看到的，它罗列了提升商业意识可采取的行动，这将使人力资源从业者能够更有效地与他们的内部客户用业务语言交流，而不是沉迷于"人力资源语言"。接受指导和持续学习总是有用的，这对你决定往任何方向发展都是有帮助的。

实施分析可以确保人力资源从业者拥有更商业化的视角，但它不能使人力资源部门自动进行必要的转变。它需要一种思维方式的支持，即"业务第一，人力第二"！

----------------------- **本章的关键要点** -----------------------

- 人力运营部门必须专注于培养更加商业化的思维模式，以应对组织的财务挑战。这样一来，企业可能就会开始意识到人力运营部门在战略对话中的功能。仅仅有"战略"眼光是不够的，在过去20年左右的时间里，人力运营部门并没有成功地实现这一转变！

- 成为拥有商业思维的人力资源从业者需要由六个要素（好奇心、可靠性、信心、勇气、协作性、能力）驱动——这些要素能帮助人力资源从业者以证据为基础，更加注重为其工作的组织创造价值。

- 商业思维的转变并不会自动发生，自我评估的目的是帮助你思考你需要什么方面的转变，从而让人力资源部门变得更加商业化。

- 商业思维是数据驱动方法的核心，因为它是由业务、数字和外部视角驱动的，这对内部客户来讲更具可靠性。

参考文献

1. Korn Ferry (2017) HR heal thyself – Korn Ferry CHRO survey reveals serious gaps in HR talent including low business IQ, *Korn Ferry* [Online] https://ir.kornferry.com/news–releases/news–release–details/hr–heal–thyself–korn–ferrychro–survey–reveals–serious–gaps–hr (archived at https://perma.cc/7E3J–BSLN).

2. Pillans, G and Kind, J (2013) *Developing Commercial Acumen for the HR Function*, Corporate Research Forum report, London.

3. Chamorro–Premuzic, T (2018) Take control of your learning at work, *Harvard Business Review* [Online] https://hbr.org/2018/07/take–control–of–your–learningat–work (archived at https://perma.cc/J7H2–QQB2).

第四章

开拓新的工作方式

在概述了影响变革需求的因素和变得更加商业化的必要性之后，我们接下来谈谈必须实施的基础设施变革。这涉及人力运营部门的运作方式，也影响着当今和未来的人力资源从业者。而这一切正是由数据或者可以改变前进方向的循证方法所驱动的。

本章内容包括：

- 人力运营部门的架构：我们将概述需要优先考虑的变革，以使其从一个服务部门转变为一个发电部门。
- 数据和技术驱动的新人力资源从业者：我们将探讨历史数据可以告诉我们哪些有关人力资源能力的信息，以及新从业者的能力和需求将会是什么，所有这些都是由数据和不断发展的技术驱动的，而这些技术正在以极快的速度影响着人力资源领域。

人力运营部门的架构

当今企业中的人力运营部门是时代的产物。这个时代的人力运营部门需要在整个生命周期中与员工互动，因为它们关注的是通过明确定义、稳定的流程和程序所产生的结果。

对人力运营部门进行组织设计活动

工作场景已经发生了重大变化，然而大多数人力运营部门的结构自1997年以来并未发生真正的变化，当时尤里奇模型引入了将人力运营部门从行政角色转变为更具战略性的角色的理念。[1]我们认为，现在的人力运营部门并不比1997年更具战略性。正如前文所述，人力运营部门也在努力地趋向商业化，这就需要更主动地在高管和业务需求之间建立更紧密的联系。

问题可能不在于这种模型，而在于人力资源领域的实施方式。将人力资源团队重新定位为"业务合作伙伴"、建立一个服务中心，引入一些技术并称之为人力资源转型，似乎会带来一种新的人力资源运营模式。但是，在没有完成尽职调查、组织和工作设计活动以确保创建了一个以业务为中心的解决方案之前，这个模型并不能被简单地剪切和粘贴到一个组织中。

无论你使用哪种模型，组织设计的核心原则始终围绕着10个需要全面探索的领域展开。

- 正在被评估的职能部门有哪些战略目标？
- 哪些数据有助于你了解被评估的职能部门当前和未来可能的状态？如果这些数据无法获得，你可以从更大范围的利益相关者、员工和领导或经理那里获取一些数据。

- 使用何种框架来变革或者创建职能部门？原因是什么？

- 这个框架如何与组织的运作模式相辅相成？

- 哪些方面正在被评估？它们应该包括架构、流程、工作岗位及人员要求。

- 成功实施变革会产生哪些新的人才需求？变革总是可能带来技能差距，所以你要确保这些已被纳入预期过程。

- 需要何种心态转变才能确保变革成功实施？例如，在人力资源领域，这种心态可以是拥抱而不是畏惧数据的测量和使用，以支持变革。

- 需要制定什么样的指标和衡量方式来评估变革成效，以及变革最终是否成功？

- 各级领导者将如何调整他们的行为以支持变革目标，并确保相关信息的一致性和透明度？

- 与变革相关的风险有哪些？领导者和利益相关者如何降低和管理这些风险？

匆忙对变革的职责进行重构很可能会导致失败。在人力资源职能的最后一次结构性调整中，这些问题有多少得到了全面的解决？我们把如何重新审视其中存在的差距留给你来考虑。

以人力运营部门之名创造价值

如今，人力运营部门的目标是促成一项重大转变，即从"服务"员工生命周期向开发价值创造生态系统转变。这会受到技术、变化的员工期望和更高的价值创造的驱动，因此人力运营部门越来越重视使用数据和分析来证明价值。

纳林·米格拉尼（Nalin Miglani）提出了一个基于矩阵的模型，用于在战略变化时考虑技术与价值的两难困境。[2]该模型如图4-1所示。

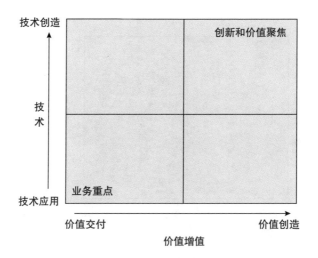

注：改编自米格拉尼，2017年。

图4-1　技术与价值增值矩阵

　　图4-2通过展示一些例子来说明未来的变化如何在技术和价值增值方面对人力运营部门产生影响。这涉及对人力运营部门遇到的挑战进行归类时可能用到的方法，例如重新分类工作、形成网络以及重塑人力资源职能。

　　这些例子提供了一种划分优先级的方法，这种方法以前是通过以下方式形成的：

- 设计思维方法，如旅程地图和故事板。
- 对利益相关者进行访谈。
- 组织关键员工和职能团队进行焦点小组讨论。

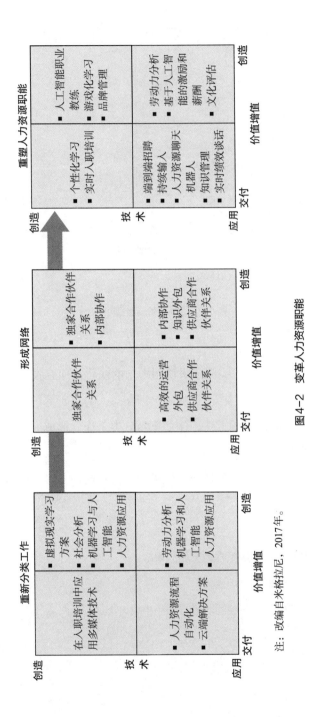

图4-2 变革人力资源职能

注：改编自米格拉尼，2017年。

人力运营部门如何发展将取决于它清楚地向企业展示价值的能力。这就是为什么对数据分析的呼声越来越高。

根据我们以往变革人力资源职能的经验，以下是在评估当前结构时需要考虑的一些关键问题。

- 你所在组织依靠哪些核心能力创造价值？
- 你所在组织创造和应用技术的能力如何？
- 你所在组织需要构建哪些人才池？
- 你是如何建立合作伙伴关系以使你的企业获得人才和竞争优势的？
- 在接下来的6个月、12个月、2年或5年里，你所在行业的变革力量是什么？
- 当新的或优化的产品或解决方案出现时，你的竞争对手在做什么？
- 这些变化会对劳动力需求（数量和质量）产生哪些影响？
- 高层领导者如何预测这些变化，以便在进攻和防守方面做好充分准备？
- 哪些合作伙伴和供应商可以支持你应对未来的工作挑战？
- 你的业务关键角色是什么？它会带来多大的财务价值？
- 在薪酬和绩效激励方面，你的差异化策略是什么？
- 你现在的组织设计流程是什么？
- 在以运营为导向的人力资源部门中，引入或扩展哪些技术解决方案可以提高效率和改善生产力？

你所在的部门是服务站还是发电站

目前，人力资源部门看起来是接受自己的服务部门定位的，当员工有需求时可以向它寻求帮助。这很好，但如果人力资源部门想变得更具战略性或商业性，那么原有的思路只能使人力资源职能始终属于运营支持范畴。

　　人力运营部门需要成为一个发电部门（见图4-3）——它所具有的功能是日常的核心必需品，并因此受到真心称赞。想象一下停电时一片哗然的场景吧！

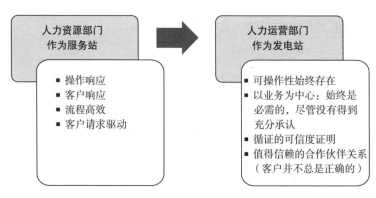

图4-3　人力运营部门作为发电站

　　当真正以业务为中心、与直线管理团队和领导者分担绩效责任并关注短期和长期的效率和生产力时，人力运营部门就会成为发电站。人力运营部门是一个始终如一的合作伙伴，其见解、观点和洞见一直都被需要，因为它被认为是促进业务"增值"的合作者。

　　人力运营部门积极主动，专注于持续改进，聚焦于有形的绩效基线改进、增长或显著的效率提升，所有这些都是由一个强大的业务规划流程支撑的。最后，它的工作重点是为内部和外部客户提供价值。

　　所有这些要素都内置了一项考验，以确保人力运营部门提供的解决方案始终适用于目标，这意味着基于数据和分析的洞见是证明价值的关键要素——这些洞见可以帮助人力运营部门在内部客户中建立信誉（见表4-1）。

表4-1 服务站与发电站

服务站（人力资源部门）	发电站（人力运营部门）
知情：被告知实施人才计划的决策和期望	咨询：被带入商业对话和决策中，因为它被认为是能够通过其洞见和见解增加价值的
被动：在某些情况和危机发生时做出反应	主动：在被询问之前，制订计划或方案，以帮助组织实现未来的业务计划和目标
战术：执行流程和任务需求	战略：创建基于目标的方案，重点是增加价值和衡量业务价值
传统：在传统人力资源实践的范围内工作	面向未来：从更广泛的角度看待业务问题和挑战（目标、竞争格局和财务目标），并以解决问题和增加价值为焦点，确定人才解决方案

人力资源部门的变革进程一直很缓慢，而阻碍人力资源部门发挥全部潜力的障碍中有两项与招聘有关。业务领导者一般认为，人力资源部门的变化很缓慢，在业务变化如此之快的时候，人才培养和招聘甚至被排在最后。

此外，企业正在寻找拥有高水平数字化技能的员工，这样它们就能够充分利用数据分析、人工智能和自动化方面的机会。然而，只有41%的人力资源从业者对是否有足够多的员工具备适当的高水平数字化技能这件事表示关心，而在企业高管中这一比例为54%。同样，56%的高管希望有更多精通数字商业模式的员工，但只有46%的人力资源从业者认为这是一种迫切的需求。[3]

这表明高管认为的业务挑战与人力资源从业者认识到的紧迫行动并不一致。这需要人力资源从业者进一步与业务领导者沟通，以真正了解他们的顾虑。我们或许可以挑战他们的一些想法，并制订一个行动计划，以确保人力资源部门能够积极主动地采取行动，并有明确的前进方向。

化解人力资源部门的困境并非易事。清晰而聚焦的商业成果意味着"战略性"或"商业化"的标签是无关紧要的，因为人力运营部门可以通过数据和分析来证明它们是如何增加价值的。这是我们向往的，也是发电站式的（Power Station-type）。

数据和技术驱动的新人力资源从业者

在概述了数字化工作场景和遇到的人才挑战之后，重要的是理解从利润、增长和生产力方面出发需要一种不同的思维模式，而不仅仅是关注成本管理。这也是许多高层领导者认为的具有战略思维的标志。

未来的人力资源从业者需要哪些能力呢？这需要我们在效率、变革转型和不断变化的人才管理要求的背景下加以考虑和回答。

数据是如何描述当前的人力资源能力的

虽然各界对于人力资源从业者应该具备哪些能力有很多看法和意见，但都缺乏广泛、公开的评估数据。在2012—2018年的六年时间里，IBM Kenexa公司对人力资源和培训从业者的能力进行了最全面的研究。[4]2014年，IBM发布了一个报告，题目是《构建一个更智能的人力资源部门》。尽管报告已经发布，但数据收集仍在继续。

数据集中在三个方面：

- 人力资源效能：人力资源部门及其利益相关者对该职能提供的解决方案的看法。
- 人力资源能力：个体拥有的与工作需求相关的行为、知识和工作经验。
- 人力资源潜力：个体具有的内在能力（比如动机、偏好和工作风格），这也是适应工作要求所需要的禀赋。

人力资源效能研究

1998年，这项研究询问了来自欧洲和中东的内部关键利益相关者（企业高管和中层管理人员）对人力资源部门的看法。其中使用的调查问卷是根据学术和以项目为基础的研究，以及IBM Kenexa公司在六年调查期间积累的人力资源转型计划相关的洞见而设计的。

这些人力资源诊断问卷涵盖七大方面的内容：

- 战略背景：基于一个相关的、以业务为中心的人才战略的人力资源部门发展情况。

- 商业背景：对竞争和组织所在行业环境的认识，包括规划策略。

- 人力资源解决方案：人力资源部门适当地制订人才计划，比如发展计划、人才管理、薪酬和组织文化变革，以及从有效性和基线影响两方面来评估这些干预措施的效果。

- 一线管理：人力资源部门向管理人员提供的关键人才流程对工作的支持程度。

- 利益相关者管理：为不同利益相关者群体（比如高管、员工、应聘者和离职者）提供的服务水平。

- 人力资源能力：一线经理在与人力资源部门或合作伙伴打交道时需要具备的知识、技巧和能力。

- 人力资源交付：人力资源部门在其核心任务（比如绩效管理、员工发展、变革驱动和多元化管理）方面的表现情况。

结果如表4–2所示。

表4-2　人力资源诊断问卷结果

类别	结果	优势	发展领域
利益相关者管理	73%	强聚焦于一线管理	高管的认知还有改进空间
			员工过去关注的焦点有限
人力资源交付	68%	为合规性、成本管理和就业问题提供有力支持	绩效支持和变更管理需要增加支持
人力资源解决方案	67%	为相关的职业发展和参与提供支持	技术关注度低，薪酬方案选择有限
一线管理	65%	整体支撑良好	薪酬在支持和吸引顶尖人才方面需要改进
		重视入职培训和诚实的反馈	
人力资源能力	62%	兑现承诺，帮助解决人才问题	数据和分析关注度低
			技术意识有限
战略背景	61%	强有力的组织价值观	战略理念薄弱
		制定明确的策略	对成本过于敏感
商业背景	58%	理解组织的战略驱动因素	规划缺乏广度和深度，例如缺乏外部影响
			商业案例方法薄弱

对于成为人力资源从业者的更多技术元素（跟上法律的变化、为人才问题提供价值和输入等），调查显示满意度水平较高，但更具挑战性的反馈领域围绕着以下方面展开。

- 以多元化的视角思考问题，更多地考虑外部视角，提供更多的长期和战略洞见。
- 为人才计划和方案建立更有力的商业案例，其中应该包括评价和评估以前计划的价值，这就需要对标商界的成功案例。
- 倡导以技术为基础的进步或解决方案，以提高工作效率。
- 人力资源部门所做的每一件事都是以业务指标和与业务挑战相关联的分析洞见为基础的。

人力资源能力研究

在大约10年（2009—2019年）的时间里，研究者从各种人力资源发展计划、能力评估项目和一些转型创新计划中收集了数据。这就要求对人力资源和培训从业者进行某种形式的评估，以评价他们对未来角色的适应性或可持续发展的潜力，从而确保人力运营部门的运作符合其未来的战略目标。这包括通过工作分析数据、利益相关者优先排序数据、利益相关者访谈和反馈、工作跟踪和观察以及焦点小组等数据技术，对当前和未来的人力资源工作展开研究。

在10年的研究期间，这项研究推动了七项关键需求的演变，以行为和技术为导向，贯穿于人力资源和培训从业者角色，并了解了跨人力资源部门的一系列职能水平。

- 商业洞见：为人力资源问题带来商业洞见。
- 突破性思维：理解问题和机遇，为决策提供不同视角或参考意见。
- 有公信力的影响：说服他人，并获得支持和认同。
- 促进关系：在团队中促进跨组织边界的参与和可持续发展，以实现共同的业务目标。
- 协作领导力：领导、促进、加强自己和他人有能力为组织增值做出贡献的清晰信念。
- 传递价值：持续推动业务成果的重大改进和变化。
- 技术能力：具备人力资源商业意识、人才管理应用、人力资源咨询等方面的技术能力。

该框架是一系列评估技术的基础，比如评估或发展中心、360度评估、微型情景模拟和基于评估的访谈。人力资源或培训领域的某些关键角色有着不同级别，我们可以通过收集到的数据来了解这些从业者是否具备这些关键能力。

最后，研究者根据上述评估和测试方法对欧洲和美国的1 078名从业者进行了评估。研究者还根据这些从业者的职位等级和需求对他们实施了评估，表4–3体现了他们的"匹配程度"。

表4-3　能力匹配度结果

能力领域	符合工作要求的百分比	评论
促进关系	76%	良好的团队协作精神——关键问题是人力资源部门是否在利用这种优势
突破性思维	63%	有清晰的解决问题的能力，但缺乏商业视角。减少人力资源式发言是有帮助的
有公信力的影响	42%	重点是从人力资源的角度来实施影响，而不是从业务角度来看待问题，设身处地为客户着想
商业洞见	38%	一直缺乏寻求或证实的外部商业洞见
传递价值	33%	交付计划不是问题，但投资回报和评估成功的方法都很有限，且缺乏有深度的衡量标准
协作领导力	31%	作为领域的思想领袖，他们显然需要为客户提供更聚焦的方向，并有勇气从人力资源和业务角度来解决客户难题。不过，这是最难的领导力形式之一
人力资源咨询	66%	强大的人际交往能力确保了与客户保持良好关系的方式得到有效实施
人才管理	62%	对核心人才管理技术和应用有清晰的认识，且缺乏对技术如何落地的洞见
商业意识	41%	基本财务知识薄弱，且对如何将其应用于人力资源领域缺乏洞见

结果表明，人力资源部门缺乏整体的行动能力来运作和优化其需要利用的增加价值的机会。当评估人力资源部门完成工作所需要的能力时，现实的期望是能够达到70%的匹配度。

但结果并不全是悲观的。这些结果的收集时间超过10年，有助于给人力资源领域的员工提供极好的学习机会。人力资源领域的一些员工已经在这些方面表现出色。然而，如果围绕获得更具竞争力的商业洞见而进行有针对性的学习，那么他们可以带来更好的人力资源绩效表现。克里尔曼研究中心首席执行官戴维·克里尔曼表示，以往人力资源部门和培训部门花重金来打造它们的员工，而不是投资于它们自己，现在是时候了，它们自己的成长和发展才是最重要的。

这就引发了一个问题：人力资源从业者是否应该走一条既涉及人力资源又涉及商业领域的"之字形"职业道路？传统的人力资源从业者多年来"修炼"自己的专业能力和履历可能已经成为历史。我们从企业领导者那里得到的反馈显示，人力运营部门的商业性是至关重要的，特别是对发展人力资源部门所寻求的信誉来说；实现这一发展的途径很可能是由业务人员转型为人力资源从业者，再转回业务角色。当然，许多组织似乎已经开始采用这种路径，针对的是一些高级人力资源从业者的角色。

人力资源潜力研究

在同样的10年期间，研究者对支持人力资源或培训从业者成功的能力和特点开展了研究，这和对人力资源能力的研究过程相互映照。

这些数据凸显了六种性格特点，这些特点对人力资源从业者的工作表现特别有帮助，且与职位等级没有关系。这些特点包括外向性、活跃性、情感性、亲和性、结构性和开放性。通过将人格测评中的特质得分与人力资源角色的卓越表现建立联系，我们形成了一份工作匹配度评估档案。通过该评估档案，我们以百分比形式比较个体特征，以供选择或发展之用。

2009—2018年，研究者对来自欧洲、中东和美国的1 124名人力资源或培训从业者进行了评估。根据满足人力资源工作需求的人格特质，研究者用最佳人格画像对人力资源从业者进行了匹配度的百分比评估，表4-4概述了这一结果。

表4-4　个性特征匹配程度

工作适合度范围	匹配程度	一定范围内的人力资源从业者数量	人力资源从业者数量占比
90%及以上	非常符合	151	13.4%
85%~89%	很符合	179	15.9%
80%~84%	符合	187	16.6%
75%~79%	待发展	198	17.6%
低于74%	需要大力发展	409	36.4%

适合从事人力资源业务人员展现出更多的社交自信，具备果断、自信、活力和动力、团队合作、个人组织、问题解决能力等特质，是变革的推动者。从人格特质的角度来看，只有不到三分之一的人非常匹配这个角色的要求。然而，更令人担忧的是，36.4%的人需要加大马力，才能在进化的人力资源角色中充分发挥作用。

这并不意味着他们过去或现在不能履行这一职责，但却意味着他们需要有相当程度的"应对机制"。此外，个人工作风格的发展既难以开拓，又不可避免地需要时间。正如我们所知，从事不适合自己的工作的人往往对工作、上司和同事不太满意，对组织不太忠诚，离职可能性更大。[5]这种结果也可能损害工作绩效，因此，拥有良好的人岗匹配机制似乎可以为公司带来最大利益。

因为个人特质很难改变，所以组织应该把重点放在人力资源职能的改进上，而不是训练员工特定的特质上。值得注意的是，个性并不是判断员工可能产生的工作结果的唯一标准，其他关键的预测因素也应被考虑，比如知识、技能等。

我如何发展现有能力

数据表明，人力资源从业者在能力方面存在一些需要填补的缺口。这需要围绕商业性展开，通过数据和分析来影响和展示其干预措施的价值。现有的人力资源从业人员在许多方面都做得很好——强大的协作能力、扎实的人才和人力资源实践领域的知识、强大的利益相关者关系等。但是，人力运营部门是否对这些优势加以有效利用了呢？从工作匹配的角度来看，人力运营部门又是否确保能招到理想的员工呢？

我们必须得承认，发展和改进的需求要与心态和行为的改变相结合。虽然我们提倡当前的人力资源部门和培训部门需要将重点放在业务能力和业务开拓方面，但是我们也注意到，时间和资源始终是制约发展的硬性影响因素。

企业研究论坛的迈克·哈芬登说："这不仅仅是一个你知道自己知道什么的问题，而且是一个你不知道自己不知道的重要问题。这是人力资源部门在新业务中需要不断挑战自己的内容，并要采取相应的应对措施。"

新的人力资源从业者是什么样的

基于过去10年对人力资源需求的研究，并考虑到数字化工作趋势带来的对人力运营部门的新期望，我们认为有六个关键主题将是人力资源从业者未来发展的方向，如图4-4所示。

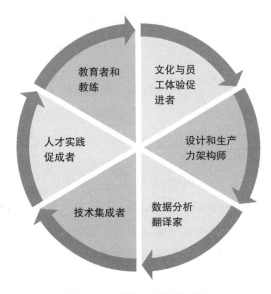

图4-4　未来的人力资源从业者

让我们一起对每个主题展开探索。

文化与员工体验促进者

正如第一章所指出的，员工体验将对人才实践的设计和实施方式产生重大影响。员工体验是指员工对工作经历的看法和感受，而员工敬业度则是指员工对组织的看法和感受。员工敬业的结果是积极参与组织及其工作的人更有可能在完成自己的工作和实现目标时，自驱地付出额外的努力。

为了确保对这些要素达成共识并有适当的优先次序，我们需要一种文化氛围，即领导者和管理者都能设身处地为员工着想。这意味着，人力资源从业者需要：

- 如果现有的实践、流程和方法限制了绩效表现，那么他们会质疑领导者。
- 与领导者一起推动基于文化的挑战和变革。

- 重新调整当前人力资源部门提供的支持，以满足未来员工的工作需求。

- 促进与员工之间的对话，使他们都能为研究、设计和交付方法做出充分贡献（例如促进设计思维型会议），从而助力员工在组织中获得良好的体验。

重要的是，员工体验之旅应着眼于员工生命周期，并考虑他们在每个阶段的体验。考虑员工体验之旅的目的是，确保所有员工从求职到入职、绩效表现、从成长直至最终离职的整个过程都参与其中。在任何阶段，组织都必须避免员工处于不在线状态。

设计和生产力架构师

在大多数组织中，生产率低下是一个长期存在于工作场所的问题，几乎每个月都有一份重要报告强调公共部门和私营组织的生产率低于预期的目标。无论是叫"生产率差距"还是"生产率难题"，问题都是一样的，因为生产率的衡量标准涉及员工、机器、工厂或业务部门的效率，或者实际上是一个将输入转换为有用输出且基于流程的系统。

对组织立即产生基于数据的影响的机会还是存在的，同时由于人员是自动化之外的主要资源，所以人力运营部门需要将更多的时间用在这一业务挑战上。这意味着人力资源从业者需要：

- 研究生产力数据，以了解存在的问题和挑战。

- 与领导者和管理者合作，了解如何将业务和人才洞见结合起来，以形成一个更好的、更协调的解决方案。

- 审视、评估培训计划，以确保员工和管理者能够知道如何提前识别生产力和流程问题。

- 确保技术改进能够最大限度地提高生产力。

- 采用组织和工作设计方法来确定工作流程的改进方面。

投资于技术通常与某种形式的效率提高是一致的。然而，光有效率是不够的，因为你可能非常高效，但在数量或质量方面仍然会产生糟糕的结果。

随着先进的智能技术（比如聊天机器人和基于人工智能的自动化系统）在工作场所中起到重要的作用，技术解放了人类的时间，让人们可以去做更多技术还做不到的事情，比如创新、创造，做出批判性判断，以及在与他人交流的时候展示同理心和信任。

数据分析翻译家

数据和分析是这个新的数字化工作场景的核心。我们将在第九章探讨开发人才数据分析能力的方法，但更重要的是需要明白，我们并不是要把每个从业人员都培养成统计天才，从来都不是这样。我们所提倡的是，未来的从业人员需要有更多的计算能力，能够对数据和信息进行探索，以发现那些不易被识别的洞见。这是建立在商业意识和商业领袖思维基础上的，即确保所做的一切都有底线要求，或者（对公共部门组织而言）对所提供服务的目的和效率产生影响。

有一些从业人员可能对数字很精通，但这并不妨碍其他从业人员学习核心技术和方法，这些技术和方法使他们更能使用分析的方式"增值"。数据分析翻译家角色来自麦肯锡观察[6]，随着越来越多的组织在各种大型变革项目中探索技术、数据和分析，研究者发现数据科学家、数字运算员可能并不是与业务部门互动的最佳人选。

数据分析翻译家的角色是这样的：

- 专注于他们的领域知识（人力资源、人才管理和学习与发展），并利用数据帮助企业领导者识别和优先处理业务问题，在解决问题的基础上创造最高的价值和影响。

- 能够自如地构建和呈现报告与用户案例。

- 与技术人员（负责分析和统计的人员）和高级管理团队合作顺畅。

- 管理项目、里程碑节点和其他附加产品。

- 能够把分析和结论转化为有说服力的故事和可行性建议，供管理层参考以便采取行动。

- 熟悉数据、指标、测量、分析过程和优先次序。

    翻译家能够帮助企业提高基于数据和分析的方案的投资回报率。他们有助于找到合适的业务机会，并能够确保每个参与其中的人（从数据分析师到业务主管）通力合作，通过分析洞见实现承诺。这个角色如此重要，以至《福布斯》杂志的伯纳德·马尔建议我们应该忘记数据科学家，而雇用一名数据翻译家。[7]

    正因为如此，这个角色在商业导向、展现价值、对高层管理者发挥影响等方面的能力差距格外受到重视，因为在我们看来，这一角色将是人力运营部门成功的关键。但我们也只是一家之言，因为我们发现营销人员和他们的分析之旅，远比人力资源从业者的分析领先。

——— 思想领导力洞见 ———

数据分析翻译家——未来的必备角色
迈克尔·利伯曼，研究咨询公司多元解决方案的创始人兼总裁

    根据谷歌的定义，数据分析翻译家是数据科学家和执行决策者之间的纽带或桥梁。他们特别擅长了解组织的业务需求，并且对数据有足够的了

解，能够有效地与组织中的其他人进行技术交流与总结经验。多年来，我研究了许多会议报告，在研究行业组成了跨技能的战略联盟，拥抱新的时尚、数据洪流和数据科学家，或者目送他们离开，现在我可以预测我们行业可能正在走上一条康庄大道。

就像定性研究与定量分析的结合一样，数据分析翻译家是在传统研究技能上不断扩展的混合体。现在有太多的开源软件可用，还有大量的消费者和社交媒体数据。在这么多的工具和数据的加持下，我们可以清晰地感受到客户和高管团队希望听到的故事。

大数据和预测分析

预测分析与研究有很多相通之处，也是专注于对高级分析学的投资、商业化和安全应用，包括文本挖掘、图像识别、流程优化、交叉销售、生物特征识别、信用评分和欺诈检测。

几年前在旧金山举行的一次国际预测分析学会议上，我遇到了这个领域的专家。我很惊讶地听说，许多经常为联合利华、宝洁和李维斯等公司实施管理模型优化的专家，都在工作时间使用Excel（电子表格），以确保诸如李维斯等公司不会给威斯康星州的奶农发送紧身牛仔裤的广告。然而，这一群体既缺乏统计知识，也缺乏构建调查或撰写构成研究报告核心内容的经验。

预测分析和研究是两个截然不同的领域。然而，这两个领域都需要数据科学家。研究公司定期挖掘公司数据库，然后形成结论，它们主要采用的项目路径如图4-5所示。

预测分析专业人员对结果进行计算以最大限度地提高模型效率，并处理图表中的数据和信息。他们没有能力撰写详细且具概括性的知识型报告。

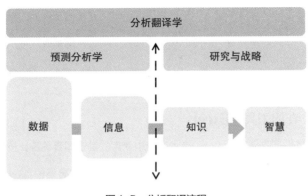

图4-5　分析翻译流程

拥有研究报告技能，再加上高水平的分析能力，可以让研究人员为首席执行官解读这些数据。同样，这也少不了项目路径的右侧即知识和智慧的加持。它为研究者打开了一扇大门，让他们成长为战略顾问，现在也被称作数据分析翻译家。

开源软件的力量：R软件

对于那些不熟悉开源统计软件的人来说，R语言是统计计算和图形的免费编程语言，由R统计计算基金会支持。R语言在统计人员和数据挖掘人员中被广泛用于开发统计软件和数据分析。尽管R软件有一个陡峭的学习曲线，但市场研究专业人士仍然可以学习使用它。

过去，人们必须购买昂贵的SAS（统计分析系统）使用许可证或若干SPSS（统计分析软件）模块，来实现如今互联网上免费提供的生产力。R软件中包含许多开源模块，这意味着任何研究公司都可以与数据科学家合作，从而不仅向客户提供研究报告，还可以利用预测分析厂商提供的高级功能对企业数据库进行挖掘。

上述每一种算法都可以用于日常研究。针对这些附加技能的培训也是开源的——有许多免费、简短的在线课程可以培训人们掌握分析和提炼分析输出结果。

无处不在的工具：Excel

当我进行联合分析（一种市场调查中使用的基于调查的统计技术，用于确定人们对产品或服务的不同属性的评价）时，我总是用Excel给客户提供模拟器。为什么呢？因为不同于专业软件，每个人都有Excel，而且其容量是巨大的。Excel电子表格的发布限制是1 048 576行乘16 384列。换言之，超过16 000个变量的数据点超过100万个——这只是一个工作簿的容量！数据库也可以很容易地转换为独立的工作簿。此外，所有Excel文件都可以导入SPSS进行数据管理，然后导入R软件进行强大的统计分析。

通过多宝箱（Dropbox）等数据交换服务，这些大文件的交互也变得非常简单。简而言之，现在即使是小型研究公司也有能力处理和分析大型客户数据库，而仅仅几年前，这些数据库还需要很多存储空间。

让分析翻译成为主流

到目前为止，我们已经展示了市场研究人员执行预测分析或数据库挖掘的工具和带宽已经很容易获得，而且随着时间的推移，这种工具和带宽的获取会更加容易。

那么，研究行业如何才能最好地利用这一新领域？

研究人员是编写调查问卷和归纳总结的专家，相比之下，预测分析人员不擅长这些。虽然预测分析人员在计算数据集领域有其擅长的一面，但是当涉及总结研究并将其提交给主管时，研究人员会轻而易举地胜出。

为什么？因为研究人员是天生的数据分析翻译家。

总 结

我们确实可以做到这一切：我们收集数据，用高性能的开源软件进行处理；我们归纳结果，为客户提供运用战略思维的能力。我们将复杂的预测分析能力与基于研究的故事讲述能力相结合，以提供令人信服的结论。我们是数据分析翻译家，是未来的"必备"角色。我现在做的不仅仅是市场营销，还有人力资源！

至于人力资源从业者，如果市场营销人员能做到，那么你也必须能做到。这是一种思维方式的转变，因此在你展现出以前没人思考过的洞见时，它会让你成为高管层的亲密盟友。

www.mvsolution.com（存档于 https://perma.cc/6ADV-QVGG）。

技术集成者

在定义和支撑基于新技术的流程设计方面，人力资源技术将是推动人力运营部门向前发展的关键促进因素。这些技术可以让我们向往的理想型员工体验得以实现。这需要在所有人才实践中明确强调效率、效能和敬业度。随着全天候的高效人才实践的持续自动化运行，这一点将变得越来越重要，例如聊天机器人的快速发展。

支撑这一点的将是变革管理流程，因为基于数字化的变革将持续进行，并将要求人力资源从业者及时掌握这些变化，将其作为变革的一部分。

企业研究论坛2019年3月发布的报告《利用人力资源技术革命》

指出了一系列关键的技术挑战。[8]这些挑战的基础是建立一支数字化的劳动力队伍。人力资源从业者也需要提升自己的数字化能力，而且要注重培养员工的数字化悟性。企业研究论坛报告的作者戴维·克里尔曼和杰夫·马修斯（Geoff Matthews）表示：

人力资源技术领域是巨大的、令人困惑的和快速变化的，并且会继续如此发展下去。然而，它的转型效果意味着它不能被忽视——人力资源部门的领导者要想在未来变得有影响力和提升可信度，就必须有良好的技术悟性。

人力运营部门遇到的关键挑战涉及以下方面：

- 技术管理：人力资源部门必须掌握更多的控制权，并积极管理与利益相关者的关系，而不是把自己和信息技术人员区分开，单纯督促他们干活。
- 外部联系：保持对外部技术发展情况的了解是至关重要的。
- 可持续性：正确地把握实施速度将变得越来越重要，对用户来说，运用技术既不能太快也不能太慢。
- 技术能力：确保用户拥有使用新技术的技能、策略、原则和信息等，这方面的重要性也是毋庸置疑的。
- 差异化：人力资源部门需要专注于创造差异化的员工体验，以吸引不同年龄段的人才进入企业。
- 数据和分析：人力资源部门需要学习如何利用数据为结果和建议提供强大的且有相关性的洞见，以推动未来的成功和发挥业务影响。

因此，人力资源从业者需要对整个技术领域正在发生的事情有更深入的了解，比如人力资源的发展趋势，以及它是如何影响员工对客户的交付的。他们需要更多地参与到技术中来，看看它能让人力运营部门在业务成果和基于数据的洞察力方面实现哪些目标。

通过试用或让用户测试新技术来开发员工的数字化能力，将使他们通过一手经验来学习如何使用技术并提供切实的反馈。这也能确保员工在使用人力资源技术时对用户体验的了解，因为这将改变员工对人力运营部门的整体看法。

显而易见，制定人力资源技术战略或者至少形成主要人才战略的一部分是有必要的。换句话说，在未来12～18个月内，人力资源部门将会采取一定的技术干预措施。

人力资源行业使用的技术正在改变传统的以人为本的制度和实践方式。这意味着所有人力资源从业者都必须了解这些技术是如何聚焦于企业层面提供更大价值的"附加值"。

人才实践促成者

人力资源部门需要持续吸引、留住、发展并最大限度地发挥组织中各级人才的作用。人力资源部门遇到的最大挑战是获得和证明"物有所值"。必须记住，组织中的大多数角色都是由可靠和称职的执行者承担的——不一定是组织里的超级明星或高潜人才。

自动化的兴起提高了人们对技术助力员工改善和增强生命周期要素的期望。然而，以下四个关键的基本方法也许是夯实以及差异化人才管理战略的核心。

- 招聘、甄选、评估和反馈：形成有关个人能力的客观数据是至关重要的，这使得组织能够了解员工的优势，关注组织拥有的核心资源，更好地做出投资布局。
- 绩效管理：与员工沟通变得非常重要，因为我们需要在比以往任何时候都更有工作压力的情况下开展对话。通过设定共同目标、辅导、反馈和评估来提高个人对企业的贡献力仍然是人力资源从业者工作责任的重要组成部分，以此驱动员工积累工作经验、提高工作积极性以及对组织目标的承诺。

- 学习、发展和辅导：巩固员工的经验有助于提高员工的能力和锻造员工的行为，从而提高员工的绩效。通过技术实现学习的个性化，对于确保员工像组织一样为自己的发展承担同等的责任至关重要。

- 继任和人才规划：随着干扰因素的增加，清楚、聚焦的人才数据分析能力变得更加重要。这既要着眼于未来的业务关键角色、继任计划，也要通过劳动力规划来清楚地了解一个组织在6～12个月内的资源需求。这两种方法都很难执行，但是如果有了更可靠和相关的数据，那么这种局面可能会改变。

因此，人力资源从业者需要：

- 能够清楚地识别任何人才管理流程的预期业务成果。

- 与时俱进，以确保各级别的员工都有明确的责任。这不仅要求员工和领导者承担更大的责任，而且要确保这些方法能够被严格地采纳和审查，并提供数据以确保对业务产生影响力。

- 确保业务部门对人才实践产生的业务成果有着明确的所有权。人才管理毕竟是为了解决业务问题而存在的。

- 在设计人才实践项目时，在简单与复杂之间保持平衡。这一切都是为了获得领导者和管理层的认同，并培养他们落实解决方案的能力。

- 确保人才实践的投资回报率以及它们在识别和收集数据方面的最低要求，这些数据随后可用于评价和评估流程的可行性。

- 确保企业始终聚焦于最好的标准，而不仅仅是"凑合"。标准的重要性对于提高员工绩效至关重要。

教育者和教练

如果你是一个经验丰富的人力资源从业者，那么你可能认为教练只是你多年来一直在做的事情的另一个名称，即帮助管理者和领导者提高他们处理有关人才和需求能力等方面的问题。这种支持将仍然是帮助高管、领导者在基于组织领导的角色中发挥其潜力的一个重要因素。

外部商业教练通常只与高潜人才或高级领导者一起工作，但人力资源从业者很可能与组织中各级别的经理和主管合作，这本身就使得教练角色非常具有挑战性。人才实践不断变化的速度和更多技术的出现，意味着教练的作用将变得越来越重要，以确保管理层和领导团队理解并不断完善技术基础设施。

因此，人力资源从业者需要：

- 把人才问题和与之相关的机会，更详细地了解领导者或管理者如何通过反思他们的工作方法来提高他们的绩效。
- 勇于为领导者和管理者提供指导、引导和支持，他们中的一些人会比人力资源从业者级别更高，经验更丰富。
- 促进对话的针对性和可信度，以确保受训者清楚地理解基本信息。
- 通过创造令人信服的故事，激励领导者和管理者采取个人行动，说服他们改变开展工作的方式。
- 营造一种合作的氛围，打破人们感知障碍，从而制定出专注于改善业务绩效的明确议程。
- 从业务角度来展示可信度，并且确保人才管理或人力资源领域的知识及时更新。

现在我们看到了：人力运营部门正面临着一段时间以来必须面对的一些最激动人心的挑战，而对于人力资源和培训从业者来说，大放异彩的时候到了。为什么要做数据分析已经概述过了，现在将继续讨论如何在你扮演的角色之中使用数据。

──────── 本章的关键要点 ────────

- 构建人力运营部门是复杂的，需要遵循良好的组织设计原则——仅仅孤立地从其他组织复制框架和模型，在我们现在所处的复杂世界是行不通的。

- 专注于成为一个发电站，一个对业务绩效至关重要的职能，而不仅仅是一个客户在需要时使用（或不使用）的服务站。

- 现有数据表明，构建人力运营部门存在着需要填补的能力差距。重点在于围绕商业价值展开，通过数据和分析来影响和展示干预举措的价值。在培养和提高他人的能力时，永远不要忘记自己，这对未来的人力运营部门至关重要。

- 未来的人力资源从业者需要创新方法和方式，这些方法专注于推动员工体验的设计，提高生产力，并使高绩效人才举措得以实施。所有这些都得益于对技术进步、证明干预措施价值的数据分析应用的日益增强的认知，以及对领导者和管理者在人才实践中的教育和指导的持续强化。

参考文献

1. Ulrich, D (1997) *Human Resource Champions: The next agenda for adding value and delivering results*, Harvard Business School Press, Brighton, MA.

2. Miglani, N (2017) Look outside…for the future shape of a HR organization, *Medium* [Online] https://medium.com/future-of-hr/look-

outside–for–the–futureshape–of–a–hr–organization–7b4267518397 (archived at https://perma.cc/ U23Y–XQ7R).

3. Goldstein, J (2018) Igniting HR for strategic business partnerships, *Accenture* [Online] www.accenture.com/gb–en/insights/operations/hr–intelligence (archived at https://perma.cc/F8BC–V5AD).

4. IBM (2014) *Building a Smarter Human Resources Function: The data reveals room for improvement*, IBM Software.

5. Kristof–Brown, A L *et al* (2005) Consequences of individuals' fit at work: A metaanalysis of person–job, person–organization, person–group, and person–supervisor fit, *Personnel Psychology*, 58, pp 281–342.

6. Henke, N, Levine, J and McInerney, P (2018) Analytics translator: The new musthave role, *McKinsey* [Online] www.mckinsey.com/business–functions/mckinsey–analytics/our–insights/analytics–translator (archived at https://perma.cc/38DKYN8Z).

7. Marr, B (2018) Forget Data Scientists And Hire A Data Translator Instead?, *Forbes* [Online] www.forbes.com/sites/bernardmarr/2018/03/12/forget–datascientists–and–hire–a–data–translator–instead/#783f93bc848a (archived at https://perma.cc/Z58Y–SHJX).

8. Creelman, D and Matthews, G (2019) *Harnessing the HR Technology Revolution*, Corporate Research Forum report, London.

第五章

使用数据

当前，我们可以看出对人才职能进行商业化运作以及用业务视角去观察人才场景是非常重要且必要的。基于以上原因，现在正是对人才数据分析及其相关因素进行探索的时机。

本章阐述了运用数据和信息的重要性，以及如何将它们转化为工作知识和组织智慧。知识是一种复杂的现象，组织内部只有对知识进行管理，才能确保其得以传承。组织面临着双重挑战：首先，组织需要构建一个充分利用数据的有说服力的业务案例；其次，组织要对所有新构建的知识进行管理，以便使它们最终能帮助管理者做出更好的业务决策。

本章内容包括：

- 从数据到信息，再到知识：在开始任何分析过程之前，了解不同类型的可用信息都是至关重要的。在此，我们提供了搜索数据和信息时几种可用的选项。

- 但是我们什么数据都没有：许多人力资源部门之所以强调自己不愿意开展人才数据分析，是因为缺乏高质量的数据。但是，期待拥有100%准确的数据是不切实际的，基础数据或者部分数据的分析就可以让组织产生洞见，让组织对自己的人才有不同的想法。

- 用不同的视角看数据：数据的使用不要局限于不停地收集新数据。只要合理运用不同方式将数据加以利用，现有数据也可以提供多种洞见。在此，我们提供了一些运用数据的方法。

- 利用数据和技术构建业务案例：商业化的人力资源部门需要确保使用相关的数据语言构建面向结果的业务案例，以此来提高绩效。

从数据到信息，再到知识

我们在人力资源方面花费了大量时间聚焦于交流人才数据、信息和获取信息的方式上。然而，在如何理解这些信息、如何让这些信息成为组织内部的知识以及我们如何从中获得洞见上花费的时间却很少。因此，我们的研究强调，尝试理解组织中不同类型的人才和业务数据的关联是更具有挑战性的事情，但人力资源部门必须从中获取更多有用的洞见。

对我们来说，理解数据、信息和知识之间的区别是很重要的。

从数据到信息

我们都熟悉"数据"这个术语，我们在生活中的某些时刻，都曾经使用文档或电子表格处理过它。但是单独来看，一个数据并不能传达任何意义。例如，数字12.8是一个数据，但是它能告诉我们什么呢？数字必须结合上下文才有意义。换句话说，数据的弱点在于，孤立地存在是没有任何意义的。

我们可以说，数据是一组离散的客观事实。在组织环境中，数据最有效的描述方式是将它看作以技术系统（比如数据库、软件或我们现在所说的云）的形式存储的结构化交易记录。如果不清楚数据的上下文，我们就无法理解它。这是我们在组织中运用数据时遇到过的问题。这时候用语言解释数字就变得很重要，这也是我们的目标。

当我们谈论"信息"时，它应该是有上下文的。信息是一组有意义的系统化排列的数据。例如，通过将12.8放在"英国信息技术行业7级和8级员工的离职率为12.8%"这样的背景下，我们就可以让这个数据更有意义。

我们将信息定义为能带来价值的数据[1]——这是显而易见的，我们也知道这个事实。[2]

然而，信息有许多来源（见图5-1），当确定什么对你试图解决的业务问题产生影响时，这些都影响到研究需求的深度和广度。

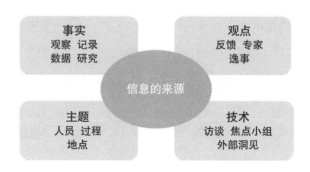

图5-1 信息的来源

知识的复杂性

知识是一种复杂的现象，是通过特定领域或学科的经验和专业技术产生的。知识与数据、信息是完全不同的概念，因为在被人们分享之前，知识大多是隐藏的。

尽管数据、信息和知识之间的主要区别似乎很明显，但人力资源从业者还是需要了解如何收集正确的数据和信息，以便能够通过知识获得洞见。每个人都掌握着不同的知识，这与我们所拥有的信息和获得的数据明显不同。

知识不仅仅是文档或共享数据库的组成部分，还存在于组织的常规工作、流程、实践和规范中。由于知识具有流动性且处于不断变化中，组织必须定期创造新的知识流来保持竞争力。随着我们不断开发新的自动化知识流程，这一点尤其重要，例如，聊天机器人能根据核心人力资源知识回答有关问题。

注重效果而不是效率

人才数据分析的一个关键作用是确保组织中所有可用的数据、信息和知识都得到清晰的梳理。我们预见组织会成为一个学习和拥有最新的可使用数据的生态系统，因为技术体系将塑造新的知识流。然而，许多组织还没有建立起这种以学习和变革为核心的数字化工作文化。

信息和知识能让我们提高效能，而不仅仅是效率。高效能是指做正确的事情，而高效率是指正确地做事。智能可以提高效率，而智慧可以提高效能。如今，通过使用技术和数据，人力资源部门可以收集情报和洞见来提高组织效率，但这只是完整故事的一半。效能和效率的区别来自智慧与知识、信息和数据的不同。理解是连续的过程[3]（见图5-2）重申了这一点，其中的重点是利用数据、信息和知识在组织中建立智慧，最终确保整个组织的决策质量得到提高。

尽管数据、信息和知识可以为我们提供做出决策的洞见，但我们自有的能力和智慧将让我们做出真正有效的决策。[4]我们有时把它称为"直觉"，这是智慧的最高形式。[5]

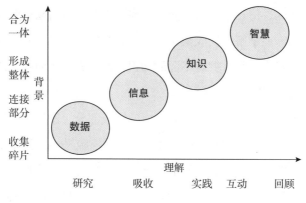

图5-2　理解是连续的过程

一种技术和接触的方法

将所有这些内容放入情景当中，那些出色的人才分析软件系统就可以用人工智能、机器学习或自动化的方式获得洞见。然而，这些技术手段永远无法产出智慧和直觉，这是区分人和机器的特征。我们认为人才分析应该是一种"技术和接触的方法"的核心原因是，它应该是在人类参与的基础上运用的技术手段。对人力运营部门来讲，重要的是，不仅要创造一种使用数据进行决策的文化，还要帮助员工适时地发展使用数据和信息的能力。

需要谨记的是，尽可能多地收集数据并不是理解和解决特定业务挑战的关键。信息来源有很多，有时收集的信息越多带来的问题越多，而不会产生更多答案。

关注可用的数据资源。有时它们只占你想要的数据或信息的60%，而不是一个完整的数据库或信息库，但你可以先分析你已知是正确的数据或信息，而不是等着你想要的所有数据都完全准确和完整。你如果想要一个完整的数据库，那么恐怕要等很久！

但是我们什么数据都没有

可以确定的是，如果没有任何有形的数据、人员数据和理想的业务数据，那么没有人能够通过分析提供洞见。卡皮坦（Capita）在2019年6月的报告中强调，在评估和确定技能要求时，英国近一半（46%）的组织仍然依赖"本能和直觉"，而不是硬数据和洞见。[6]绝大多数（83%）人力资源和招聘负责人认为，数据和洞见对于改善招聘和人才获取至关重要，而且81%的人承认他们需要更多地了解员工现有的技能。

然而，令人担忧的趋势是，资深业务领导者认为人力资源和招聘团队在使用数据和洞见以优化和衡量绩效方面进步最小——24%的业务领导者表示，上述团队在收集、分析和使用数据方面是最差的！

以下两个学习场景反映了人力资源部门需要改变它们的思维模式，因为这是转向分析或数据驱动的工作方法以应对人员和业务挑战的基础。这两个场景都是真实的，反映了对商业思维的需求。商业思维侧重于：

- 我们要解决的业务问题。
- 使用获取到的数据，以便让我们做出最相关的、最有效的和最经济的决策。

下述案例表明，在很多情况下，你需要做的是就工资成本用数据开展对话。国际人力资源思想领袖约翰·沙利文博士经常说，人力资源的变革机会来自用业务和钱说话。这一切都可以从讨论员工的工资开始。

学习场景

时间就是金钱——人力资源部门的思维方式转变

场　景

这是一家有大约500名员工的组织的人力资源团队研讨会。设计这个研讨会的目的是，激发和推动人力资源团队产生新行为，我们最初的想法是为了"提升他们的水平"。人力资源团队由一名人力资源主管、几名人力资源业务伙伴和其他人力资源工作者组成。

在我们进入研讨会的人力资源数据与分析环节之前，一切都进行得很顺利。研讨会的气氛突然发生了变化，这给人力资源团队传达了一个明确的信息：

- 他们的人才和组织数据到处都是。
- 他们没有任何可靠的数据。
- 最好换个讨论话题！

挑战来了

我的回答围绕着这样一个事实：他们至少有一个被认可的准确可靠的数据点——工资。然后，我们探讨了当前组织中存在的问题，并迅速确定了当下的挑战，即员工缺勤率——这家公司3月的缺勤率是12%。这已经在上周反馈给了管理团队。管理团队的反应很有意思，他们感谢人力资源团队让他们了解了情况！

我对此的判断是，人力资源团队给管理团队共享的数据是错误的。

12%的数据对他们来说毫无意义，所以人力资源团队只得到了礼貌的回复。"时间就是金钱"，这是一个被许多人力资源从业者遗忘的重要事实。例如，一个年薪为4万英镑的员工实际上每年会给一个英国组织带来大约5万英镑的成本，包括：

- 组织替员工缴纳的法定养老金。
- 法定的英国国民保险缴款。
- 员工分摊的工作空间的成本。
- 员工分摊的技术使用的成本。
- 员工分摊的持续培训和发展费用。

我们假设英国员工平均每年工作约250天（该组织周末不工作），年薪为4万英镑的员工每天的成本约为200英镑。（注意，这可能是一种保守的说法，但最好低估而不要高估，或者虚拟一组数字。）

缺勤的挑战

统计缺勤情况的电子表格很快被公布出来，然后人力资源团队通过计算当年前3个月的成本得出缺勤率为12%的实际成本。在计算了那些缺勤员工的每日成本后，新的数据显示，仅3个月的缺勤成本就高达18万英镑：这一数字比12%更有影响力！

人力资源团队很想立刻把这一结果告知管理团队（请注意，这是基础数学！），但在此之前，团队被要求对员工缺勤的原因进行分析，看看背后是否还有其他有用的信息。他们发现35%的缺勤都是流感病毒造成的，因此在向管理团队报告新结果时，人力资源团队提供了三个观察结果：

- 当月缺勤率上升至12%。

- 前3个月员工缺勤的业务累计成本为18万英镑，另加未完成的工作或流程、未执行的销售、未具体化的新收入机会等无法明确估算的机会成本。

- 未来的优化方案是，让所有员工接种流感疫苗（如果他们愿意的话），费用由组织承担。具体如下：

  ——疫苗接种费用（500名员工×20英镑）=1万英镑；

  ——现场接种疫苗的时间费用（500名员工×30分钟）=2万英镑（预计成本）；

  ——缺勤成本18万英镑－疫苗接种费用3万英镑=成本节约15万英镑。

结　果

由于人力资源部门在业务模式中强调成本影响，管理团队对待缺勤的态度忽然改变了。他们立即专注于在接下来的3个月内详细监测员工的健康状况。

此外，他们要求使用成本而不是百分比的增加或减少来突出未来的人才洞见，因为成本数据更有意义，并且与他们对特定人员和业务问题的理解更有关联。

学到了什么

- 使用业务领导者的语言，提供与他们相关的有意义的洞见，而不要继续使用人力资源部门惯用的方式（在这个例子中是"成本"）。

- 谨慎考虑分享哪些数据给他人。虽然百分比可能很容易突出趋势和变化（向上或向下），但它很难真正描述了实际发生的情况。

- 任何时候都要说业务语言，这会让你的见解带有商业思维。
- 分析并不总是需要复杂的算法才能体现一个有意义的洞见，基础数学和电子表格有时就可以提供所需的全部洞见。

www.hrcurator.com（存档于 https://perma.cc/9MSH-BJWF）

下一个实例和一项核心的人力资源运营工作相关：解雇员工。同样，在这类情况下，我们可以考虑基于成本或数据的方法来衡量决策过程的质量。

学习场景

当涉及员工关系和声誉风险的问题时，时间就是金钱

场 景

一家体育媒体机构与一名员工就裁员或绩效相关问题发生了纠纷，这件事已经持续了一段时间。这位员工声称，公司的决定明显带有歧视成分。该机构在内部对这项申诉进行了独立调查，但目前情况已陷入僵局。

该机构提出给员工2.5万英镑以换取他签署一份保密协议（NDA），以解决纠纷并结束这一局面，但这名员工拒绝了这项提议，该组织的首席执行官也拒绝进一步谈判。因此，现在唯一的选择是将该案提交就业仲裁法庭（在英国，雇主和雇员之间的纠纷可以在此依法解决）。

过　程

在决定不给员工提高价码之前，这名员工的上级、HRBP和处理申诉的人力资源总监一起花了超过65个小时来沟通和确定解决方案。这相当于21 125英镑的工资成本，还不包括其他与组织贡献有关的成本。

在开庭前还需要大约55个小时的准备时间，折算费用为17 500英镑，另外聘用外部法律顾问所需费用为2万英镑。法庭听证会持续了两天，人力资源部门参与的时间折算费用为9 500英镑，外部法律顾问费用为2万英镑。

结　果

该组织的要求被就业仲裁法庭驳回，员工获得判赔4.25万英镑外加其他费用。

虽然之前提供了2.5万英镑和解金，但当时的沟通表明，如果金额提高到3.25万英镑，那么员工会接受公司的解决方案。如果当时情况得到解决，那么这家机构的成本将是21 125英镑+32 500英镑=53 625英镑。

据统计，这家机构花费的时间成本、外部费用和法庭费用约为130 625英镑。在向首席执行官汇报工作时，工作人员问道："机构支付额外的77 000英镑是否值得？"这家机构的声誉也因上庭所造成的公众影响而受损，这一点也很重要。

学到了什么

- 永远不要忘记解决问题所需的内部时间成本。组织倾向于忽略它或者忘记"时间就是金钱"这一事实。
- 不能忘记声誉风险等无形成本。

- 在时间和效率方面，所有人力资源实践和流程都可以通过更加商业化的视角加以评判。

- 即使是人力资源领域的核心知识，例如雇佣法或员工关系，也不能避免要用更商业化的视角来审视。在这种情况下，聚焦商业结果可能会推动不同的决策过程。

www.hrcurator.com（存档于 https://perma.cc/9MSH-BJWF）

上述两种场景在全球的组织中都很常见，以前的习惯和工作惯例让人力资源从业者形成了现在的工作方式。这些方式并没有错，但你要问自己的关键问题是："这些方法在当今的数字世界中是否适用？"我们认为不适用，原因是从数据产生的洞见可能会改变上述两种情况的结果。

每个组织都可以被看作是某种类型的数据业务，除了在观点、方法和问题方面更商业化之外，还有一个问题是，领导者和管理者可能变得过于注重数据。正如人力资源思想领袖戴维·克里尔曼经常指出的那样，有必要确保"领导者成为数据的优质消费者"。[7]

克里尔曼接着表示，一个糟糕的消费者需要大量数据，看一眼就认定这不是他想要的，不是真正有用的或者他根本不需要的数据就被他扔进垃圾箱。当被问及需要什么数据时，糟糕的消费者还会说"给我所有数据"，而不考虑给分析团队带来的负担。

管理好这种类型的要求之所以重要，是因为"数据转储"会占用大量的时间和精力，这会导致你忘记关注需要解决的原始问题。此外，考虑清楚可能需要什么数据确实是一个挑战，因此"给我你所拥有的一切"就成了一个常见的要求。管理好期望并与管理者和领导者一起解决问题，对于改变这种习惯至关重要，因为他们需要明白，在不清楚如何使用数据的情况下要数据，会削弱他们用数据做出更明智决策的能力。

无论你认为自己"没有数据"还是"数据太多"，这里的关键问题是，除了在一开始就确定需要什么数据以及数据的用途之外，没有其他简单的方法。

用不同的视角看数据

我们已经讨论了如何以更加商业化的数据导向方式来考虑未来的人力运营部门。正如伯纳德·马尔所阐述的："即使是普通的人力资源团队，也坐在一个数据金矿上。"[8]这意味着，对于任何人力资源从业者来说，一个重要的起点是，查看自己现有的可用数据，并思考在日常工作中如何获得和处理这些数据。

分析数据很重要，原因有很多。例如，它可以帮助人力资源从业者：

- 从数据的视角来理解人才实践的方方面面。
- 了解真正的业务和人才挑战。
- 识别在哪些方面取得了成功和进步，更重要的是知道原因所在。
- 进行比较，了解可以探索的模式、趋势和问题。

你并不总是需要新的数据来探索这些方面——最强有力的方式之一是浏览现有的数据，看看是否有另一个视角可以给某个问题带来更大的意义或洞见。

　　下面的案例研究是关于员工敬业度调查数据的。该案例通过对数据展示的不同思考，回答不同问题，得出了不同的观点，从而推动了新的组织行为和结果。

案例研究

通过提问来检验你的数据——它可以提供有说服力的见解

业务问题

　　本案例研究来自一家欧洲金融机构，该机构在全业务体系和支持体系中开展员工敬业度调查方面经验丰富。多年来，在首席执行官和管理团队的领导下，它取得了显著的进步。

　　在一个快速变化的世界中，这家机构在数字化方法的推动下展望未来，完善了未来五年的战略。这意味着，未来的重点需要围绕服务、数字化和技能转变以满足未来的需求，并以简单、注重承诺和组织内更广泛的合作为基础。回顾员工敬业度调查，协作总是得分最低的一项，人力资源部门努力进行改进，但效果甚微。

　　只有在提倡合作文化的情况下，数字化转型才会有效地发挥作用。因为人力资源部门正在探讨的技术进步意味着明确的交叉销售机会和"一站式"银行服务，而无须采用人海战术。首席执行官正在寻找一个明确的基于数据的理由，将加强协作作为数字化转型前的一项举措。

回溯数据

　　来自整个组织的13 278份调查反馈，近期与"协作"相关的数据的正面答复率为57%，中性答复率为23%，负面答复率为20%。

　　该机构对数据进行再剖析，发现整个组织中有过积极协作体验的员工占员工总数的57%（共7 568名），没有过积极协作体验的员工占20%（共2 745名）。这种体验对他们关于整个机构的看法是否有影响？除了协作是一件正确的事之外，是否有其他问题突出显示了协作的积极属性？

　　当对数据再剖析时，该机构可以看到员工在积极和消极或缺乏协作的群体中产生的认知差异。

- 敬业度：对于一个敬业度已经很高的组织来说，在积极协作的群体中，员工敬业度要高出约6%；在消极或缺乏协作的群体中，员工敬业度会低16%。

- 支持性：在积极协作的群体中，员工觉得自己服务客户、主动解决问题并与他们一起探索机会的能力提高了9%；在消极或缺乏协作的群体中，员工支持度降低了23%。

- 发展机会：在积极协作的群体中，发展机会高出约17%；在消极或缺乏合作的群体中，这一比例要低出12%。

- 客户体验：在积极协作的群体中，客户服务水平仅高出5%；但在消极或缺乏合作的群体中，客户服务水平则低出19%。

- 未来一致性：在积极协作的群体中，员工对未来一致性的感知提高了约18%；在消极或缺乏合作的群体中，这一比例要低18%。

　　这些反馈的本质揭示了积极的合作使员工的工作体验比单打独斗更积极。这使得管理团队将推动协作当作调查以后要开展的一项关键活动，并推出了论坛、早餐会、基于协作的行动学习以及旨在推动变化的记分卡等措施来支持这一活动。

结　果

这些数据和后续活动的主要成果是：

■ 第一年，协作比例增加了9%，达到66%。

■ 第二年，这一比例进一步增加了6%，达到72%。

■ 通过回顾调查数据并将其与其他形式的学习数据进行比对，78%得分最高的业务单元开展了微型学习活动（阅读关于协作的短篇博客，观看关于改进协作的视频短片，下载支持协作行为的简单工具，等等）。这给学习重点带来了改变，其他行为发展领域目前也采用了更加个性化的微型学习方法。

因此，尽管对新数据的需求（无论是广度还是深度）很重要，但你不要忘记自己目前正在浏览的数据。你可以看看是否还有别的使用数据的方式，要么换个角度来看问题，要么换一种方式对数据进行分析。

另外，我们需要考虑的是自己缺失什么数据。正如下面的学习场景所概括的那样，没有具体的数据这件事本身就需要进一步探索。

学习场景

有时候你没有得到的数据比你得到的数据更能说明问题！

马克·亚伯拉罕斯（Mark Abrahams）是特许职业心理学家，他与启动招聘有限公司（Launchpad Recruits Ltd）的数据科学家一起工作，也是我的工作研究（MyWorkSearch）机构的研究负责人缺失的数据通常是有意义的。

例如，敬业度调查中的某个特定问题的回答率可能很低。这可能是由于问题措辞不当，或者受访者对如实回答有所顾虑。求职者可能会在申请表上留下一些空白栏，因为他们没有这项资质，或者这项资质不适合他们。

有时，分析人员要格外关注缺失的数据。为了确保获得更完整的数据集，一些数据科学家会使用一种名为"数据填充"的技术来替换缺失的数据，即使用平均值或其他典型回答来填充，而不总是考虑这是否合理或确实有意义。例如，一个没有提供自己所获学位的平均成绩（GPA）的求职者，可能是在一个不使用平均成绩的国家接受的教育。因此，用团体平均成绩来填写他们缺失的分数是没有意义的。

这是人力资源从业者和数据分析师需要合作的地方，以确保做出合理的结论和数据解释，因为数据本身并不能解决所有问题！

学到了什么

- 有时，缺失的数据比已有的数据能告诉你更多。试着理解为什么这些数据被省略了——这是不是另有原因？
- 在分析时，只使用相关的数据分析技术是不够的，人力资源部门与分析师或数据处理人员的协作变得至关重要。

利用数据和技术构建业务案例

如今，人力资源部门面临的一个关键挑战是，能否构建出业务案例以增强高管投资于人力资源的信心，这样的案例也可以给高管提供更多细节和信心，使他们更愿意支持人才提案。因此，展示人才举措如何改变组织的运作和绩效至关重要。当组织中其他所有职能部门都在争夺相同的财务投资时，这项活动的意义更加凸显。用数据建立一个有说服力的投资案例，这时就可以起到作用了。

阐明一个强有力的业务案例，意味着你需要讲出能与做决策的高管产生共鸣的语言。[9]也就是说，你要用紧贴业务的、可行的数据和有现实意义的预测来完成这一任务。我们需要考虑三个关键阶段（见图5-3）。

阶段1：诊断 → 阶段2：提议的解决方案 → 阶段3：期望的结果

图5-3　构建业务案例

阶段1：诊断

本阶段将围绕以下方面而展开：

- 确定提出新方案的必要性。确定关键业务挑战、可优化的业务流程以及变革的机会，为这一计划构建背景和价值主张。

- 确定哪些外部洞见和数据可以帮助解决这些问题。例如，如果建议修订项目变更方法，你就需要查看有关失败项目成本的外部数据。

- 确定哪些内部业务挑战会受到该计划的影响，例如提高生产率、减少缺勤等。虽然行之有效的最佳方案是拥有具体的详细数据，但有时这无法实现，而经过完备思考的假设和预测有助于建立大家对提案的信心。

- 在确认原因时，尽可能多地描述细节和数据点。例如，你如果正在准备改进员工敬业度调查流程，就要先量化每个问题对敬业度不足的影响程度。这样的话，你以后就能使用这些数据来证明解决方案各部分的成本。

阶段2：形成解决方案大纲

既然你已经确定了这一方案的必要性，那么是时候解释为什么你提出的解决方案可以解决已发现的问题。

- 尽可能具体地说明需要做什么，即对将要修改、添加和删除的内容以及如何实现进行描述。

- 针对每个步骤说明所需要的资源及其分配方式，以及该步骤能对解决方案做出的贡献，以此建立一个清晰的成本或效益分析，证明每项成本的合理性，并描述预计节省的成本。

- 提供方案执行和完成的时间表，包括完整的实施计划和每个环节的时间节点。

- 确定结束日期以及后续流程和衡量项目成功的标准，以便高管能够理解投资这项方案会产生的预期回报。

- 阐述高管作为主要利益相关者必须做的事情。

阶段3：确定期望的结果

本阶段展示了该方案将为组织带来的绩效改善。这要求你：

- 概述你的计划将对阶段1中描述的原始业务挑战产生什么影响，对预期产生的绩效改善进行量化评估。

- 确定该计划对内部产生的影响，说明对投资回报的预测。这些将反映组织的改善程度和效率提升情况。你要用数据来支持你的观点，比如生产力数据、减少人员流动等。

- 如果会产生外部效益，那么你要用外部数据对它们进行量化。例如，如果新的招聘流程被认为可以改善员工质量，你就可以与营销部门合作，以有形的业绩数据来描述这种优势。
- 根据面临的业务挑战和压力，找到能与高管产生共鸣的要点。
- 最后，勾勒出实施该计划后组织的样子，让无形变得有形。

当方案和高管关注的业务重点和痛点相关时，这个框架就会起作用。数据要尽可能具体，比如实际数据或预测的可用数据。你还要争取其他职能部门的支持，它们可以帮助你确定利益相关者的痛点，更好地了解该计划对整个组织的影响。

下面的案例研究概述了该组织采用的方法以及当时人力资源部门面临的情况。它采用了以上介绍的三阶段方法，尽管当时根据管理层的要求，重点完全放在投资回报上。计算过程虽然看起来很复杂，但其实只是简单的数学运算。

这一方法是通过与学习和发展专家、参与实施方案的业务经理合作来推动的。他们概述了所需的方法，以及对即将批准该计划的高管来说至关重要的方面。

案例研究

为一项开发计划构建投资回报率的业务案例

业务问题

本案例研究源于一家全球跨国集团在英国地区的业务，该业务运营部门的管理发展流程正在接受审查。该业务运营部门的人才继任工作中缺乏有效且正式的方法，严重依赖绩效管理数据和基于电子表格的继任规划。

与其相关的问题有：

- 这一分支的发展机会一直被认为是很有限的，其过去两年的敬业度调查项目得分分别为51%和47%，而全球基准为69%。
- 担任核心运营角色的关键人才已经离开，去了其他机构。他们在离职面谈中指出，缺乏机会、没有明确的发展支持和指导以及缺乏职业上升通道是他们离职的主要原因。

解决方案

内部审查团队研究发现，解决这一问题需要启动一个新的变革流程——从在岗和潜在运营经理的角度推动整个运营管理业务的发展。该流程将由以下内容支撑：

- 一个发展中心，用于评估未来的运营经理的能力和潜力。
- 一个新的能力框架，聚焦于高绩效管理行为。
- 自我管理的个性化学习。
- 直线经理为员工提供辅导以支持他们的创新工作。

业务挑战是，管理团队对前进的方向达成了共识，但其担心这会产生外部成本，尤其是发展中心的设计和交付。因此，我们设计了一个业务案例，并开发了一个包含10个步骤的投资回报框架来帮助实现这一过程。

- 发展中心的设计和交付费用：每个参与者1 750英镑。

- 该方案参与者的平均工资：每年42 500英镑。

- 能力和工作的相关程度（胜任能力的价值占比）：利益相关者的预计比例是80%，相当于34 000英镑（42 500英镑的80%）。

- 预测期望的基于能力框架的能力水平（可以承担未来的运营经理角色）：利益相关者对此的评估是7分（满分10分）。

- 评估参与者当前基于能力框架的能力水平（基于绩效评价和360度数据）：5.5分，相当于78%的熟练程度（5.5/7.0）。

- 在计划实施6个月以后，对参与者期望的基于能力框架的平均能力进行评分：6.5分，相当于93%的熟练程度（6.5/7.0）。

- 评估参与者当前基于能力框架的能力的财务价值：34 000英镑×78%熟练程度=26 520英镑。

- 在活动结束6个月后，评估参与者基于能力框架的能力的财务价值：34 000英镑×93%熟练程度＝31 620英镑。

- 评估实施这一计划前后的财务价值：31 620英镑－26 520英镑＝5 100英镑。

- 该计划的投资回报率：［5 100英镑（价值）－1 750英镑（成本）］/1 750英镑（成本）×100%=191.4%。

最终结果是投资该方案可以获得两倍于投资的回报，因此该项目已被批准并按最初概述的方式实施。

成　果

该项目形成的主要成果如下：

- 最初，这个项目有55名参与者。12个月后，30%的人被提拔到新的更具挑战性的业务经理职位上。18个月后，这一比例上升到55%。

■ 通过这个项目，员工看到了职业发展的机会。管理人员和员工越来越关注学习与发展，组织也提供了必要的机会和条件。随后的员工敬业度调查结果显示，员工敬业度第一年从47%上升至56%，第二年为63%，第三年为69%。最初的业务管理方案被视为员工转变态度和行为的关键。

■ 与此同时，员工保留率也显著提高。在实施该方案之前，组织已经流失了20多名有运营管理潜力的关键人员，由此产生的费用约为100万英镑（包括替换费用、替换培训和生产率下降等指示性成本）。该项目实施后，组织三年期间仅流失13个关键人员，预计节省150多万英镑。

业务案例学习

以下是我们多年积累的与相关业务案例的构建经验，其中有一些技巧，重点是数字和附加值。

■ 展示金额：展示项目对总收入的影响，并利用百分比或数字来强化这一影响。

■ 数据说明了什么：这就是整个数据驱动方法的重要之处，即用管理决策者相关和感兴趣的数字和指标来定义成功，用他们感兴趣的商业语言讲述数据的故事。

■ 展示对其他战略目标的影响：高管们关注的是公司的业绩水平，并用预计的数字增长来量化生产率、效率和收入增长，从而阐述与此有关的任何改进。

■ 专注于解决业务问题，而不仅仅是人员问题：请记住，高管们整天都在谈论业务问题。因此，你要尽可能展示出你提议的人才举措对业务挑战的影响，而不仅仅是对职能人员的挑战。

- 什么都不做综合征：你如果想引起高管们的注意，那么提示他们为任何可能的重大失败将要付出的代价是很重要的。同时你也要记住，拖延决策或什么都不做只会让问题变得更糟。

- 未来展望：推测未来的竞争对手，选择如何聚焦于未来是很重要的。如果你能在你的评估中加入一些预测成分，那么它将证明你的提议同时具有当前和未来导向。

- 创新：向决策者展示你的提案中的创新元素，或强调该解决方案将为你所在组织带来的竞争优势。或者，强调如果不采用该解决方案，那么这可能会有落后于竞争对手的风险。

- 可伸缩性：向决策者保证最初的试点的可行性，通过使用强调整个组织范围的数据来扩大实施范围。

构建业务案例背后的原则可以用于其他决策过程。下面的学习场景概述了业务案例方法是如何拓宽人们对挑战性问题的思考的。

学习场景

运用业务案例方法重新思考关键决策

业务挑战

这个例子来自一家大型欧洲物流机构的分部。在我与他们的人力资源主管合作完成一个项目提案时，首席执行官提出了一个问题："解雇一名我认为不太能再创造好业绩的高管要花多少钱？"

我们讨论的重点是这位员工的合同条款和解雇条件，其中规定要提前6个月告知，也就是说要多支付6个月的工资，总计20万欧元（年薪是40万欧元）。随后，我们探讨了雇用一名高管相关的招聘成本大概是1万欧元，第一年的费用差不多是14万欧元。因此，我们给首席执行官的答案是35万欧元。

在我的建议下，当时的讨论不仅集中在有形的成本（一再被强调）上，而且考虑到职位的级别和无形的成本。然后，我们的讨论转向不同的方向，并基于业务案例方法得出了完全不同的答案。

有形的成本

有形的成本包括：

- 合同义务：20万欧元。
- 替换招聘费用：15万欧元。
- 对高管团队的影响：报告显示，15%～41%的人员流动是高管离职的结果。在这种情况下，一名高管大约有9名下属支持。保守地说，两名成员有离职风险。替换成本每人6万欧元（招聘费用、业务学习、培训费用等），共24万欧元。
- 对相关组织项目的影响：项目失败的一个关键原因是执行方案和战略不一致。这个角色负责三个与变革相关的主要项目。预计项目成本的12%将被浪费，每年的项目预算成本为4 500万欧元，业绩损失可能为540万欧元。
- 入职和学习的前期费用：3万欧元（学习、适应环境等）。

无形的成本

无形的成本包括：

- 知识资本损失：成本难以量化。

- 失去客户关系：成本未知。

- 由于效率低下和缺乏本地领导者而导致的生产中断：成本难以量化。

- 社交网络和关系的流失（组织网络分析现在可以用来评估价值）：成本未知。

- 高管离职的外部负面影响：成本难以量化。

- 对员工敬业度的负面影响：成本难以量化。

这并不是一个完整的无形成本清单，但考虑到当时的情况，这些成本被认为是与企业息息相关的。

结 论

最后，我们与首席执行官分享的实际数字是 600 万欧元，加上一系列其他可能的无形成本，这些成本可能会受到高管离职的影响。人力资源团队的影响力和可信度得到了显著提升，这不是因为他们计算出一个数字，而是因为他们展示了思维的广度和深度。

无论解雇哪个层级的员工，组织都希望尽可能是基于其绩效表现而做出的。但这肯定会受到情感因素的影响，在做这样的决策时有必要考虑更多的因素。业务案例方法对可能发生的事情做了一些预测，并确保在做决定之前尽可能考虑周全。

这位高管最后被保留下来，并制订了明确的绩效计划，以确定能因此带来组织绩效的改进。

www.hrcurator.com（存档于 https://perma.cc/9MSH-BJWF）

这个学习场景重申了在思考问题和遇到业务挑战时拥有商业意识的必要性。该方法尝试预测某些行动的结果，适用于可能面临多种情况的人力资源部门。

为人才分析团队构建业务案例

现如今，人力资源部门面临的一个关键挑战是为人才分析构建业务案例，以确保得到业务中各种利益相关者的认同。确保人才分析成为整个组织的一项新举措，这一点也很重要。

图5-3概述的三阶段有助于形成方法论，用来确定采用这种战略的人力资源成本和业务收益。

赋能人力资源技术

人力资源技术解决方案可能需要一个附加的业务案例来支持和优化人才分析团队的能力。我们来看看数据：一个拥有10 000名员工的组织拥有大约三年的数据，每个员工每月增加大约50个数据点。其中一些数据点不会改变，这些数据是通过工资单、出勤情况和其他类似活动生成的，可以是名字、姓氏、性别、出生日期、职位、工作经历、员工身份证号、上级姓名信息、工资、绩效考核、奖金支付等。

因此，10 000名员工乘以36个月，再乘以50个数据点，就相当于你可能需要处理的1 800万个数据点。用微软的Excel处理这种量级的数据可能不太有效，后续的分析将耗费大量的时间和精力。例如，Excel可以显示出一个组织的人员流失率是12.5%，以及它是上升的还是下降的，或者是一年前的两倍，然而问题的关键是：这一数据是好还是坏呢？

归根结底，这意味着转化和使用这些数据点并不容易，而支持性技术可以让人们看到数据的趋势。

人才分析从业者的角色

人才分析从业者将在这一过程中发挥重要作用。通过这些新发现的功能，他们可以为技术系统产生的信息添加背景。例如，他们可以添加有见地的评论："这个结果令人失望，但由于许多关键业务领域即将实现自动化，对许多支持角色产生影响，以至企业所需人员可能会减少，因此此阶段的高人员流失率是可以接受的。"

通过提供这种业务环境，人才分析从业者可以根据数据洞见采取措施来缓解或改善这种情况。因此，他们可以衡量这些行动是否产生了预期的影响，然后为人力运营部门开发业务案例。

通过开发业务案例，在组织中引入并持续进行人才分析将变得越来越重要。与此同时，培养所有人力资源从业者的相关能力也至关重要，因为这将助力他们理解数据分析如何推动真正的人力资源价值提升——基于事实数据和洞见。人才数据分析将最终改变人力资源职能，使其成为一种受商业利润驱动的职能，人力资源从业者应该与技术互动并推动业务，而不只是被动应对数字化的工作场景。

在未来，智能认知技术将把数据点转化为信息，并通过必要的原理和分析向我们展示趋势。但我们认为，能够继续提供背景信息，并在基于影响力的成功指标的支撑下得出明确的行动建议，是至关重要的。随着技术的发展，智能认知技术最终将完全接管这个角色。然而，我们相信它将永远是技术和人类直觉的成功结合。

──────────── 本章的关键要点 ────────────

- 数据本身并不能提供所有答案。你需要有清晰的背景来理解这些数据，而这正是信息和知识所提供的。

- 数据、信息和知识可以为我们提供做出决策的洞见，但只有我们自己的能力和智慧才能让我们做出更有效的决策。

- 关注你需要收集的信息和数据的广度和深度。你要针对需要知道的数据制订一个计划——有时候，太多的数据会让你迷失方向。

- 明白有时候少即是多。你可能想要一个完整的数据库，但有时分析一部分你知道是正确的数据或信息反而更好，尽管这不是你想要的一切。得到理想中的完美数据可能要等待很久。

- 时间就是金钱。工资和时间是每个组织都可以获得的数据，所以"我们没有任何高质量的数据"就纯粹是借口了。

- 商业思维也是至关重要的，它可以挑战和回顾现有的做法和决策方式。加强数字化倾向同样重要。

- 基于数据和分析开展的工作并不总是需要新数据和做出判断。你要考虑现有的可用数据集，并通过提出不同的问题来找出使用这些数据的其他方式。当然，你还要考虑哪些数据是不可用的——缺少这些数据对你意味着什么？

- 构建强有力的业务案例，意味着你要使用一种能够让做投资决策的高管们产生共鸣的语言。也就是说，你需要提供具有现实意义的商业分析、可行的数字和预测。

- 业务案例方法试图预测采取某些行动会产生的结果，更具数字化商业导向，它在人力资源部门面临的一系列其他情况下有更大的适用性。新进的人力资源从业者将在这一过程中发挥重要作用。

参考文献

1. Davenport, T and Prusak, L (2000) *Working Knowledge: How organizations manage what they know*, Harvard Business Review Press, Brighton, MA.

2. Alavi, M and Tiwana, A (2002) Knowledge integration in virtual teams: The potential role of KMS, *Journal of the American Society for Information Science and Technology*, 53 (12), 1029–37.

3. Cleveland, H (1982) Information as Resource, *The Futurist*, 37–39.

4. Ackoff, R L (1989) From data to wisdom, *Journal of Applied Systems Analysis*, 16 (1), pp 3–9.

5. Kasanoff, B (2017) Intuition Is The Highest Form of Intelligence, *Forbes* [Online] www.forbes.com/sites/brucekasanoff/2017/02/21/intuition–is–the–highest–formof–intelligence/(archived at https://perma.cc/6YVG–NGDZ).

6. Capita People Solutions (2019) The insight edge in talent acquisition: How data and insight can deliver the skills needed in a hybrid workforce, *Capita People Solutions* [Online] https://content.capitapeoplesolutions.co.uk/whitepapers/insight–edge–talent–acquisition (archived at https://perma.cc/X286–85WP).

7. Creelman, D (2019) When They Say 'Just Give Me Everything,' Don't, *TLNT. com* [Online] www.tlnt.com/when–they–say–just–give–me–everything–dont/ (archived at https://perma.cc/R533–SCTN).

8. Marr, B (2018) Why Data Is HR's Most Important Asset, *Forbes* [Online] www.forbes.com/sites/bernardmarr/2018/04/13/why–data–is–hrs–most–importantasset/ (archived at https://perma.cc/5STD–H3QW).

9. Dearborn, J and Swanson, D (2017) *The DataDriven Leader: A powerful approach to delivering measurable business impact through people analytics*, John Wiley & Sons, Chichester and New York.

第三部分

人才数据分析的价值

第六章

人才数据分析框架

在对需要收集的数据进行了仔细思考之后，我们现在需要把重点放在如何通过审视一个反映人才数据分析不同复杂程度的框架上，将数据、信息和知识转变为洞见。同时，我们还需要具有处理更复杂的统计相关性、计算和假设预测等专业能力，毕竟人才数据分析的基础是数学。很多分析都可以通过商业思维并使用更为数字化的方式获得的数据来进行探究。

本章内容包括：

- 从报表转向分析的框架：许多模型或流程都得到了开发或应用，但是很明显，任何组织都没有形成一种从数据报表转变为数据分析的既定方法。尽管如此，我们还是可以构架一个框架，帮助组织勾勒出一条路径以加速数据驱动能力的提升。

从报表转向分析的框架

在探讨分析方法的发展及其在组织中的应用之前，我们先来讨论一个不可忽视的问题：我们应该如何命名整个分析领域？提到这个话题时，人力资源部门会使用各种各样的名称，例如人才数据分析、劳动力数据分析、人力资源数据分析、经验分析等，这就把简单问题复杂化了。虽然这些名称没有对错之分，但是这些短语经常被交替使用，我们还是需要做一些澄清，以确保每个人都知道它们所指的内容是什么。

克兰奇（Crunchr）是一家提供人才数据分析和劳动力规划解决方案的云端供应商，它在一篇文章中探讨了这些不同的术语，其中涵盖了人力资源数据分析与人才数据分析之间的区别。克兰奇认为：

- 人力资源数据分析用于衡量人力资源团队自身的运行情况，例如分析关键绩效指标，包括员工流动率、到岗时间等。这些分析主要与人力资源团队相关。
- 劳动力数据分析涵盖的范围更广，包含整个劳动力领域，未来可能还会涉及自动化、人工智能和来自机器人的数据。因此，在制定整体劳动力战略时，劳动力数据分析这样的表述将更加贴切。
- 人才数据分析旨在涵盖人力资源、全体员工和客户洞见。它倡导的方法是对所有这些信息进行衡量和分析，并将它们紧密结合，以提高决策质量和企业业绩。

我们在本书中使用的是"人才数据分析"这一术语。但无论定义是什么，目的都是确保数据和分析工具的使用能够产生洞见，从而实现更快速、更准确、更值得信赖的高质量业务决策。

在我们探讨的所有案例研究和实例中，重点必须始终是确保你开展的任何工作都是为了展现人力运营部门产生的价值。这需要以下方面的支持：

- 聚焦于业务重点。
- 通过清晰的信息传递和故事呈现，来利用基于分析的发现。
- 运用分析方法为决策过程提供信息，而不是替代做出决策的过程。
- 理解完美的数据并不是成功进行分析所必需的。
- 建立一种既能理解过去又能优化当下的观点，并试图在探讨绩效改善的时候预测未来。

在描述这一过程之前，我们先从一个关于领导者在没有数据辅助的情况下做出决策的例子开始探讨。尽管领导者的决定是出于好意，但随后获得的数据却强调了这一决定本身就存在问题的事实。

案例研究

价值3 500万美元的错误投资

业务问题

一位首席执行官做了一个决定，希望在公司内部"彻底地解决薪酬问题"。这是一个以奢侈品和服务闻名的国际品牌，但许多员工仍然感到自己被低估和不受赏识，对目前的薪酬也不满意。对此，首席执行官的解决方案很简单。

解决方案

这位首席执行官宣布，公司将为全体2 000名员工加薪15%。这相当于每年在工资总额上投资超过3 500万美元。这项公告是在下一年度的员工调查启动前6个月发布的。令管理团队感到沮丧的是，随后的调查显示，员工感到被认可和被奖励的比例下降了超过7%，在如此规模的人群中，这个降幅具有显著的统计学意义。薪酬的大幅增加为什么会让员工感到回报更少呢？

失败的原因在于它传达和呈现给整个企业的信息。许多员工在员工调查中留下了这样的评论："我是团队中的佼佼者，我却和其他人获得了相同的加薪。"事实是，在大多数情况下，高绩效人才已经得到了更高的薪酬，因此他们基本工资的15%实际上比他们的同事要多。然而，这一事实很显然被许多员工忽视了。

更重要的是，加薪给员工认知造成了负面影响，这些负面影响凸显了员工心理的一个重要方面。公平理论（equity theory）指出，员工期待并渴望从他们的工作中获得与他们在知识、技术、能力、忠诚度和努力方面的投资对等的回报。在推出加薪计划时，企业并没有考虑到这一点，没有将绩效、结果或价值与加薪本身联系起来。这充其量就是一次随机但还不错的加薪。但不利的情况是，它强化了一种已经存在的信念，即企业不会注意、认可或奖励高绩效员工。

以下因素是在企业内部让员工产生被认可和被奖励的感受的关键。

- 管理者对员工取得的具体成果给予的反馈。

- 管理者对员工成长和发展提供的支持。
- 通过参与会对员工工作产生影响的决策为员工赋能。

15%的加薪幅度很大，但企业向员工传达加薪的方式并没有根本性解决这三个因素中的任何一个。这让许多人仍然感觉自己没有被注意或被赏识，只是拿到了一张金额更大的工资支票。

人们对薪酬公平性的感知不仅仅是支票上的金额。对于大多数组织来讲，个人感受到的自己对组织的贡献应获得的公平报酬和实际获得的报酬之间的相关性几乎为零。员工需要了解企业如何决定他们的薪酬，什么因素会影响他们的薪酬（承担更多的责任、创造更多的价值或提高工作质量、成为高绩效员工等）。除此之外，组织内部需要建立一种公正和公平的程序，以便让员工相信组织会认可他们的成就并给予他们适当的奖励。

学习要点

对于一家每年在工资支出上多投入 3 500 万美元的公司来说，它付出了高昂的代价，员工们却觉得自己不被认可和赏识。无论如何，这都是一个教训，可以让那些想要改变员工在薪酬和认可方面的看法的人受益。

由坡赛普提克斯公司（Perceptyx）提供：www.perceptyx.com（存档于 https://perma.cc/WHC9-4FMT）。

这个案例重申了尽管决策是管理者的职责，但是在这种情况下，如果他们能很好地考虑到现有的数据和洞见，那么他们的决策可能会产生更积极的影响。对我们而言，这充分说明了为什么通过人才数据分析来发挥数据的价值，对于做出更明智的决策至关重要。

我们使用由人才数据分析专家兼克兰奇公司创始人德克·琼克（Dirk Jonker）提出的人才数据分析成熟度模型（见图6-1），以帮助大家理解组织如何构建自己的人才数据分析能力。我们优化了这个模型，阐述了全方位商业思维的重要性，我们认为这对任何基于数据的分析活动都是至关重要的。

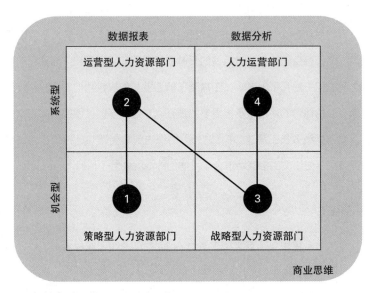

注：改编自克兰奇的人才数据分析成熟度模型。

图6-1 构建人才数据分析能力模型

我们希望了解组织在每种发展水平上所面临的挑战、人力运营部门所需的相应的关键能力以及如何积累从一种发展水平升至下一种发展水平的经验。如果使用克兰奇公司的人才数据分析成熟度模型，我们就能够了解这些组织所处的位置、它们的目标，以及它们在分析过程中从一种发展水平升至下一种发展水平时面临的挑战。

有必要指出的是，系统性分析之旅是一个循序渐进的过程，从策略性的数据报表开始不断发展。这个成熟度模型能够创建一个坚实的基础，业务问题、分析能力和数据在其中会始终处于平衡。然而，并不是每个组织都需要遵循这样的顺序与规律。

报 表

报表可以把数据转化为信息，比如通过对数据集进行比较来计算员工流失率。报表往往没有背景信息，也不会引导组织采取任何行动，仅仅是提供信息。一般来说，制定报表有两种方式：一种是机会型，一种是系统型。

组织一般会从1号框开始（见图6-2），这部分代表一种收集数据并将其转化为信息的机会型方式。正在进行分析之旅的组织可能在几年前就已经走到了这一步，刚踏上旅程的组织可能正在这一活动领域开展工作。

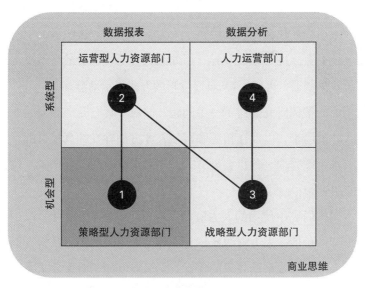

注：改编自克兰奇的人才数据分析成熟度模型。

图6-2 机会型数据报表

机会型数据报表

这通常与业务单元领导者遇到的挑战和问题有关。他们一般会与业务单元的HRBP沟通，使用他们可用的工具来获取能支撑他们提出的需求的数据。这意味着，如果要满足需求，那么大量手工电子表格和临时工作是不可避免的。

有时候，分析工作也无法保证完全准确，因为大多数组织都有自己的报表制定方法，这些方法可能会对获得需要的所有数据这件事产生限制。

在这一阶段，没有统一的定义、衡量标准和衡量方法。然而，人力运营部门的员工正在尽最大努力获取正确的信息。但是，编译、集成和合成这些数据并不是一项有吸引力的工作，这需要花费大量的时间和精力进行手工计算，从而确保数据的准确性。由于定义不统一，再加上内部很多不同的人力资源系统未进行集成，问题的复杂性会倍增。

一家组织往往会同时使用多个人力资源系统。这些系统中的大多数与其他企业软件有较大差异，因此人力资源管理员最终不得不从各种系统收集数据，再使用Excel以清晰的方式展示信息。

下面的案例研究探讨了一个问题，即对于具有既定能力的业务关键型人才的需求，以及在招聘和留住人才方面存在的真正挑战。这种情况要求组织采取一种机会型方式，建立最小化的报表框架。这正是1号框的内容。

本案例研究中使用的人力资源指标突出了在模型的1号框中引入测量框架的价值。人力资源指标是能够使人力资源部门从多方面跟踪和衡量人才流程或举措效果的指标，它最终能用于对人才未来绩效的预测。然而，并非所有的人力资源指标都是同等重要的。

─── **案例研究** ───

应用业务导向的衡量指标驱动获取更多人才数据的需求（第1部分）

业务问题

　　本案例研究源于一家总部位于欧洲的全球性跨国集团，围绕其技术解决方案业务展开。该业务主要关注项目的交付，以此带来持续的收入和增长。与增长和维护来自私企和公共部门的大量合同需求相对的是，项目和方案管理人员在两年期间的离职率大幅增加。

　　新招聘的员工尽管拥有工作需要的项目管理资质，但他们的绩效表现很差。其实，企业内部已经建立了一个基于项目的综合基础设施，也设计了入职流程和培训方案。所有这些都是为了提高项目管理的专业性和落地性。

解决方案

　　企业内部就该问题展开研究，结果发现，组织在招聘过程中过于依赖以前的项目管理专业知识和经验。虽然直接管理者都会对招聘过程负责，但是他们对招聘的理解却不尽相同。

　　于是，企业开发了一个新的多重评估流程，其中包括定制的多选形式的项目管理能力测评，它是一种以高绩效项目经理为标准，配合结构化行为面试所开发的心理测量方式。企业还为各个角色单独制定了详细的面试指南和面试培训，从高级方案主任到项目副经理均覆盖在内。每份指南都为面试官提供了一份探究式问题的建议清单，用于评估应聘者的能力。

　　为了支持这项举措，我们设计了一个衡量招聘质量的指标，根据企业基准或期望来评估新流程的可行性，以确保该计划在组织中充分实施。这个针对这家企业的指标（大多数企业的招聘质量指标都是定制的）是：

新员工的平均工作绩效+新员工在6个月内达到可接受绩效水平的百分比+12个月后留存的新员工百分比

然后，我们将这些百分比除以相应的标准，作为评估进展的基准线。这一流程的利益相关者最初寻找的是一个75%的基准线，其构成如下：

新员工工作绩效（3.5/5.0，70%）+新员工在6个月内达到可接受的绩效水平（75/100，75%）+新员工在12个月内留任（80%）

在引入新方法之前，根据之前12个月的招聘活动计算出的招聘质量标准的测量值为38%。

成　果

该行动的主要成果是：

- 第一年年底的招聘质量指标基准从实施前的38%上升到69%，上升了31个百分点。

- 第二年，招聘质量指标基准又上升了8%，达到77%。第三年，这一数字为84%，比上一年上升了7个百分点，第四年达到91%，又增长了7个百分点。

- 由于使用了一种更基于证据的方法进行招聘，企业领导者开始寻求一种基于行为的职业发展框架，其中包括一系列模拟的发展中心和学习行动，旨在提高员工当前和未来的项目管理能力。

- 这本身也促成了人才计分卡方法的发展，本章后面关于第2部分的案例研究对此进行了总结。

国际人力资源思想领袖约翰·沙利文博士认为，人力资源领域有五个可以衡量人才的动力要素。

- 质量：过程产出的错误率或质量。
- 数量：特定时间段内特定过程的数字化产出。
- 时间：一项活动或过程从开始到结束的完成速度或者经历的时间。
- 金钱：与特定行为或过程相关或由其产生的成本或收入。
- 客户满意度：流程的结果与活动或流程中顾客的期望之间的匹配程度。

人力资源指标的发展提供了一个有用的框架，创造了一个系统化的方法来衡量人才流程和实践结果。

系统型的数据报表

在系统型的数据报表层面，我们的研究表明，人才信息方面的需求对企业越来越重要。由于这些报表的汇编需要时间，因此人力资源部门需要在工作重点和产出方面变得更高效和系统化。例如，每个人都想了解离职情况，就会导致每个人都需要一个包含与离职相关的关键绩效指标的月度仪表板。

这里的挑战就在于，每个人都有可能用自己的理解方式。人力资源部门需要在整个组织内协调定义并简化和整理数据，这需要付出长期的努力来完善指标库。理论上，人力资源部门还要将整合好的信息嵌入全球人力资源管理系统。

在这个阶段，许多企业会在全球或至少在区域层面使用相关数据系统，例如Workday（工作日系统）、甲骨文融合套件（Oracle Fusion）或思爱普成功要素套件（SAP Success Factors）。我们可以看到，组织会从1号框转向2号框。在2号框中，通过使用技术自动生成已进行标准化定义的核心人力资源仪表板，报表可以变得更加系统化。这意味着任何业务导向的临时数据请求在较短的时间内就可以满足。

对于在2号框中运行的组织来讲（见图6-3），人力资源部门应该能够回答这些简单的问题：

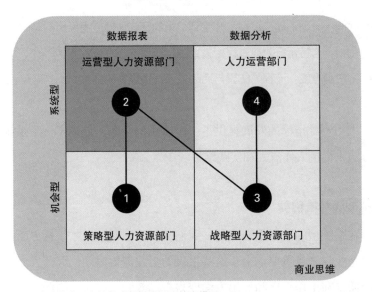

注：改编自克兰奇的人才数据分析成熟度模型。

图6-3　系统型数据报表

- 我们员工的年龄分布如何？
- 65岁及以上年龄的员工有多少？
- 男员工和女员工的平均工资分别是多少？
- 男员工和女员工的薪酬有什么不同？
- 刚加入企业的中级管理者、高级管理者和企业高层的离职率是多少？
- 与员工相关的预算和支出是多少，这与上一年的支出和预算有什么关系？

　　如果你能够获得回答这些问题的相对简单的数据，那么你很可能位于2号框里。

　　下一个案例研究介绍了从1号框到2号框的转变，不断变化的内部业务需求和外部需求都会驱动这种转变的产生——本案例研究中的需求来自金融服务部门的监管机构。

案例研究

阿德米拉尔集团保证更好的数据管理

　　阿德米拉尔集团（Admiral）是英国领先的金融服务公司，在7个国家开展业务。该集团与一家商业分析供应商建立了全球合作伙伴关系，在多个工作地点对自身的员工数据管理和劳动力规划进行改造。阿德米拉尔集团在全球拥有约10 000名员工，在英国有7 000名员工，并在全球各地设有办事处。由于从英国到加拿大、印度都有业务，所以公司需要强大的数据管理工具来进行组织运营。

解决方案应用

　　阿德米拉尔正在使用SAP公司的技术方案来洞察关键业务领域的业绩表现，以此确定需要在哪些方面做出调整。这一过程包括根据已有报表数据和信息对核心业务领域的人才流失和缺勤情况实施评估，并进行分析以做出更好的决策。该系统的一个重要功能是确保产品和服务与时俱进，并符合最新的法规。

　　这项解决方案还帮助跨区域的人力资源管理部门与关键业务部门展开密切合作，实时获取绩效信息和员工信息。这些数据使管理者能够更快地做出决策，并帮助集团在信息技术、设备和公司数据仓库等模块实现了自动化。

阿德米拉尔集团的系统经理亚利克斯·迪姆（Alex Deem）评论道："我们需要一个能够将各个部门整合在一起的解决方案，以确保整个业务体系能做出准确决策。我们已经在改变我们的工作方式，让管理者能够实时访问工作场所的绩效数据，为我们提供有帮助的见解，使我们能够从长远角度去改善业务。"

MHR 数据分析（MHR Analytics）高级副总裁尼克·费尔顿（Nick Felton）表示："长期以来，数据一直是保险行业的支柱，而阿德米拉尔集团深知数据在做出重要业务决策时所能发挥的重要作用。现在，出于许多原因，数据变得更加重要，尤其是保险公司需要遵守新的法规，比如国际财务报告准则（IFRS）。保险产品需要不断更新，只有用好数据，保险公司才能保持竞争力。"

图6-4总结了新系统对阿德米拉尔集团的影响。

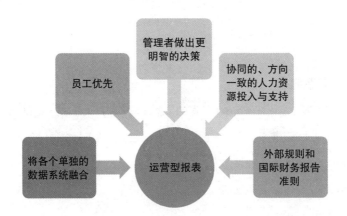

图6-4　通过技术整合所有的数据源

由MHR 数据分析公司提供：www.mhranalytics.com（存档于https://perma.cc/3LJA-PRQP）。

随着统一的技术系统的应用，企业访问和获得数据会变得更加容易，管理者也能够成为自助用户。

数据分析

从2号框到3号框，向更基于证据的人力资源职能转移，这是对人力资源职能最具挑战性的转变。人们强烈希望能尽快在3号框（见图6-5）甚至4号框中开展工作，但我们的研究发现，企业仍然纠结于一些基本定义。因此，从2号框到3号框，从系统型报表到机会型数据分析的关键在于，在组织里为改革造势，并基于数据做出更明智的决策。

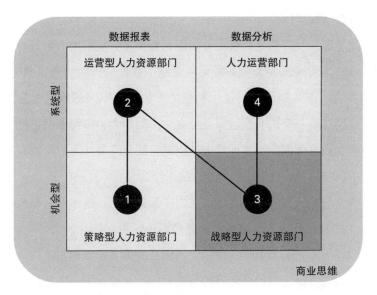

注：改编自克兰奇的人才数据分析成熟度模型。

图6-5　机会型数据分析

这通常需要在企业中成立一个工作组，由来自业务部门和人力资源部门的个人和利益相关者共同研究进行必要变革的路径。与之有关的关键问题往往围绕着：

- 为什么关键业务角色的流失在增加？
- 为什么会发生这种情况？
- 对此我们能做些什么？
- 对业务表现有什么影响？
- 我们如何量化这个问题带来的挑战和机遇？

如果企业纠结于"那又怎样？现在怎么办？"这样的问题，那么人力资源部门恰好有切实的业务理由来开展更复杂的数据分析。

机会型数据分析

业务部门及其领导者现在可能需要对其业务需求做出更具分析性的反馈。你可能需要为企业提供一道基于数据分析的"开胃菜"，以小型实验的形式展示如何使用循证的方法做出不同的或更明智的决策。这仍然是一个机会型数据分析方法，因为人力资源部门可能并没有所需的所有数据来迅速回答上述问题，他们需要从更广泛的来源和渠道中获取信息和数据以弄清楚挑战是什么。

本章前面的案例研究集中在人力资源指标上，这本质上是机会型案例，它激发了业务部门对在业务环境中以更结构化的方法来研究、收集和理解人才能力数据的渴望。该项目的第二阶段侧重于以人力资本为基础的方法，以评估和理解与成本或价值相关的员工技能，这是2号框和3号框的交叉区域。

下述案例研究描述了如何利用数据来进行不同的对话，尤其是当数据背后的严谨分析挑战了现有人才问题的相关观点时。

───── **案例研究** ─────

应用业务导向的衡量指标驱动获取更多人才数据的需求（第2部分）

────────────────────

业务问题

本案例研究是总部位于欧洲的全球跨国集团故事的第2部分，涉及技术解决方案业务。业务领导者对项目经理招聘工作的改进方案提出了一个问题，即数据如何提供更全面的洞见，并为其采用的一系列与人相关的流程和举措提供更好的决策依据。

基于稳健而有效的评估方法（比如心理测试、结构化面试、评估中心和基于标准的筛选工具）来评估其1 500多名员工将是理想的选择，但考虑到资源消耗和时间成本，这项选择被排除在外。其挑战在于，如何以一致和可靠的方式评估全体员工，以便提供可靠的数据，为培养、激励、未来潜力和资源能力等决策提供信息。这些评估结果的应用能继续推动整个企业项目管理的专业化和实践化。

方法论和过程

很显然，企业对个人、团队和组织层面的人员能力缺乏了解。鉴于预算限制，企业决定采用一种被称为人才计分卡的新流程。这是一种采用计分卡对个人能力进行结构化评估的方法。

这意味着企业需要对关键工作绩效领域进行评估，并在需要时将其与给企业带来的价值联系起来。它使企业能够：

■ 描述出员工个人能力状况。

- 明确个人对组织的价值。

- 明确可能的发展需求。

- 在能力和发展方面区分出不同员工个体的差异。

这是在没有数据积累的情况下，采用结构化的流程以一致和可靠的方式收集现有人员的数据。这个简单框架基于：

$$能力／雇佣成本 \times 100 = 员工价值$$

具体方法如下：

- 工作要求：确定了5个人才框架，并为整个组织制作了18份具体的职位说明，作为评估的基础。

- 为每个已经被定义的职位形象设置关键能力要求（行为、知识领域、经验）。

- 为员工建立心理测评档案，根据研究结果评估员工与关键项目管理角色和支持角色的"工作匹配度"。

- 从人力资源信息系统中下载员工个人信息（工资、奖金、福利成本、工作空间成本等）。

- 在缺乏数据基础的其他标准领域，建立与行为能力、潜力、业务贡献度和文化契合度有关的评估框架。

- 随后与直线经理一起开沟通促进会，获得他们对团队的个人评估，从而确保团队中的个体之间是有差异的（所有人的评级按照高、中、低排序），并采用一系列评级和排名方法来获取各项能力的数据化评估。HRBP和学习顾问会在促进会上加以补充，以便使采用这种方法进行的评估得以在内部推广。

- 员工个人也能获得对自身能力的反馈。

- 召开校准会，以确保各个业务领域和团队在方法或标准上没有明显的不一致或异常。

- 完成数据收集工作，向直线经理汇报他们的团队和内部人员的评估结果。示例如表6-1所示。

- 随后与所有个人开展研讨会，重点关注职业、技术和行为的发展，其中一些课程会得到人力资源部门和学习与发展团队的支持。

表6-1　人才计分卡示例

1.姓名	胜任力（满分400分）	个人特质（满分100分）	知识（满分100分）	经验（满分100分）	潜力（满分100分）	业务贡献（满分100分）	文化适应（满分100分）	人才计分（满分1 000分）
A	252	68	60	62	55	60	60	617
B	271	78	75	70	68	75	57	694
C	272	59	68	62	72	64	60	657
D	247	66	70	64	64	60	62	633
E	217	70	53	50	66	55	68	579
F	218	62	59	54	50	50	54	547
G	285	67	69	68	64	68	60	681
H	246	58	79	66	52	62	62	625

这项计算可以在本阶段停止：该过程的财务价值与那些想要评估其员工人力资本价值的组织是一致的。

2. 姓名	薪资	绩效资金	组织12%左右的保险支出	福利（包括养老金）	组织间接费用占工资的金额（18%左右）	总体成本
A	44 800	9 040	6 461	2 600	8 064	70 965
B	47 800	12 240	7 205	2 600	8 604	78 449
C	38 800	7 769	5 588	2 300	6 984	61 441
D	49 800	8 483	6 994	2 850	8 964	77 091
E	30 000	5 002	4 200	1 850	5 400	46 452
F	39 000	5 643	5 357	2 450	7 020	59 470
G	46 800	10 539	6 881	2 700	8 424	75 344
H	58 000	8 550	7 986	3 100	10 420	88 076

3. 姓名	人才计分		总体成本			员工价值
A	617	÷	70 965	×	100	0.87
B	694	÷	78 449	×	100	0.88
C	657	÷	61 441	×	100	1.07
D	633	÷	77 091	×	100	0.82
E	579	÷	46 452	×	100	1.24
F	547	÷	59 470	×	100	0.92
G	681	÷	75 344	×	100	0.90
H	625	÷	88 076	×	100	0.71

A团队主要由项目经理助理和项目经理组成。

数据如何推动对话进程

根据表6-1中展示的A团队的结果，你能够从收集劳动力能力的一致性数据库的框架角度，看到这个流程的概述。这个方法论的真正价值在于，这些数据促进了与员工个人相关的各种对话。例如，A团队的直线经理惊讶地发现E的员工价值最高，而H的员工价值最低。

我们通过深入观察发现，员工E刚毕业就已经能在项目团队中产生重大影响了，虽然他仍然缺乏经验和详细的项目管理知识，但他已经具备了一定的能力水平，未来可期。相比团队的其他成员至少有五年的项目专业经验，员工E的进步显著。企业与他的谈话就要围绕着如何激励这种进步展开，换句话说，就是把降低员工价值评估作为一种保留员工的策略。数据显示，员工E存在潜在的离职风险。如果企业只是向员工E描绘可能的发展机会，但薪酬不变的话，那么两个月后，他很可能会跳槽到一家可以提供更高薪酬的竞争对手那里。

再看看员工H，这是一位经验丰富的项目管理实践者，被视为行业专家。数据显示，企业应该考虑是否准备为这样的专家所拥有的经验付费，因为他的其他能力水平低于团队中其他同事。结果是，如果想要让员工充分发挥个人价值，企业就需要更广泛地利用他们的专长。鉴于此，企业中出现了一个新角色，该角色可将其掌握的知识（包括相关的产品知识或流程管理知识）完整地融入业务。

这其中的关键在于，统一的数据标准可以为人才比较提供不同的见解，从而识别出员工的相对优势和发展需求，并始终聚焦从业务出发将员工个人价值转换为企业的收入。

成　果

除了数据推动对话进程外，该行动的其他主要成果包括：

- 这次评估提供了一个关于所有员工能力的清晰的数据库，这反过来又推动了：

——基于数据洞见，促进员工个人发展。

——确定及感知与未来客户需求相关的技能发展差距的组织举措（比如数字化实践、技术基础设施知识）。

——根据实际数据和分析洞见来开展劳动力规划和继任计划，而不是采用过去常用的直觉判断方法。

■ 整个业务部门的人才保留率大幅上升，职位空缺率从第一年的11%降至第二年的4%。这为企业节省了大约110万英镑的招聘费用和培训费用。

我们从中获得的关键经验是，数据使用方式需要透明度。员工的参与是理解所寻求的基本原理和所期望的学习与发展结果的关键。我们清楚地观察到，这一过程提高了直线经理的能力，他们不仅能够进行挑战性的对话，而且更有能力讨论员工发展问题，并为员工就如何改进提供指导。

如果业务部门提及在过去的12个月中有多少新员工离职了，那么人力资源部门必须用一种对业务领导者既有意义又有影响力的语言，来体现这种状况给企业带来的损失。这意味着人力资源部门应该用收入的损失来体现这种影响，所以他们需要将现有的数据与业务收入联系在一起。核心人力资源系统中不太可能有业务数据，因此我们需要从相关的会计和财务系统中获取这些数据。

这是一个实验性的方法，因为这样的项目可能会由于无法快捷访问、无法获得所需数据而煞费周章。即便如此，我们还是可以得到答案，正如下面的案例研究所示。

┌─────────────── **案例研究** ───────────────

减少招聘失败人数

─────────────────────────────────────

背 景

　　一家每年雇用600人的英国企业遇到了新员工质量问题，业务部门要求人力资源部门调查此事。由于业务部门已经要求人力资源部门进行分析并深入研究这个问题，所以重点放在模型的3号框上（见图6-5）。由于这是一个机会型的分析活动，并且企业正在转向3号框，人力资源部门有所有数据和信息可供核查。人力资源部门构建这个业务案例只花了两个小时，而以前做类似的分析工作可能需要三个月。

　　该项目显示出巨大的效益，因为人力资源部门现在可以立即告知业务部门：

- 前12个月内离职的人数。
- 离职的员工比例为49%。
- 平均任期为四个半月。

　　这是一个关键的业务问题，因为众所周知，过去员工要达到完全熟练和高效需要差不多8个月的时间。现有的信息能够让人力资源部门获得一项可以与企业领导者分享的洞见——在已经雇用的员工中有49%的员工永远不会变得高效。

进一步的数据洞见

　　更进一步来看，人力资源部门需要量化业务挑战的程度，这就涉及浪费的工资和招聘成本。通过评估财务数据，人力资源部门观察到，每年招聘失败产生的总成本为240万英镑。隐藏在这一数据背后的是，组织需要获取利润以弥补这些损失。那么，组织需要增加多少收入呢？答案是，该组织需要每年多赚1300万英镑来弥补招聘失败的成本。

人力资源部门能够迅速理解业务背景，将关键数据转化为信息，再转化为洞见。因此，企业要求人力资源部门提供进一步的支持，给未来发展指明方向，以便采取适当的措施来降低这种招聘困境所带来的风险。

由于企业已经从2号框转移到3号框，所以所有的信息都可以派上用场了。人力资源部门对数据进行了研究，确定了工程和信息技术部门的招聘失败率最高。凭借当时人力资源部门的开发能力和可用的技术工具，人力资源部门与信息技术部门合作，进一步发现员工会在1个月或6个月后离职。这意味着企业不仅存在招聘问题，还在新员工入职方面存在漏洞，还有员工保留、发展等问题需要解决。

人力资源部门对他们使用的招聘渠道进行了深入的数据调查。由于人力资源部门可以获得更系统的信息来源，所以该部门能够为信息技术部门提供具体的改善建议。其中一项建议是，不应该在招聘时使用网站的"职业生涯"模块，因为数据显示，有31%失败的招聘来自这一渠道。人力资源部门建议将领英作为可选渠道，他们将继续追踪改善措施和相关数据，以衡量所做的改进是否成功。

由克兰奇公司提供：www.crunchrapps.com（存档于https://perma.cc/2ZH8-BUCR）。

正如案例研究描述的那样，这是一个很初期的项目，它激发了企

业领导者进一步调查的兴趣和欲望。在某个阶段，所有数据分析团队
或HRBP团队都将面临这些挑战，因为它们证明了数据分析方法的价
值；此后，需求将会增加。

我们的研究表明，仍然有很多组织未能将以数据分析为基础的运
营完全转移到3号框中（见图6-5）。一个显而易见的趋势是，需要通
过开展实验或"一次性"的方式来完成概念验证。这些项目反映的关
键业务问题，是需要高管或管理者考虑的问题。第一次就给人留下深
刻印象是至关重要的，所以你需要把注意力放在需要知道的事情上，
而不是想知道的事情上。

下一个案例研究侧重于由专业数据科学家马克斯·布隆伯格
（Max Blumberg）博士推动的3号框的活动，他专注于解决销售业绩问
题。其中包括一个清晰的结构化方法，以预测性分析为基础识别具有
4号框元素的数据洞见。

案例研究

在能多洁集团使用人才数据分析提高销售额

布隆伯格合伙公司的创始人马克斯·布隆伯格博士

业务问题

能多洁集团（Rentokil Initial）成立于1925年，于伦敦证券交易所上
市，在70个国家提供害虫防治和卫生服务，员工超过36 000人。目前，
该集团拥有三个全球品牌，在其他几个国家还有一些本土品牌。2018年，
能多洁集团的收入约为24亿英镑。当时，公司的首席执行官艾伦·布朗

（Alan Brown）与马克斯·布隆伯格博士进行了接触，其实他对运营的调查已经开始了一段时间，尤其是在销售技能和业绩方面。这是一个马克斯博士利用人才数据分析方法来改善销售业绩的故事。

全球700个销售区域的销售业绩和营业额差异很大。一些区域轻而易举地超额完成了目标，而另一些区域则一直未达到目标。这位首席执行官热衷于用数据分析的方法来探索这个问题，而不是从公司的各位经理和董事那里得到消息。

其他领导者的反馈强调了人才的重要性，因此改善业绩的重点在于销售人员本身，而不是区域协调、市场机会或保持竞争优势。该公司正在寻找一种更有条理的方法来评估和提高销售业绩，因此马克斯被要求进行数据分析。

方　法

最初，马克斯访谈了全球不同地区的销售领导者，试图建立一个假设来解释销售业绩问题。在这些最初的访谈之后，很明显，访谈对象不同，所形成不同的假设也不同：

- 在合适的时机提供有效的销售培训，培养出色完成销售业绩所需的技术信心。
- 更好地识别工具将提高销售人员获取更高业绩的积极性。
- 全球统一的销售人员招聘流程将提高销售人员的业绩表现。

马克斯开始以多管齐下的方式收集与他的假设相关的数据。

- 对各个行业与销售业绩相关的研究进行文献搜索，了解其他行业是否存在类似的销售挑战。

- 对能多洁集团的人力资源实践进行分析。鉴于人们向他提出了各种假设和想法，马克斯希望对主要人力资源职能的各种流程和政策进行澄清，包括招聘、薪酬、管理培训和领导力发展。

- 获得来自员工的反馈。一项调查被用来探索员工对公司人力资源流程的看法。人们被要求对每个人力资源流程进行销售业绩的影响和重要性评分。当马克斯对调查结果进行分析时，很显然，招聘被视为最低效但最重要的人力资源流程（见图6-6）。

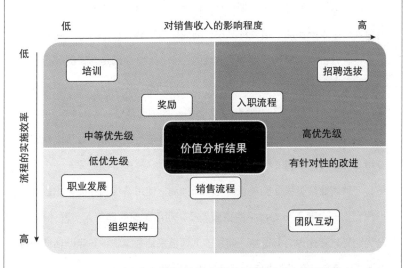

图6-6 针对销售业务的重要性和效率高低制定人力资源流程

这一分析让马克斯把注意力集中在一个假设上，即建立一套有明确标准的、全球性的高效、统一的招聘流程将提高销售业绩。马克斯继续他的调查，想看看最常用的选拔测评是否与销售业绩相关。两种最常用的测评和销售业绩之间只表现出弱相关性，因此他建议停止使用这些测评。这项建议得到了采纳。

接下来，该团队收集并分析了另一组新的数据，这些数据来自对销售人员的调查，以确定哪些属性与销售业绩高度相关。这些属性被分为几类，比如责任心、兴趣、人际交往能力和认知能力。

数据分析的下一步是确定一个选拔性测评，它要能准确地识别这些已确定的属性。该团队进行了文献搜索，以寻找有效的和相关的测验，并对市场上可用的选拔性测评进行了广泛的调研。最后，有六种外部的测评似乎符合提高销售业绩所需要的标准。

利用这六种测评，马克斯对英国和美国的270名销售人员进行了一项调查。每个人都参加了这六种测评，马克斯根据测评结果对他们的销售业绩进行了分析。这是一项复杂而敏感的工作，部分原因是当时的能多洁集团需要在众多全球评估平台上与六家供应商开展合作，另一个原因是参加测评的销售人员和他们的销售主管对测评结果抱有戒心。

马克斯利用测评厂商提供的测评数据集，进行各种统计分析以确定哪些特质可以与高销售业绩挂钩。分析结果显示，其中一项测评——个性评估，与销售业绩有很强的关系。马克斯预测，使用这种测评能够比较准确地识别出一个高于平均水平的销售人员。利用英国的销售人员群体样本，马克斯将其转化为财务价值。如果该测评被采纳并实施，马克斯估计，仅在英国每年就有可能增加150万英镑的销售额。

根据这些分析和进一步的分析，马克斯提出了一项非常具体的建议，即采用一种外部测评在全球招聘销售人员。他还就再开发招聘流程的全球标准化以及执行工作、新的入职培训方案及其管理者的入职指导提出了详细的建议。

实施和成果

在本项目中，以下三个核心利益相关方共同制定了一套强有力的治理原则，并设置了定期检查点。

- 全球高管团队和销售总监：在项目的每个阶段为该群体举行一对一的会议以及一些团队会议，以确保他们不仅能理解分析过程中获得的洞见和建议，而且清楚需要做出的决策。

- 工会，尤其是德国和法国的工会：精心对待该群体，为他们介绍项目的情况。工会也需要了解该项目对国家的企业和工人阶层能带来什么好处。

- 销售团队：通过定期简报和电子邮件保持与整个销售团队的沟通。在有需要的时候，企业会向销售人员发送个性化信息，要求他们参与之前列出的调查。这些私人电子邮件会强调这样一则信息，即收集的个人数据将被高度保密。

沟通只是这个故事的一部分，因为实施这些建议需要在招聘部门以及相关的人力资源部门内进行更全面的规划，例如入职培训和销售支持。该计划的具体内容包括：

- 采购已选定的测评工具。
- 实施全球化测评所需的技术，以便确定全球招聘的标准流程。
- 提供关于面试技巧的培训，确保所有招聘经理了解新的招聘程序和甄选标准。

此外，该计划需要在全球范围内实施。为了实现这一目标，该团队采用了分段实施的方式，从美国和英国开始，再到欧洲，最后到世界其他地区。该计划在所有国家全面铺开耗时一年。

整个项目历时两年多时间才全部完成。第一年的重点是明确业务问题，进行数据收集和分析；第二年的重点是落实各项建议。由于获得了首席执行官的支持，加之有效的利益相关者管理和销售人员的参与，项目被采用并获得成功的可能性很高。

在之后的一年里，销售额提高了40%以上，该项目的投资回报率超过300%。总之，该项目在增加销售额方面显示出了明确而直接的业务影响。项目之所以成功，是因为有高层的大力支持、有效的利益相关者管理以及强有力的分析方法。

学习要点

数据分析项目的成功需要以下关键要素：

- 高层领导的大力支持以及明确的需要解决的业务问题。
- 经过充分研究的假设，作为分析方法论的一部分进行论证。
- 收集数据、分析数据和发现洞见这一过程不断迭代，将会得出明确的建议，在本案例中是使用一项甄选测评。
- 与各利益相关者保持良好沟通。
- 用强有力的统计证据和量化的财务影响为研究建议提供例证，在本案例中对应的是可以提高销售额。

www.blumbergpartnership.com（存档于 https://perma.cc/8AJC-H4YC）

这个项目的方法论是被明确定义的，并且是基于图6-7所示的人力资本价值分类框架的。从人力资本的角度来看，所谓做出正确的人才流程决策，在这个基于销售的案例里其实就是交付了组织实现其关键绩效驱动因素所需的员工能力，这些因素驱动组织期望的业务结果达成。

相反，如果管理者做出了糟糕的人才流程决策，组织就无法获得实现预期业务成果所需的员工能力和关键绩效指标。这里的关键是，期望的业务结果在很大程度上取决于管理者对人员流程所做决策的质量。数据分析确定了为提高销售团队的绩效而需要改进和改变的事项的优先级。

系统型数据分析

当组织可以进行更复杂的分析时，人力资源部门会转向4号框（见图6-8），这些分析不是来自一位业务领导的需求，而是来自所有业务领导的需求，例如监控员工留存情况，以及3～12个月内离职的新员工情况。有一些公司可能想要一些小提示或预测性质的信号来提醒它们潜在的员工流失风险。

这样的分析工作更加复杂，因为建立一套决策支持体系将是一项浩大工程。显然，其中的关键是有一个稳健的技术系统，它基本上是一个神经系统，用于不断寻找数据机会、风险等，并将它们标记出来以提供给相关的终端用户，主动就如何解决已经确定的问题提出建议。

企业渴望建立这样一个决策支持系统，虽然目前还没有一个完整的技术系统可以做到这一点，但这种类型的解决方案将在未来几年出现。我们认为，人力运营部门只有被置于这一综合和整体流程的中心，才能在整个组织中高效工作。

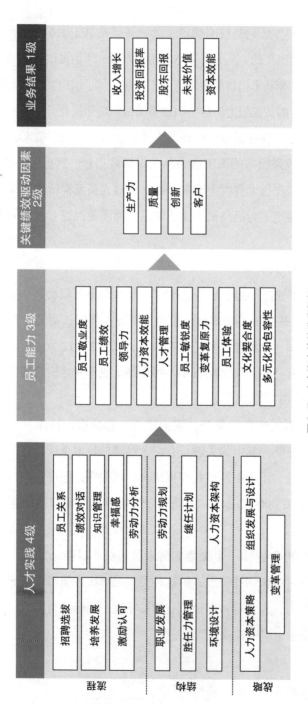

图6-7 人力资本价值分类框架

© 布隆伯格合伙公司

业务结果 1级

收入增长
投资回报率
股东回报
未来价值
资本效能

关键绩效驱动因素 2级

生产力
质量
创新
客户

员工能力 3级

员工敬业度
员工绩效
领导力
人力资本效能
人才管理
员工敏锐度
变革复原力
员工体验
文化契合度
多元化和包容性

人才实践 4级

招聘选拔
员工关系
绩效对话
培养发展
知识管理
激励认可
幸福感
劳动力分析

职业发展
劳动力规划
胜任力管理
继任计划
环境设计
人力资本架构

人力资本策略
组织发展与设计
变革管理

实施
策略
治理

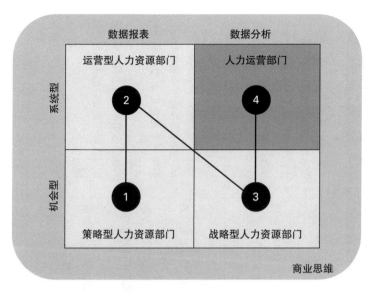

注：改编自克兰奇的人才数据分析成熟度模型。

图6-8　系统型数据分析

从数据报表转向数据分析

任何跨模型的转换都明显依赖于人力资源从业者的能力、数据质量和所使用的技术平台的综合性。表6-2总结了模型中这些部分的关键特征。

其中一个关键挑战是，目前大多数人力资源从业者的能力都与1号框的工作相关。拥有实际业务视角的HRBP还在学习数据结构，并倾向于使用微软的Excel图形功能来讲故事。

人力资源从业者需要提升他们的业务能力，我们认为这是一个真正的挑战。

■ 在2号框中，人力资源从业者需要像一个数据工程师一样思考，能真正对问题进行诊断。

表6-2 不同阶段的特点

等级	人力资源部门能力	数据	技术
机会型数据报表	<ul><li>用户主要是人力资源部门管理者</li><li>会使用微软的Excel，并尝试用分析数据，尽可能用最佳的方式去呈现分析结果</li><li>不大可能具备使用更复杂的软件以提供解决方案的技能，如SPSS、Python R或Tableau</li></ul>	<ul><li>数据杂乱分散</li><li>组织里任何工作级别或部门都没有明确的定义和衡量指标</li><li>在如何描述标准方面可能存在差异（例如，组织是否应将实习生、学生和临时工纳入全职员工的计算中）</li></ul>	<ul><li>没有专门的人力资源报表工具</li><li>大部分数据存储在本地，可能存储在Excel中</li></ul>
系统型数据报表	<ul><li>用户主要是技能发展较好的HRBP，他们往往需要更详细的信息</li><li>要求更高的数据导向能力</li><li>能够适应无法解释的数据和挑战</li><li>会为人才数据分析战略绘制定路线图</li><li>咨询能力对研究、分析和基于数据的故事呈现等都至关重要</li><li>聚焦于能带来切实变革和绩效改善的洞见</li><li>更复杂的计算是由分析师或数据科学家来操作的</li></ul>	<ul><li>整个组织一致同意的、有标准定义的数据库</li><li>清晰和统一的定义意味着可以在不同地区、国家、职能部门或业务单位之间进行比较</li><li>数据极大可能被清理过了，从而能提供更一致、更可靠的信息</li></ul>	<ul><li>很可能在区域级别或者地方级别拥有一个融合的人力资源信息系统</li><li>可能会应用一系列工具或解决方案，以形成更复杂的人力资源数据报表</li></ul>

（续表）

等级	人力资源部门能力	数据	技术
机会型数据分析	■ HRBP根据自身的数据分析能力，有不同的表现 ■ 可能考虑组建一批复杂统计能力的数据科学家（雇用、借用或共建）或分析师 ■ 业务问题的范围界定和故事呈现型的反馈完全由HRBP提供支持	■ 数据变更更加丰富和多样 ■ 可能正在进行数据清理 ■ 拥有坚实的人员数据基础，可访问业务绩效数据、客户满意度、财务状况和其他可用的历史信息 ■ 将建立和统一人员信息定义 ■ 可能拥有2年或3年的历史数据，并对其进行适当组织，以便于访问	■ 人力资源信息系统完整，具备使用或获取基于劳动力分析的技术支持工具到位，能最大限度地进行数据分析
系统型数据分析	■ 主要由具有复杂统计能力的数据科学家或分析师来实施 ■ 业务问题的范围界定和基于故事的反馈完全由HRBP来提供协助 ■ 随着人工智能和机器学习干预的迅速速出现，可能需要数据科学家、计算机科学家和架构师	■ 目前拥有多个高质量数据源 ■ 数据自治性；自动化技术的提高意味着需严谨的数据自洽性的构造可能与正常参数不同	■ 组织将寻求在财务、业务绩效和核心人力资源系统之间建立永久联系，以最大限度地利用可用数据集 ■ 不断探索基于人工智能机器学习的系统，以提供跨人才实践的数据 ■ 需要基于人工智能的自动化辅助决策系统

- 在3号框中，人力资源从业者需要像商业顾问一样思考。
- 在4号框中，人力资源从业者需要像数据或计算机科学家和业务架构师一样思考。

人力资源从业者有机会发展自己的能力。我们在一些企业中看到，如果能意识到未来从业者需要做出的改变，那么高度数据导向是可以实现的。这是一种以业务为导向的思维方式，也将是一个颇具挑战性的旅程。第九章中有一个发展思路和框架，它可以帮助你改变你行动的方式，当然是在3号框这一等级上。

人力资源从业者面临的挑战是，他们总是在寻找"万能灵药"，以简化整个过程，使他们能够提供洞见，而不需要做那些艰苦的工作。分析学中常用的模型是"数据—洞见—故事"模型。这个模型基于对数据的观察，从数据中得到洞见，然后讲述一个令人信服的故事（见图6-9）。

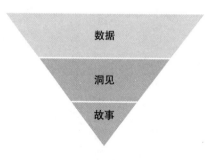

图6-9 数据—洞见—故事模型

这个框架很有用，但是孤立地浏览一排排的数据并不总能提供给你想要的令人信服和鼓舞人心的洞见，除非你采用了一个更结构化的数据分析流程。关键是识别出需要研究的业务难点，这样你就可以聚焦于回答以下业务问题。

- 我们如何提高组织的赢利能力?

- 我们如何提高组织的收入?

- 我们如何改善组织的成本基础?

- 我们如何降低风险?

- 我们如何使组织对外部的响应更加敏捷?

这些都是真正的业务问题,因此人力资源部门必须确定一些组织的压力点,将这些压力点转化为收入减少、成本降低、风险增加等方面的机会损失,建立假设并搜集数据,使之能够被探索。

2号框主要用于数据报表,而3号框则用于检查相关的人才实践及开展相应的数据分析。这种方法的嵌入可以指向4号框的系统性分析,最终由人力运营部门来管理,定期产出人才数据洞见。

人才数据分析专家、克兰奇公司首席执行官德克·琼克认为,只要遵循成熟度模型的规则,不走捷径,企业的人才数据分析基础就会得到提高。最初零散的数据将变得丰富和优质,人力资源从业者的业务咨询能力将逐步得到提升,而企业则会建立一个高级分析中心,运用技术使人才数据分析功能得到极大扩展,并使形成洞见成为整个组织里喜闻乐见的事情。

--------- 本章的关键要点 ---------

- 每个案例研究都揭示了自身所在阶段的经验和教训,但主要的趋势是聚焦战略,关注组织文化,根据业务需求或利益开发一种方法,并确保所有人力资源从业者都具备实施分析流程的能力。

191

- 没有一种"万能"的方法可以助力人力运营部门开展分析工作，因为该分析工作是由能力、数据和技术来支撑的。

参考文献

1. Crunchr (2019) The difference between HR Analytics and People Analytics (and why it matters), *Crunchr* [Online] https://blog.crunchrapps.com/blog/the-difference-between-hr-analytics-people-analytics-and-why-it-matters (archived at https://perma.cc/SB6K-3HWE).

2. Sullivan, Dr J (2003) *HR Metrics: The World Class Way - How to build the business case for human resources*, Kennedy Information, Bristol.

第七章

从人才分析来看商业洞见

人才分析不仅仅是寻找有趣的数据和信息，而且能够帮领导者和管理者发现问题。数据正在被运用到商业运营的各个部分，随着在人力资源云系统日益普及，人才分析工具、技术和流程也正在被引入许多组织中。

在本章中，我们将通过分享一系列案例研究来深入探讨人才数据分析能力模型（见图6-1）。这些案例研究介绍了组织如何开始其分析之旅，或者已经开始并寻求进一步的运营改进。我们专门用这一章来为从业者展示在组织环境里如何获得人才分析应用的商业洞见。

本章内容包括：

- 通过人才分析获得商业洞见：向前人学习至关重要。我们将展示数据和分析方法是如何在一系列不同的组织中显示人力运营价值的。

通过人才分析获得商业洞见

人才分析是一次旅行，而不是最终的目标。全球各地的组织都在经历这一旅程：从基本的人力报告开始，到数学驱动的分析，再到数据科学和技术驱动的更复杂的统计。

事实证明，人力资源部门很难提升其人才分析能力。这主要是因为这一过程需要进行娴熟的数据运用并通过各种数据系统和流程来集成数据。组织内的大多数数据系统是独立的，它们对数据的定义和要求也不一致。人力资源部门需要不断强化其分析成熟度，以此来发展技能集并用数据驱动商业决策。不过现在，领先的人才分析技术有望解决这个问题，这些基于云的软件解决方案能够将所有不同的系统集成到一个系统中，并且能够提供与业务表现相关的实时洞见。

人才分析为数字化人力运营打开了一扇新的大门。有战略意识的人力资源领导者需要着重发展一项战略：鼓励跨业务部门的知识转移与协作，不断强化该领域的数据运用能力。只有将数据洞见与人工相结合，人力运营部门才有真正的机会率先创建一种数据驱动的文化，这种文化既能改善业务成果，又能展示业务术语的附加价值。

分析类型

人才分析包括如下四种核心类型的分析方法。

- 描述性分析：描述已经发生的事情或正在发生的事情。这种方法主要是用历史数据总结出可以理解的内容。
- 诊断性分析：客观数据揭示了一些事件的潜在原因。如果你知道原因，你就知道为了解决问题而应该把精力集中在哪里。
- 预测性分析：基于过去事件的种种细节，关注未来将会发生什么。人们常用统计模型和预测来回答可能发生什么。模型建立在从描述性分析中发现的模式的基础上。

- 指示性分析：基于未来预测和过去发生的事情，提供指导性建议。所有这些都建立在循证分析洞见的基础上。

这四种分析类型详见图7-1。

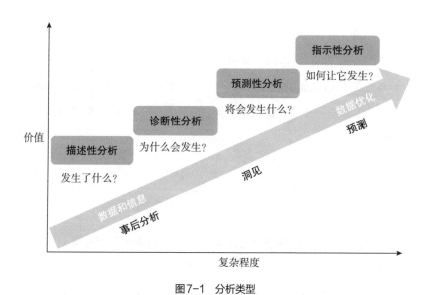

图7-1 分析类型

我们的目标是分享一系列案例研究，这些案例反映了许多不同的组织已经开始了它们的旅程，因为这些旅程已经变得更加数据驱动化，而且与组织更加密切相关。虽然这些案例研究本身不是答案，但它们表明：

- 自身有一系列相同或不同的应对挑战的方法。
- 有很多不同类型的分析实例可以应用。

- 事实上，在这些旅程中抓住机会至关重要，有些是商业本身提供的机会，有些是来自人力资源领导者的驱动。
- 组织文化意味着某些行为方式是量身定制的，以确保大家对于共同追求的目标达成共识。

没有一个组织会认为自己的方法是其他组织实现目标的唯一途径，它们会非常愿意分享其经验，希望能支持和指导其他组织成功开展数据分析。

英国心脏基金会（The British Heart Foundation，下文简称BHF）正处于其数据分析之旅的起步阶段，下文的案例研究反映了它在未来几个月内从1号框和2号框转到3号框（见第六章）时对组织采取的方法和面临的挑战。

案例研究

将我们的心思和精力都投入到BHF的人才分析中（开启旅程）

萨拉·卡曾斯（Sarah Cousins），BHF高级组织变革专家

柯尔斯滕·爱德华兹（Kirsten Edwards），医疗服务供应商Empathix有限公司分析主管

1961年成立于英国的BHF，是主要从事心脏和心血管疾病及风险因素研究的基金会。BHF是心血管疾病研究、教育和护理领域的权威及主要资助者，主要投资顶级大学的卓越研究中心（包括牛津大学、剑桥大学和伦敦大学国王学院的研究中心）以及其他相关机构。英国有超过700万人患有心脏病和心血管疾病。BHF致力于对抗这种能让家人或爱人心碎的疾病。

这家基金会想创造一个不惧怕心脏病和心血管疾病的世界。

BHF雇用了近4 500名员工和2万多名志愿者一起奋斗。它是一个复杂的组织，涉及科研、募捐和零售业务，管理着大约750个慈善商店。BHF所做的拯救生命的工作似乎也让它的员工感到荣耀，BHF在2019年获得了非营利部门的最佳工作场所奖项，并在2019年7月获得了三项人力资源卓越奖。

变革背景

BHF的人力和组织发展团队希望使用组织中严格的循证分析方法来进行人才研究。因此，BHF开始了一项重要的文化和程序改革，目的是通过对人的分析和洞见来创建一个更智能的组织。

BHF刚刚开始这项计划，这个案例研究考察了其第一步成果。该计划的创新之处在于，BHF将人员分析融入其人才战略设计之中，采用了整合整个组织意见的协作方式，以及在探索人才分析领域时的勇往直前。这完全符合BHF的一些价值观和行为，包括勇敢、见多识广、求知欲强和合作共赢。

人才实践

当BHF开始制定2020年至2030年的新组织战略时，项目负责人已经知道，他们需要继续采取更加注重实效的方法。技术和数据方面的进步似乎让许多机构都在研究如何将所有的数据和人工智能结合起来，从而获得更有意义的洞见，做出更高质量的决策并确保产生更大的社会效益和经济效益。

在某些领域，BHF做得风生水起，它同时也看到了在其他地方采用相同方法的潜力，以确保其宝贵资源得到最佳利用。BHF战略的制定和执行是由组织中的所有团队共同推动的，每个团队利用内部和外部的见解研究一个感兴趣的主题。团队利用的外部见解包括学术研究和最佳实践范例，内部见解则包括与关键利益相关者的访谈和员工调查。这一主题一直延续到新人才战略的后续开发，而新人才战略必须建立在以往成功（比如实施基于云的Workday的几个模块）的基础上，并具有灵活性和适应性，以应对新的挑战，并为BHF未来的工作做好准备。

人力和组织发展团队深知用一条黄金线贯穿组织战略和人才战略（又被称作"人才实验"），使之融入其计划、措施和行动的重要性。组织战略包含了"智慧引领"的雄心，人力和组织发展团队知道只有自己做得更好，才能支持组织实现这一目标。

很明显，领导者和管理者希望利用Workday和其他资源获得洞察力，并为他们的员工做出更好的决策。BHF想要充分利用这一新系统来获得全面的报告和洞见，尽管它没有获得期望的所有数据，但它有足够的数据来启动了。人力和组织发展团队希望更好地了解员工，以便其能够做出正确的决定，从而将精力集中起来。同事们（包括雇员和志愿者）都想知道BHF是如何使用其资源做出决策的，而他们自己对该组织的反馈已经被用作决策的一部分。

考虑到上述所有因素，人力和组织发展团队认为洞察力非常重要，因此将它作为五个"员工体验优先事项"之一。除了将这一优先事项嵌入员工的体验和规划之外，人力和组织发展团队还开始鼓励员工心态和行为的转变。该团队与外部咨询公司Empathix举行了一次会议，Empathix能够以一种浅显的方式解释人才分析。会议充满了激情和乐趣，出席会议的有人力和组织发展团队的总监和其他领导，以及战略、组织发展和人力系统分析团队的成员。

确定变革范围——对话

Empathix的柯尔斯滕·爱德华兹作为一名外部顾问注意到，研究这个话题对BHF来说轻车熟路——毕竟这就是该基金会所做的，因为该基金会资助的就是心脏病和心血管疾病的研究。但是，这如何转化为该基金会自己的组织实践，以及当其把自己放在显微镜下时会发生什么呢？这是在与人力和组织发展团队的第一次研讨会上提出的问题。

会议中令爱德华兹印象深刻的还有组织考虑问题之广泛，BHF致力于投资真正想要理解人才分析及其可以带来的增值。研讨会中，思想和技能的多样性令人耳目一新，而人才分析被认为是人才战略设计中的一个关键部分，这一事实令人鼓舞。

研讨会一开始就开启了一场关于分析的公开讨论，这样的讨论将真正提升BHF的员工体验。讨论包括了对他们真正想知道的东西的探索，可能存在的趋势或模式，以及这些认知将如何帮助他们实现目标。

人力和组织发展团队探索了各种业务挑战和场景，包括大范畴的人力资源问题，比如招聘、人才管理和人员流动，以及员工和志愿者合作的业务现状。BHF是领先的慈善零售商，因此研讨会围绕商店主管的压力水平、员工配备、商店营业额、绩效与培训和其他项目之间的关联问题进行了探讨。团队开诚布公地讨论了可能存在的联系、趋势和模式。

在这一点上，反思分析能力是很有意思的。这样的讨论对人才分析项目的成功至关重要，并且必须以这样一种方式进行：每个人都理解正在发生的事情，并且有机会提出他们的意见。在这场讨论中，大多数人不是统计学家，不是数据科学家，当然也不是人工智能开发者。参与讨论的是真正了解BHF在人才和组织设计方面的业务挑战、业务机会和业务战略的人。

从那次讨论中，人才分析的路径开始变得更加平坦。显而易见，使用分析模型来帮助指导、调整和推动业务战略，将直觉从决策中剥离出来并转向循证实践决策都是可能的。一旦分析到位，他们可以进一步帮助监控人才战略的实施，帮助 BHF 繁荣发展，使人力和组织发展团队能够为行动构建可靠的业务案例，并鼓励合理、潜在回报可观的投资。

此次会议有助于主要参与者思考他们如何引领一种更具洞见力洞察力的方法。正如人力和组织发展团队主管所说："挑战的一部分是做出正确的提问，让每个人都感到好奇并以更具分析性的方式来深入探讨。"

研讨会后，人力和组织发展团队的主管们开始谈论更多地使用洞察力，帮助人们理解它是什么以及它意味着什么。下一个重大步骤是在人力和组织发展团队撤出项目前引入新的员工体验，其中包括 Empathix 的爱德华兹提出的分组会议，以帮助更多的人了解更多关于人才分析的知识。

阶段反思和未来计划

BHF 仍在为建立更加循证导向的人事决策体系打基础，同时也支持组织自身变得更加循证导向。BHF 拥有强大而雄心勃勃的员工体验目标，这正被纳入支持 BHF 实现最大影响的计划和措施中。

与此同时，员工们的思维模式也在转变，变得更容易接受更具洞察力的观点。他们知道自己还有很长的路要走，需要在收集数据和用数据说话这件事上持续努力，但是他们也知道自己已经有了可以利用的一些洞见。BHF 计划继续为它的员工赋能，使他们更加循证导向，并运用他们获得的洞见力来确保最佳工作结果。

关键点总结

对于阅读本文并考虑类似路径的其他人，BHF 有以下五点建议。

- 你的方法受你所在企业的价值观和文化引导——BHF 的价值观和行为包括知情、保持好奇、合作和学习。BHF 需要利用这些来理解人员分析的潜力。

- 勇敢一点——这是 BHF 的关键价值观之一，他们真的需要勇敢一点来走进一个乍看上去都是数学和统计学的世界！他们到达那里时会意识到还有更多，而那些最初的步骤是最难的。

- 始于足下——你没有足够的数据来分析以获得洞见是很正常的，但是除非你已经启航，否则你永远不会有任何进步。其实，你所拥有的远比你想象的要多得多。

- 带着大家一起前进——这是一种文化变革，每个人都可以在形成循证方法的过程中发挥作用。人们需要理解为什么这将有利于他们的工作和有利于组织，并对他们可能要走的路充满期待。

- 共同学习——这是一个相当新的、不断延伸的领域，所以高阶人士和初阶人士经常处于同一水平。共同学习有助于你从各个层面获得见解和想法，并使你更有可能创造出一种对每个人都有效的方法。

BHF 团队致力于了解更多关于人才分析和基于人才的洞见将如何帮助他们做出更好的人事决策。作为一个慈善机构，BHF 总是需要确保自己明智地使用捐助者的资金和支持并充分利用资源。通过将其决策建立在确凿的证据基础上，BHF 知道，它正在朝着帮助每一个与心脏病和心血管病战斗的人这一目标而前进。

www.bhf.org.uk（存档于 https://perma.cc/95A9-33JP）

BHF 的例子重申了以下三个方面的必要性。

- 一个明确定义的战略，它与商业目的和其他人力运营部门的目标一致。
- 将以循证导向的研究方法作为一种工具以确保人力运营，改变以人为本的干预方法。
- 保持对战略的高度参与和投入，以确保一系列不同的利益相关方和感兴趣的机构参与进来，并将其见解付诸战略实施过程。

接下来的案例分享了施华洛世奇（Swarovski）过去两年左右从报告到开展人才分析项目的行动之旅，这一过程就好比从1号框到2号框，再到3号框（见第六章）的演变。该项目分析团队背后有明确的业务重点，并为业务带来附加价值。

案例研究

施华洛世奇：建立具有商业影响力的人力运营部门

施华洛世奇是一家家族经营的独立公司，120多年前，在第二次工业革命的技术进步时期，成立于奥地利的瓦滕斯。施华洛世奇现在由第五代家族成员运营，已经成为一个领先的全球化企业，致力于稳定增长及保持其在设计、创意和技术创新领域的前沿地位。

纵观其历史，施华洛世奇一直认为公司的长期成功与其客户、员工、环境和整个社会的福祉密不可分。这是施华洛世奇传统中不可或缺的一部分，也是如今公司既定的全球化持续发展战略的一部分。

公司业务主要涉及三个领域：施华洛世奇水晶业务，主要生产水晶首饰和配件；施华洛世奇光学公司，生产光学仪器，比如望远镜、步枪瞄准镜和双筒望远镜；泰利莱（Tyrolit），一家研磨、锯切、钻孔和修整工具的制造商和供应商。

如今，施华洛世奇水晶业务是施华洛世奇集团中收入最高的业务部门之一，在全球约170个国家拥有约3 000家店铺，超过29 000名员工，2018年收入约为27亿欧元。

开启进程

2015年，施华洛世奇面临的挑战是，它只有非常有限的全球数据、技术和流程可以加以利用。人力资源分析团队当时的做法是手工处理从单个国家收来的数据，因此团队无法获得高质量的实时报告，更不用说考虑战略性人才分析了。这就是施华洛世奇着手迈向数字化人力资源之旅的起因。

在数字化人力资源之旅开始时，施华洛世奇团队定义了四个数据模块。该团队想要：

- 完全掌握组织内部所有人员的相关数据。
- 打造简单易懂的流程，让每个人都能掌握新的工作方式。
- 授权员工队伍运用最先进的流程支持系统并使用数据做决策。
- 发现其最有价值的资产，即员工。

这四个模块是施华洛世奇业务高级主管和人力资源部门共同定义的。

路线图

在2015年第三季度，施华洛世奇的人力资源分析团队规划了数字化人力资源和人才分析的战略路线图，同时考虑了这四个模块。这个过程的核心是一个为期两周的研讨会，所有的高级人力资源主管和业务主管候选人都参加了，他们共同定义了施华洛世奇的长期目标。

其中的关键主题围绕着一个数据战略的开发而展开，该战略将引领施华洛世奇走向未来；他们希望同时管理全球范围内的数据和本地数据，为后续的人才分析打基础。这些都需要高级主管们的支持。

2015年年底，在全球范围内推出流程、系统、新工作方式及整个转型计划的时机已经到来。欧洲市场于2016年夏天推出，亚洲市场于2017年夏天推出，美洲市场于2018年夏天推出。这为团队整合全球的人力资源数据奠定了基础，商业数据也已经在全球范围内可用。

创建一个人才分析部门

2017年年初，施华洛世奇还没有人才分析板块。当时，人力资源领导力团队明确了要进行人才分析的方向。因此，团队将数字化人力资源之旅分为七个组成部分（见图7-2）。

前三大支柱（战略与文化、分析复杂度和能力）涵盖了从变革管理的角度来看，真正深入分析一个组织所需要考察的领域。最后三个支柱（数据、技术和流程）是分析过程中最难的部分。人才分析团队主要关注前三项，因为该团队认为这些是关键的成功因素。

这七个模块包含了施华洛世奇的人才分析成熟度评估，它们在1～5分的范围内获取了各自的权重。施华洛世奇2017年的人才分析初始成熟度评估在1分和2分之间。从战略的角度来看，这是一个很好的开端，因为

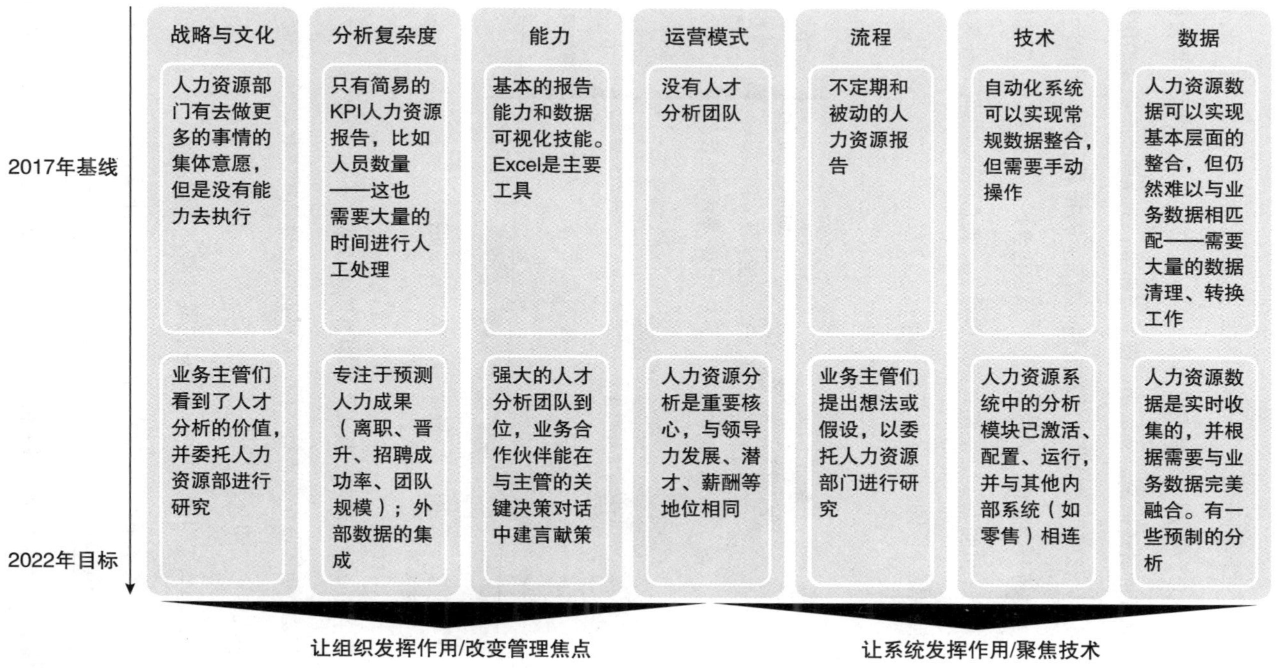

	战略与文化	分析复杂度	能力	运营模式	流程	技术	数据
2017年基线	人力资源部门有很多的事情愿意，集体意愿，但是没有能力去执行	只有简单易的KPI人力资源报告，比如人员数量——这也需要大量进行人工处理	基本的报告能力和数据可视化技能。Excel是主要工具	没有人才分析团队	不定期和被动的人力资源报告	自动化系统可以实现规范化数据整合，但需要手动操作	人力资源数据可以实现基本层面的整合，但与业务数据相匹配——需要大量的数据清理、转换工作
2022年目标	业务主管们看到了人才分析的价值，并委托人力资源部门进行研究	专注于预测人力成果（离职、晋升、招聘成功率、团队规模）；外部数据的集成	强大的人才分析团队到位，业务合作伙伴能在与主管的关键决策对话中建言献策	人力资源分析是重要核心，与领导力发展、潜才、薪酬等地位相同	业务主管们提出想法或假设，以委托人力资源部门进行研究	人力资源分析系统中的分析模块已激活，运行，配置，并与其他内部系统（如零售）相连	人力资源数据是实时收集的，并根据业务需要与业务数据完美融合。有一些预制的分析

让组织发挥作用/改变管理焦点　　　　让系统发挥作用聚焦技术

图7-2　施华洛世奇人才分析构建模块

205

公司人力资源团队和首席人力资源官看到了人才分析和人力运营的潜力。如今，所有人才分析活动都基于这七大模块，人才分析团队会定期审查自己在这些方面的改进情况。施华洛世奇的目标是，迅速将七个模块的得分都提升到5分。该模型也随着时间的推移而演变，并拓展了更多的维度。

　　施华洛世奇开始了自己的分析之旅，从报告全职员工人数这个自动形成的主题开始（见图7-3），逐渐转向高级报告。人力资源分析团队在其中挖掘并分析数据，以回顾问题发生的原因。

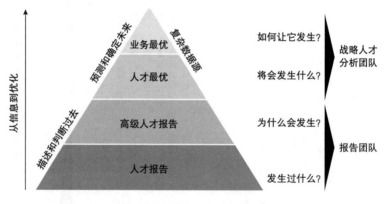

图7-3　施华洛世奇人才分析进程

　　这两个初始阶段都包括从人力资源系统中提取单一来源的数据。这些分析方法让分析团队仅仅进行了相对简单的问题描述和诊断，即只考虑过去和反思哪里出了问题。

　　如今，施华洛世奇正从多个渠道获取数据，并切入员工和业务的优化环节，通过技术使用预测模型来预测员工产出。通过业务优化，施华洛世奇可以预测衡量标准对于与业务相关的关键数字的影响，比如销售额（最高线）、生产效率或质量（最低线）。施华洛世奇不仅仅预测将会发生什么，还预测需要什么样的具体行动才能取得最佳效果。这些战略项目直接助力公司的成功，并且由人才分析团队和公司高管层一起来付诸实施。每个人才分析团队都应该专注于这些项目，因为它们对组织的影响力极大。

人才分析和数字化人力资源总监奥利弗·卡斯珀（Oliver Kasper）的思路非常清晰："你不需要先把一切都做好，可以从业务优化项目开始，即使最后的结果并不那么完美。"这可能看起来有点违反常理，但是业务优化计划会产生巨大的业务影响，因此回报也颇为丰厚。

三年路线规划

2017年，人力资源分析团队为实现自己的愿景设计了一个三年路线图："施华洛世奇的所有人事决策都贯穿着数据和分析。"这个过程分为五个范畴——数据基础、数据文化、运营、战术和战略。

（1）**数据基础**：截至2017年年初，人力资源分析团队从2015年启动的数字化项目中获得的数据质量相当高。由于它们保持了良好的数据质量，所以不需要进行太多的数据清理。然而，施华洛世奇对它们提出的一个要求是，保持其数据质量持续达标。

（2）**数据文化**：施华洛世奇从数据文化的角度开发了一个人才分析在线课程，重点是培养其全球人力资源和业务单元进行人才分析的能力。培育数据文化的第二个关键特征是建立实践单元。第三个特征是公司人力资源和全球HRBP的月度会议，让他们开启人才分析之旅，并让HRBP与业务主管参与其中。这是他们成功的基石。

（3）**运营**：在运营方面，人力资源分析团队规划了一个运营报告库，以实现报告自动化，并将分析嵌入施华洛世奇的全球人力资源流程中。

（4）**战术**：这涉及关键流程仪表板的定义和关键绩效指标的定义。这一领域的重点需要放在结果的执行上，而不是在定义上花费过多的时间。

（5）**战略**：从战略的角度来看，第一个阶段包括开发执行计分卡。人才分析团队采纳了几位高管的意见来开发这一工具。通过使用计分卡，人才分析团队与全球HRBP合作，以一种全新的方式管理人力资源职能部门。事实证明，这对业务优化和获得高管的支持起到了推动作用。在此之后，人才分析团队收到了许多关于在执行计分卡上进行详细分析的请求。基于计分卡的成功，人才分析团队与公司高管在如下两个主要领域启动了大规模的业务优化计划。

- 通过人才分析获得更好的销售业绩。
- 通过人才分析提高生产效率和质量。

这些计划是大规模的战略性项目，人才分析也随着这些项目进入了业务优化领域（见图7-4）。

从人力资源转向人才分析至关重要

促成施华洛世奇成功的因素主要有如下四项。

- HRBP的参与。
- 为人力资源经理们提供支持，帮助他们理解整体过程。
- 智能流程有助于收集数据并保持数据的质量和结构。
- 良好的商业调查专业知识和对商业挑战的密切关注。

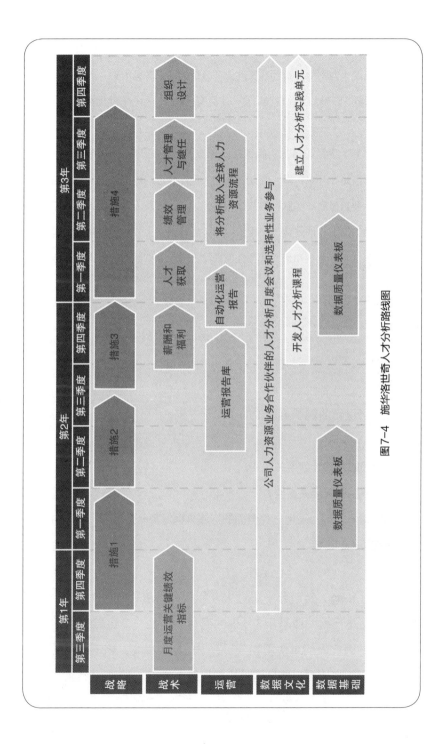

图7-4 施华洛世奇人才分析路线图

> 这是使人力资源分析团队转向人才分析的四个关键因素。此外，这种转向还需要有正确的文化底蕴以及一支拥有正确技能和心态的优秀团队作为补充。
>
> 奥利弗·卡斯珀认为，组织部门都需要一个优秀的团队并关注人岗匹配，尤其是在开始阶段，要让合适的人担任合适的职位。他认为，组织部门都需要具备商业头脑、讲故事和咨询技能，以及人力资源、分析和心理学方面的知识。他还认为，组织内部需要有人从人才分析的角度来做所有这些事情。但是要知道，就像任何项目一样，你需要合适的人才来取得成功。
>
> www.swarovsk.com（存档于 https://perma.cc/FFS3-WNRH）

施华洛世奇的例子再次说明了以下三点。

- 有明确的行动计划至关重要。
- 确保数据质量至关重要。
- 同样重要的是，采用一种全面的方法来确保整个业务部门认同并接受正在实施的内容。

国王（King）公司分享了过去几年的分析进程，再次从1号框转到2号框，并开始关注基于3号框的项目。这是一个由数据科学家组成的组织，因此人们对使用和分析数据的期望很高，国王公司的故事描绘了他们如何应对这些期望带来的挑战。

案例研究

国王公司——甚至对一款游戏也会做人才分析

国王公司高级人才分析经理，巴勃罗·伯吉斯（Pablo Borges）

国王公司是一家移动领域领先的互动娱乐公司。它在全球已经开发了200多款备受用户喜爱的游戏。该公司的专营权游戏包括糖果粉碎传奇（Candy Crush）、农场超级传奇（Farm Heroes）、宠物拯救传奇（Pet Rescue）和泡泡魔女传奇（Bubble Witch）。截至2019年第二季度，国王公司旗下的游戏在网络、社交和移动平台上有超过2.58亿的每月活跃用户。

国王公司在斯德哥尔摩、马尔默、伦敦、巴塞罗那和柏林设有游戏工作室，并在马耳他、旧金山、芝加哥和纽约设有办事处，雇用了约2 000人（5年前为600人）。国王公司于2016年2月被动视暴雪（纳斯达克代码：ATVI）收购，并作为收购方的一个独立部门运营。

人力资源变革背景：开启变革进程

截至2016年年底，国王公司的人力资源团队已经随着业务增长而扩展，核心职能已经就位，技术系统能够生成运营报告。业务主管们能够从公司开发的游戏中获得有见地的数据，并利用这些数据改进游戏。该公司有100多名绩效分析师和数据科学家，但当涉及人才数据分析时，主管们并没有得到同样的数据导向方法。一名员工过去曾着重针对当时人力资源的最重要板块——招聘进行了前瞻性的报告，但该员工在2016年年初就离职了。人才分析团队是在2017年才建立的，而且仅有1个人！

团队没有立即进行大规模的数据分析，而是采取了一个清晰的流程，即联系业务主管，了解他们的优先事项，然后从核心人员面临的挑战这一角度给出人才分析团队的观点。人才分析团队的技术人员已经在Workday上运营了多年，因此基本数据质量良好，核心仪表板涵盖了员工人数和人员流动情况等信息，但在招聘和培训学习方面略有不足。人力资源管理分析初创企业Visier的分析系统也可以支持这种分析。

员工流动被认为是一个需要优先改进的重要事项，因此最初的项目着力于搜集调查离职数据。来自企业内部的积极回应表明，员工希望在自己的业务领域也定期获得这种洞见。这就产生了一个超出人才分析团队范畴的需求，因此团队招聘了一名具备数据科学技能的实习生。团队能够创建更相关、更有影响力的仪表板，这再次激发了人们对整个人才分析领域的兴趣。随后，这名实习生作为全职员工加盟团队，随后有更多的实习生加入，以补足相关技能短板。

持续变化

鉴于国王公司以数据为基础的定位，因此团队始终对数字保持密切关注。这意味着，整个人力资源团队需要对数据的使用更有信心，并了解如何让数据在企业业务中发挥更多价值。这也意味着一些工作压力可以由人力资源团队而不是分析团队来帮助化解。

人力资源团队拥有一系列数字化能力。有些人对这个话题很感兴趣，他们理解并看到了它的价值。然而，有一个更大的群体对这些数据并不感兴趣或者说不满意。企业制订了一个小型培训计划，致力于推动整个企业的HRBP采用更为数据驱动的人力资源方法：第一天以电子表格的形式讲述核心数据技术，第二天以一对一的形式着重讲解其面临的具体挑战和战略机遇。该计划潜在的最大的不确定性是，他们能否清楚地了解问题，如何获得正确的数据见解，以及如何在当地业务主管中建立自己的信誉。

人才分析团队的持续支持和共建不断推动着方法与行为的改变。培训的结果是，HRBP觉得他们更有能力挑战业务主管，他们可以使用熟悉的人力资源数据并在人才数据领域指导业务。

在此基础上，现在有了一个良好的自助式运营报告平台，该平台具有标准化的指标、仪表板以及跨人力资源职能部门——其中核心的人才分析团队可提供专家优先支持——的核心能力。他们的工作现在已经发展成为基于分析的项目，着眼于人才和组织两个方面的挑战，这些挑战性任务在利益相关者的高度参与下得到完成，因此他们也承担了项目后续实施的任务。

招聘中的候选人体验一直是国王公司业务的一个重要特征。例如，招聘主管担心成功招聘人才将花费不菲的时间成本。分析团队的调查数据发现了流程的问题——尽管一些候选人参加了过多的面试，但这对最终的招聘决策影响甚微。公司随即构建了一个更合理的招聘试验流程。如果项目成功，那么它将在全球推广。最终，公司可以节省大量运营时间和资金并提高国王公司在人才招聘领域的品牌美誉度。

展望未来

公司显然希望确保员工感受到自己与组织的情感联系，而数据的使用可以提供通常情况下无法获得的洞察力。进一步的基于数据和分析的项目仍然是人才分析团队的关注点，在此基础上，人才分析团队将为整个组织提供其他数据服务支持。该团队的目标是通过项目使其定位更具战略性，并随着新的人力战略的发展为其提供数据和分析输入。

关键总结

截至目前，巴勃罗从中学到的主要知识如下。

- 起步阶段相关人员的研究与支持是人才分析获得成功和关注的关键。

- 对业务的了解非常重要，要知道业务是怎么开展的以及它获得了哪些角色的支持。分析人员及其数据意味着，对业务中各种角色的正确认识将使数据更有说服力，并能真正认识到正在发生的问题的本质，例如创意、客服和数据工程师等角色的不同工作要求。

- 人力资源群体的培养对于确保他们能够识别潜在的业务或人才问题，以及对于处理更常规的基于数据的仪表板分析能力要求至关重要。他们是和公司领导沟通的关键一环。

- 明确你的分析团队需要哪些技能。初期，你可能需要数据科学家类型的技能，但是随着分析团队的发展，你可能需要更多的咨询项目管理能力。

- 不要害怕——数据是很有趣的。不过，数据只能带你走这一小段。数据会提供洞见和信息，但请记住，无论我们做什么决定，我们仍然需要人力支持。制作游戏时，国王公司的口号是"艺术和科学的平衡"，人才分析也是如此——心灵和科学的平衡。

http://king.com（存档于 https://perma.cc/PK5 L-9SjD）

国王公司案例研究强调了以下三点。

- 国王公司分析之路是一直向前推进的。
- 实际上，整个人才运营部门都被改变了，运营方式也得到了改进。
- 再次强调要持续提升人力资源群体的技能，以确保这些人员能支持核心人才分析团队的工作。

下面的案例研究考察了基于机器学习的数据干预的影响，以及这种数据干预对中东地区一家组织的业务影响。中东这家外部供应商当时只有1号框所示的那种基于生产力的报告架构，它却采用了4号框的方法。

案例研究

迪拜的机器学习、人工智能和生产力

Enaible公司创始人兼首席执行官，汤米·韦尔（Tommy Weir）博士

Enaible公司是一家专注人工智能和机器学习的公司。这家公司以人工智能为核心，将组织还未充分利用的系统数据转化为标准化的生产力分数和个性化的重点领导力建议。

该公司在迪拜和波士顿设有办事处，能够最大限度地提高生产力，让每个员工都有成功的机会。

生产力问题

本案例研究围绕阿拉伯联合酋长国首都迪拜的一家政府机构展开，该机构拥有大约3 000名员工。2011—2015年，该机构的生产力同比增长令人印象深刻，甚至达到了惊人的每年15%高增长率。这一成就要归功于客户界面从高度依赖的人工操作转向在线系统。

随后，从2016年开始，该机构的生产力增长速度趋于平稳。然而，该机构面临着未来的销量增长的挑战。这让其陷入了沉思："我们如何在不增加员工的情况下应对未来的增长？换句话说，我们怎样才能变得更有效率？"

该机构希望生产力同比增长10%或更高，以扭转下降趋势。其中的关键在于，将产出增长与员工人数增长脱钩。该机构不再相信增长的唯一途径是雇用更多的人。

领导团队得出结论，应对这一挑战的最佳方式是使用人工智能生产力引擎。他们希望从未充分利用的数据中获得价值和影响，就像以前一样，但这次使用的是人工智能。数据未得到充分利用是大多数组织的共同面临的问题，然而该机构有勇气采取行动。

生产力谜题

Enaible公司从企业资源规划系统、Outlook系统、HRMS系统及为核心部门定制的系统中获取工作流系统数据，这些数据获取工作大概耗费了该公司四分之一的精力。然后，数据被预处理，来自多个系统的数据像拼图一样被拼在一起，因此Enaible独有的触发任务时间表算法（Trigger-Task-Time™，简写为T-T-T）可以分析数据并找出趋势、主题和洞见。

大多数组织只从系统使用的角度来评价它们的员工，而Enaible公司将焦点转移到从员工的角度来评价员工。其T-T-T算法使用带有时间戳的数据来全面观察员工的实际工作模式，以及对预期结果的相关影响。触发器开始工作，它包含工作流的共同和特定特征；触发任务是分析员工所做的实际工作；触发时间是触发任务的工期和一天中花费的工时。该算法还考虑了个人的行为、工作模式以及与他人的互动。

T-T-T算法不需要人工来进行任务识别、时间和行动研究，公司内置的是一个基于O×NET任务分类的自动任务分类器。T-T-T算法包含一个连续的理想时间计算器，它为每个触发任务组合确定最快的、可持续的时间分配（在本例中，有7 400个触发任务组合）。在生产力科学中，这是一个突破，因为它否定了常用的平均时间，因为平均时间缺乏粒度特异性，不能准确地体现员工的工作效率。

Enaible 公司的生产力结果评分包括以下三个方面。

- 产能利用率：使用了多少可用时间（在理想时间内完成的产量）？
- 一致性：员工每次都以同样的方式工作，还是经常改变工作模式？
- 质量影响：员工的工作质量对其他人的生产力（包括公司的生产力）有什么影响？

数据结果产出过程

Enaible 公司从 12 个独立的系统中获取了 4.8 亿行数据。T-T-T 算法处理了 75 亿个数据点和 70 万个小时的时间戳数据，以确定 7 400 个触发任务组合中每个组合的理想时间。

基于四大基础功能，Enaible 公司生产力的主要问题包括以下三个方面。

- 员工承担的工作中只有 1.1% 达到了预期的结果。
- 相似性任务差异达 261%。起初，这被认为是离群值和表现不佳者之间的区别，但实际上，所有员工都缺乏严格的工作目标时间纪律，这意味着他们的工作有时会达到目标时间要求，而有时则慢得惊人。这是对一种相似的工作而言的，没有外在的理由。
- 在 Enaible 公司初始运行时，58% 的员工的生产力存在下降趋势，42% 的员工的生产力在提高。

生产力改进主要包括如下两个方面。

- 通过目标时间的坚持达成，增加了 27 万小时的工作能力。
- 因为流程设计缺陷导致的 65 000 小时的非增值工作被自动化流程取代。

　　管理团队已经完全接受使用人工智能来提高生产力。人工智能提供了一个透明和客观的生产力视角，立即引起了管理层和员工的注意。

　　产能利用率是让领导团队大吃一惊的主要因素。从历史上看，领导团队一直在对员工的工作量进行标杆化管理。但是考虑到目标时间的可变性，实际的产能利用率与预期的不同。例如，在一个有 81 名员工的部门，他们平均每小时完成 13.2 项任务，每项任务耗时 1 分 30 秒。这意味着该团队的员工每小时只工作 20 分钟！

　　跟领导者关注生产力数据相同，管理团队渴望找到将洞察力转化为生产力影响的方法。这就是人工智能特性的第二个用途：领导力推荐器，这是一个推荐引擎，它能为每位领导者提供持续的个性化和最优先的行动，管理者可以采取这些行动来最大限度地提高员工的生产力。

未来的影响

　　这家政府机构继续将 Enaible 公司作为 SaaS（软件即服务）产品使用，目标是在未来两年内每年提高 15% 的生产力，并实现同比节约 7 500 万美元的工资。

　　汤米·韦尔博士认为："机器学习和人类主导将改变我们的行为方式。员工总是会工作的，因此是时候真正使用人工智能来帮助领导者做得更好并提高员工的工作效率了。"Enaible 公司是通过使用人工智能进而提升人的潜能来挑战领导力的真正含义的。

　　www.enaible.io（存档于 https://perma.cc/EB47-TWZQ）

上述基于机器学习和人工智能的案例研究强调了以下四点。

- 基于数据分析的可用性和深度而言，这些新技术会对组织产生影响。
- 分析提供了洞见的范围。
- 专注于生产力提高所带来的业务影响。
- 我们必须继续与这一新技术合作，以实现尽可能好的结果。

在下一个案例研究中，我们会看到益博睿（Experian）是如何在组织中引进并植入分析的，当时它几乎打破了所有规则。这是最令人激动的案例之一，因为分析团队现在正在制订基于分析的解决方案，这意味着将人力资源作为利润中心的梦想正在成为现实。它们在4号框中运行，不一定执行了结构化的分析方法，而是把焦点完全集中在向业务主管证明这个概念的可行性上。

案例研究

益博睿——人才分析进化历程

全球劳动力分析与人力资源战略主管，奥利·布里特内尔（Olly Britnell）

益博睿是一家消费者征信公司，在全球37个国家拥有大约17 000名员工。益博睿收集和汇总了全球超过10亿条个人与企业信息。此外，益博睿还向企业出售基于决策的分析和营销方案。它提供的客户服务还包括在线访问信用记录与提供防止欺诈和身份盗窃的产品。

变革背景

益博睿的人才分析之旅始于2014年。在此之前，公司在区域管理信息和报告方面的设置迥然不同——集团管控和高层协作都很有限，从而导致信息管理和报告方法不一致。

奥利·布里特内尔现在是劳动力分析和人力资源战略的全球主管。他制定了一个长期愿景，即提供创新的人力资源解决方案，与益博睿的业务类型相一致，以此解决关键的人力资源挑战。这个方案相当有效，以至它可以向外部进行商业化推广。这本身就是所有人力资源部门的终极理想，尤其是在获取数据报告都很困难的阶段。当时，尽管在业内占据核心地位的甲骨文系统已经上线，但仍有多个平台在进行人才、报酬和培训等方面的数据分析，这意味着要获得一个简单的全球员工人数或全球流失人数，就要在Excel中进行组合，以获得唯一的"实际结论"。

早期，小型全球分析团队致力于整合数据并处理业务信息请求。在此期间，团队已经进行了一些深入的分析。然而，就能力而言，团队成员对技术更为重视，而不是围绕结果来解释数据或讲故事。此外，在需求方面，HRBP也缺乏激情。

就更广泛的人力资源群体能力而言，这是非常不合理的。因此，重点是要培训HRBP更多地以洞察力为导向，而不是以直觉为导向，并让他们将分析视为其工作的核心部分，而非一项可有可无、有则更好的能力。

推动变革的积极意义在于，人力资源领导团队将致力于开发一个受人才数据分析驱动或领导的功能。核心业务依赖于数据，对信息和洞察力有着巨大的需求，因此被问到的关键问题是：为什么人力资源部门没有以更具战略性的方式使用人员数据和信息？奥利的到来是一个关键信号，他作为全球分析团队主管领导并让各区域的人力资源团队向他汇报，这表明了公司想要产出全球性的而非区域性的解决方案。

开启人才分析之旅

在人力资源部门开始推行更多基于数据的方法时，下列三个方面的因素推动了这一进程。

技　术

技术在全球分析团队内部很早就被提上了议程。因为公司显然需要找到一种方法来释放团队的能力，使其能够进行更有洞察力的高效分析，同时让技术为业务和HRBP赋能，以便实现他们访问数据并进行自助服务式的基于核心数据的商业智能化。Visier平台是基于以下标准进行选择的。

- 整合多个数据源。在益博睿的案例中，有多达九个不同的系统，集成到甲骨文系统可能需要12~18个月才能完成。Visier平台每月对数据进行整合，使团队拥有了"单一来源的真实数据"，所有数据都集中在一个地方并以直观且便于理解的方式进行展示。
- 专门构建的人力资源系统。至关重要的是，任何系统都是为人力资源部门的人才数据构建的，而不是其他一些基于商业智能的解决方案和可视化工具。早期的一个挑战是，整个企业针对各种术语的完整定义（比如辞职）并未达成共识。分析团队根据其在其他组织和环境中的经验提出了明确的定义，以便能够清楚地解释与标准和各种人口统计数据相关的决策并快速向前推进。
- 产出质量。整理和打包产出的方式至关重要。Visier平台使用一个名为"话题指南"的工具，该工具允许人们提问或使用预先构建的问题。系统在数据分析过程中使用图表和可视化视图来回答这些问题。这要求HRBP有能力向自己提出10个与所辖业务范围相关的核心问题。

战略协同

战略协同被视为其人才分析方法的核心部分，它将确保人才战略和业务战略的协同清晰可见。一个简单的关键绩效指标仪表板由10~15个关键指标组成，这些指标与战略一致。这又是一个变革的信号，因为尽管管理信息仪表板已经就位，但它们并没有与关键的业务需求保持一致。这种方法开始改变关于测量的思维方式，也引发了关于什么是重要的以及什么需要报告的争论。

通过预测性分析展示可能性

关键的环节是，向企业展示可能性的艺术并向人力资源团队强调可以做什么。由于益博睿天然的业务属性，众所周知，如果该业务参与进来，那么它将加速所有需要完成的工作。

虽然人才数据分析有其独到的优势，甚至有时还会发现商机，但这并不意味着掌握基础知识后再进行各种类型的分析适合每个组织。益博睿就是其中的一个例子，因为数据分析作为其核心业务之一，公司内已经有许多数据科学家遍布整个业务领域。

奥利的团队与他们进行了交流，并寻求创建一套基于关键业务问题的试行办法，当时的关键业务问题是人才流失。这种伙伴关系近年来持续发展并受到业届的一致认可。

实现变革

在引起了整个企业的兴趣并明确了与业务和人才战略相一致的清晰方法之后，下一阶段的发展集中在四个关键领域。

教育与分析意识

从2015年起，益博睿各职能部门更加重视教育和认知能力的提升。培训计划包括在线学习、工作坊式学习和线下学习，这些培训都集中在益博睿经营的商业领域。培训对象以HRBP为主，基于案例研究，向其展示了他们需要着重掌握的主题。

关键驱动因素是向他们传达以下信号：如果他们学会了这些基于数据的对话，他们也就能跟人力资源职能部门一起，向业务部门展示不同论点、业务成果和"增值"等话题。

报告需求与协作

在这一阶段，Visier系统已经被嵌入，因此重点在于，确定哪些是计划内的报告，哪些是临时的报告。通过减少对分析团队的依赖，系统会关注更复杂的潜在项目需求，而不是改进系统自动生成的报告。

此时，分析团队有必要加强与财务部的合作。这能够确保报告上去的核心数据口径统一，从而保持人力资源和财务部门同频。例如，一些企业发现，财务部称员工人数为"X"，而人力资源部称员工人数为"Y"——这是许多组织面临的共同挑战！分析团队应与财务部门一起举办研讨会和会议，识别差异，然后就如何培训各自的职能条线形成一致意见，以便向企业领导解释这些差异，从而就差异的原因达成共识。

事到如今，财务部门显然处理的是损益（P&L）数字，而人才分析团队关注的是员工数字，而财务部门需要依靠这些数字来提供人才洞见和数据。

分析工具和方法的演变

人力分析团队开发了预测减员工具，向业务部门推出此类工具并在多个地区进行试点。这种方式极具吸引力，以不同的数据使用方式提供了不同种类的见解，同时提高了业务部门的期望值！

分析团队获取数据的不同途径也在这一阶段得到了探索。数据获取途径涉及更多的定性数据和洞见，比如员工调查、社交媒体信息及Glassdoor和领英的信息。这反过来导致了分析团队能力要求的转变。在这一点上，团队必须有很强的技术数据导向，但是随着越来越多的预测性工作的出现和沟通形式的日益丰富，公司对于咨询的需求越来越多，而这些需求要通过培训和为团队招募人才来实现。

持续教育和学习

持续进行的教育计划和支持手段需要与时俱进，重点对象仍然是HRBP，不过已经扩大到人力资源中心和人才引进与考核团队，以此来明确他们如何在其职责范围内更好地使用数据。

虽然解决运营挑战是这一学习计划提出的目标，但未来对员工招聘的增长需求以及将薪酬数据与其他人员实践的数据结合使用的需求，意味着业务挑战需要这些团队具备更高水平的数据洞察力。

展望未来

过去五年的劳动力或人才分析之旅充满挑战和不确定性，但非常成功。这意味着数据和洞见在用于推动问题解决以及人力资源职能部门业务合作的方式上有了彻底的变化。展望未来，有一些核心计划将基于现有的基础设施和方法运行起来。

劳动力预测分析商业化

在过去几年里，分析团队在企业内部的全球业务机构中推出了人员流失预测工具（流失率从15%降至12%）。因为大家都认为该工具在工作方式上具有创新性和独特性，所以商业化的提议应运而生。后续分析团队联系了几个外部客户，在他们那里成功试点后，该解决方案便作为一种商业产品推而广之。2019年，其他组织也可以购买该产品。[1]

这一工具及其他工具的成功应用也在益博睿2019年的年度报告中正式展示，同时该团队入围了公司的全球创新奖。分析团队无疑是在推动开发一种以创造利润为基础的方法，而不是让职能部门充当成本中心的角色。

创新实验室

由于在人才分析的旅程和对外发布商业化工具方面取得了重大进展，我们期待着这种势头能够持续下去。现在，一个探索和突破界限的实验室已经建立起来，目的是寻找下一个可以在内部开发的预测工具并着眼于后续的外部应用。

机器人流程自动化

现在，一款机器人加入团队并与团队成员并肩作战，它基于机器人流程自动化（RPA）的计算机程序，努力降低团队面临的困境和难题。它一天24小时都在工作，主要是整理报告（每天40～50份），然后通过电子邮件发给客户。这可以节省大约一半的全职员工工作量。

奥利·布里特内尔相信，分析团队的成功归因于以下两个因素。

- 那些受益于数据分析的高级主管强有力的业务支持，以及人力资源助力计划实施的强大领导力。
- 一个非常有能力的分析团队，该团队的作用不仅仅是设计模型，还要确保业务收益的实现。

关键总结

当奥利·布里特内尔回顾这段进程时，他认为主要有如下收获。

- 不要受分析成熟度模型和方法的约束，这些模型和方法限制了数据分析的灵活性。寻找机会，将兴趣点放在那些可以形成创新型人力资源主张的分析上。
- 注重做好高质量数据和基于技术的基础设施之类的基本工作。
- 让人力资源群体尤其是HRBP接受基于数据的分析方法是至关重要的。这是一个循序渐进的过程，还没有哪个一次性的活动能够使人立即转变心态。
- 确定合适的利益相关方（不一定是最资深的），他们不仅要对人才分析的方法感兴趣，而且更重要的是，一旦人才分析开展起来，他们将捍卫流程的价值并挑战他们的同行。

- 确保分析团队（或承担工作的个人）具有咨询技能，并在数据分析业务和人力资源领域具有创新性和引领性。

www.experian.com（存档于 https://perma.cc/JYG7-VVT8）

作为这一领域的局外人，益博睿将人才分析议程提升到了一个新的高度，它在过去几年运用积累的专业知识将人才分析领域变成了一个利润中心。并不是所有的组织都渴望这样做，甚至不屑于采用这种方法，但对我们来说，它向我们展示了未来将大有可为。

本章的关键要点

- 倾向于进行四种类型的分析：描述性的，关注已经发生或正在发生的事情；诊断性的，揭示数据背后的根本原因；预测性的，关注未来可能发生的事情；说明性的，侧重于建议和根据基于证据的预测制订业务计划。
- 我们的每个案例研究都揭示了相关公司独特的学习进程，都专注于制定战略、关注组织文化、制定符合业务需求或兴趣的方法以及确保所有人力资源从业者都具备执行分析流程的能力。
- 没有什么"适合一切"的方法能将分析工作落地到你的人力运营业务中。
- 无论你用什么样的分析成熟度模型来回顾你的分析进程，它在连续性方面都有可能遭遇挑战。这是一个框架，你需要用它来考虑什么在起作用以及需要做什么来推动自己的进程。

参考文献

1. Experian (2019) Workforce Analytics for Staff Retention, *Experian* [Online] www.experian.co.uk/business/analytics–and–decisioning/advanced– analytics/workforce–analytics–for–retention/(archived at https://perma. cc/32WJ–RQHZ).

第八章

交付人才数据分析项目

我们已经概述了人力职能部门面临的一些外部挑战，并就需要改变什么以及如何改变谈了一些看法。此外，我们还分享了一些组织成功开展人才数据分析的故事，你会发现实现目标并非只有唯一的路径。

现在，我们将重点放在一些基础架构的参数上，这些参数将把数据和更多的分析方法嵌入你及组织的工作方式中。

本章包括：

- 培育一种数据分析文化：我们在研究中发现一个潜在的问题，即组织的文化既可以帮助也可以阻碍数据驱动。

- 如何成功运作人才数据分析项目：运作人才数据分析项目并非只有一种方式，我们概述了一些成功的关键要素。

- 避免人才数据分析项目失败：人才数据分析项目并不总能成功，开展这样的项目也并不意味着问题一定会得到解决。数据本身更不代表问题已经解决。我们分享了一些未能按计划进行的项目经历。

培育一种数据分析文化

什么是组织文化

文化是一个复杂的话题，但也是一个模糊的术语。文化是一套构建组织并决定其运作方式的行为、价值观、艺术、奖励制度和仪式。有人认为，文化解释了"没人盯着的时候会发生什么"。在拜访一家机构的时候，你可以"感受"到它的文化，因为组织文化常常通过人们的行为、热情和他们的工作场所表现出来。

无论你如何定义文化，它都是高管越来越关注的重要话题。英国特许人事和发展协会的研究与人才数据分析主管埃德·霍顿表示："在过去五年里，公司高管层特别关注文化和行为方面的问题，而这些问题只有那些拥有丰富数据的分析团队才能解决。"已故的管理学大师彼得·德鲁克对文化的描述被广泛引用，他说："文化能把战略当早餐吃。"德鲁克认为，一个组织的文化通常会挫败任何想要实施与该文化不相容的战略的企图。

如今，大多数企业领导者都希望看到数据在整个组织中得到充分应用，尤其每天都有人或组织在收集大量数据的情况下。看看像谷歌、脸书和亚马逊这样成功的精通数据应用的组织，你就会明白为什么众多公司的领导者都想复制它们的企业运营方式了。这些公司建立和培育的数据驱动文化提高了它们的业务效率与工作有效性，这种文化让员工可以随时随地利用数据解决问题。

文化和领导力

透彻理解组织文化可以帮助人力运营部门解释许多组织现象，因为文化可以促进或妨碍组织的有效性。重要的是，我们要理解领导力是组织文化形成、改变或毁灭的基本过程。

文化和领导力是同一枚硬币的两面，两者都有一定的理解难度。领导者所做的唯一真正重要的事情是创造和管理文化，让人们认识到管理文化是他们的战略举措之一。[1]

因此，组织文化是一个社会控制系统，其中的共同期望可以指导人们的行为。[2]英国拉夫堡大学副教授安迪·贝利告诉我们，他最近与一位参观过特斯拉汽车制造厂的几位同事进行了谈话，据他了解："这非常有趣，因为工厂里没有人认为特斯拉是一家汽车公司，他们认为特斯拉是一家能源管理公司。"

人们认为，与其将特斯拉看成一家汽车制造公司，不如说它在以不同的方式进行能源管理，并因此而创造性地思考问题。将斯拉人可能考虑的不是改进汽车，而是如何以不同的方式再利用能源，并通过领导力和人力运营将它们融入文化中。

构建一种数据驱动的文化

从我们的研究和发现来看，除了需要投入大量的时间、努力、金钱和精力之外，组织并没有简单的方法来创建数据驱动的文化。我们想要说的是，不建议大家复制"最佳实践"。[3]我们对文化变革计划的建议包含以下七个主题，它们可以作为你分析之旅的一部分。

- 你的出发点是什么？评估与理解当前文化中的思维和行为模式至关重要。它能告诉你从哪里开始，也能帮助你理解需要什么样的转变来支持一种新的运营方式。

- 未来文化愿景：从系统和行为方式的角度来看，你的未来文化理想状况下是什么样的？如果从一开始就评估了组织文化，你就会有一个框架来区分哪些需要改变以及为什么需要改变。

- 不要孤立地看待文化：文化是组织系统的一部分，包括目标、价值观和战略，并且必须有一个可衡量的结果来支撑这种努力。这可能包括提高安全性、加快产品周期或改善员工福利等方面。

- 成为榜样的高管：你的领导团队必须准备好让自己沉浸在数据中，并举例说明其希望组织效仿的行为。请记住，你的高层领导者最有可能破坏或捍卫你所渴望的文化。[4]

- 大变革：组织要制订一个行动计划，尝试确定一个重要的且能引起全体员工共鸣的象征性文化变革倡议，然后严格执行。从这里开始，组织通过其他大大小小的计划来支持这一变革和强化人们对未来的期望。

- 问题和挑战：组织要确保关键的文化拥护者继续提出关键的问题，"如果我们的文化应该是X，为什么我们继续做Y？"。

- 价值观、文化和战略一致性：价值观、表达价值观（文化）的规范以及基于这些价值观建立核心能力的具体态度和行为之间需要具有明确性与一致性。

评估要素至关重要，但并不意味着一定要查看员工敬业度调查并试图从中得出文化结论。它是用来衡量敬业度的，而不是文化，因此不要期望从它那里获得从未被设计过的洞见。

动态能力

能够展示出及时响应、创新以及管理能力的组织与其竞争对手相比，具有独特的竞争优势。行业专家观察发现，在没有理解数字技术并将其融入员工能力的情况下实施数字技术实际上是不利的，主要是因为人类适应技术的速度很慢，而且天生就对变化有抵触。[5]

人力运营部门应该处于引导组织理解和增强其动态能力的最前沿。我们所说的动态能力是指"通过加强、合并、保护以及在必要时重新配置企业的无形和有形资产来感知和塑造机会与威胁，抓住机会并保持竞争力的能力"。[6]

考虑到并非所有努力都会有成果，组织应该鼓励其员工进行实验和尝试新事物，这样才会变得更加灵活。以英国折叠自行车制造商布朗普顿（Brompton）自行车公司为例，该公司拨出了5万英镑的专项资金，让每位员工都可以尝试新事物和进行实验。鼓励团队跨职能工作，并为他们热衷的想法制作样品。由于新想法是从失败中试验和学习来的，所以布朗普顿能够评估市场中的机会，而不需要将其所有的资产和资源全部投入一个可能会也可能不会结出果实的领域。如果它不能产出成果，那也没关系。如果它有成果，团队就会获得更多的资源来开展大规模行动。

这是布朗普顿自行车公司能够推出一些极为成功的产品的关键策略。所有这些方面都真正融入了布朗普顿的企业文化，以促进员工具备实验性和灵活性。从变革管理的角度来看，这推动了快速成型技术和敏捷决策，它们是释放动态能力以便为组织创造价值的核心要素。

在这种情况下，人力运营部门拥有的机会是创造一种环境和文化，让员工能够培养自己的技能，并保持敬业度和积极性，朝着共同的组织愿景努力。布朗普顿自行车公司的案例研究探讨了数据在构建和衡量组织价值中的作用。

案例研究

布朗普顿自行车公司：数据在业务增长中的作用

从英国起步

布朗普顿是典型的英国产品，是热情的自行车手兼工程师安德鲁·里奇的发明。1976年从剑桥毕业后不久，里奇在自己的公寓里制造出第一个原型。多年来，布朗普顿为折叠自行车爱好者开拓了一个细分市场。折叠自行车是在布伦特福德的一个铁路拱门下生产出来的，然后搬到了现在位于格林福德的制造厂。

2008年，威尔·巴特勒·亚当斯成为布朗普顿的首席执行官。2019年，威尔团队的营业额从170万英镑增至4 300万英镑，利润为340万英镑。2020年，销售额有望达到5 000万英镑。在威尔加入公司的2002年，布朗普顿只有24名员工，每年生产7 000辆自行车；而它现在有超过350名员工，并计划在2020年生产50 000辆自行车。这款自行车可以把不同的颜色、车把、齿轮、车灯和其他配件做排列组合，总共有160亿种组合方式，每款布朗普顿自行车都可以完全定制，在伦敦就能组装出来。

重新发明车轮

如今，布朗普顿自行车成了一种生活方式的象征，它将来自不同文化和地区的人联系在一起。一位热心的品牌传播者认为，布朗普顿品牌如此特别的原因在于它将人们团结在一起，超越了性别、种族和宗教的界限。布朗普顿是英国为数不多的成功的私营企业之一，它的产品在全球44个国家销售，80%的自行车（被称为"折叠家族"）用于出口。

毫无疑问，威尔成功地将布朗普顿带到了新的高度，他的哲学是："这一切都是关于人民的集体知识。"布朗普顿的与众不同之处在于，它的文化鼓励在各个部门利用分析来优化业绩。

质量胜于数量

布朗普顿在车间使用电子表格收集数据。这些数据每天都会收集，公司每周对其进行分析，以获得平均业绩和"焊接"——将自行车车架组合在一起的金属连接过程——数量。多年来，布朗普顿一直在设法根据其收集的数据来确定预期的生产率水平和产品质量。

平均值在生产力中的重要性

就生产而言，工程部门会列出需要生产的零件数量，例如平均需要10分钟将自行车的主车架焊接在一起。这意味着焊接工在一小时内预计可以完成六个车架的焊接。然而，如果有一天他们平均每小时只完成了五个车架，而第二天他们平均一小时完成了七个车架，那么他们可能仍然是达标的，因为数据是按周分析的。

六个车架这一标准本质上是一个平均值，它是基于布朗普顿多年来的观察形成的一个可接受的质量和生产率水平，这一水平实际上是多年来广泛的数据收集和提高焊接效率的结果。

为什么要收集数据

员工能够做到每小时焊接六个车架，因此布朗普顿得以通过它的企业文化宣传质量胜于数量这一理念。改变收集数据的文化及人们对收集数据的感受是一个复杂的过程。业务流程负责人尼古拉斯·杜姆表示，当你开始记录已完成任务的数量时，员工总是因害怕而加快焊接速度，因为他们此时关注的是数量而不是质量。

杜姆认为，让操作工理解布朗普顿为什么要收集数据非常重要。能理解生产过程中达到数量是至关重要的，但主要信息总是和质量有关，并不是数量。他认为，应该在操作工之间传递这样的信息：如果以更高的质量完成生产，那么数量减少5%是可以接受的，而不是只关注要生产的车架的数量，以此在提高效率的同时强化产品质量。

安全第一

2013年，尼古拉斯观察到车间里安装了一个巨大的仪表板，上面写着"成本、交付、数量和安全"。他向管理层指出这些信息的传递顺序是不对的，正确的顺序是安全、质量、交付和成本。经过长时间的讨论，管理层修改了仪表板，更正了信息的顺序。

如今，这些信息正在推动布朗普顿的文化变革。人们会无意识地浏览这类信息，也能更清楚地理解组织的优先事项。工厂的董事会为员工提供了可视化支持，让他们明白在布朗普顿最重要的是员工的安全和产品质量。这些因素驱动了公司的文化，随着文化的发展，员工真正理解了组织的优先事项，以及为什么有些事项会以特定的方式传达给他们。这创造了一种透明度，让员工明白他们正在以正确的方式和标准做正确的事情。

数据带来变化

布朗普顿最初是使用电子表格收集数据的，但在过去两年里，公司在这方面进行了改良和加强。现在，数据是通过平台和移动App（应用程序）收集的，然后导入电子表格中，使用微软Power BI软件进行分析。这些数据已经收集了两年多，现在已经与Power BI关联起来，也搭建好了仪表板。布朗普顿目前还在整合财务数据，以建立一个人人可以访问的更清晰的仪表板。

数据质量

布朗普顿记录数据的方式，使其对任何特定时点生产线上发生的事情更加清楚。公司有许多小系统不仅用于数据收集，而且比以往任何时候都更多地使用数据来做决策。管理层收集交货数据、准时生产的数据及首次生产和返工的数据。这些数据能使公司提高自行车的生产质量，并使其能够就产品交付时间或运输安排等做出合理决策。

销售分析

多年来，布朗普顿管理层收集销售数据的方式已发生了变化。现在，公司还会进行更复杂的全球预测。例如：公司已经认识到，通过小规模实验和试点，公司可以做出更好的本地化的商业决策。布朗普顿10%的产品出口到日本，销售数据表明，所有的日本自行车都需要配置一个标准座椅，而不是伸缩座椅。

这一小小的洞见使销售部门能够在早期阶段就得知供应链团队应该为日本生产的自行车数量，从而确保公司接下来可以生产正确的产品——标准座椅。这些数据为销售预测、生产流程和供应链之间建立关联提供了信息。

尽管当前的数据流程需要手动完成，但这是可行的，因为全体员工都了解数字，知道如何配置它们，也适应了基本数据需求。

精通数据的员工

布朗普顿强调，其大部分员工适应在工作中使用数据和基本的Excel操作（比如计算和分析数据的透视表）对数据进行比较并从中发现模式和趋势。员工如果不具备这种能力，那么将无法理解系统告诉了他们什么，也无法查询哪些数据可用。员工如果没有计算能力，就不得不在基础工作上花费大量的时间和资源，而这些工作给流程带来的价值有限。

布朗普顿鼓励管理人员引导和挑战公司员工，帮助他们变得更加精通数据。操作工可以挑战其他部门（如销售部门），要求它们提供新的预测，以便其他部门在预测时考虑操作环节的计划流程与组件订购等。操作团队面临的挑战是收集更多相关数据和进行更好的数据分析，所有这些都围绕着标准、质量、数据和成本方法展开。

从设计驱动开发到以人为本的设计思维

有更多的人参与到新产品设计（NPD）和新产品信息（NPI）流程中。此前布朗普顿更多是设计驱动，从最初到新产品发布之日的整个过程总有波折。

如今，布朗普顿鼓励每个部门了解产品，参与新产品设计和新产品信息流程，并在此过程中提出意见。现在是把整个组织的所有知识和洞见汇集在一起的时候了，布朗普顿的业务已经从一个设计驱动的开发过程转变为一个更加以人为中心的、基于设计思维的计划。

现在，布朗普顿已在设计者标榜的伟大设计和设计的实际价值之间取得了更好的平衡。

关键知识

- 人力资源从业者的角色：尼古拉斯认为，人力资源部门不仅需要了解数据，还需要领会数据对企业的重要性，比如员工需要如何处理数据、如何收集数据以及如何在工作中预测数据。他认为，招聘在今天至关重要，如果有人不适应在工作中使用电子表格，企业雇用这样的员工就承担着很大的风险，因为他们不会质疑数据，也不会尝试用数据来做事。

- 变化：整个数据流程都是由变化支撑的。布朗普顿在过去的五年里有了很大的发展，尼古拉斯相信："改变从来都不是一件容易的事，因为改变需要来自做这份工作的人。虽然你不能强制推行变革，但你需要确保人们做好准备。"全体员工都要有改变的意愿并能接受新事物，而且必须准备好将改变带入企业。

- 数据之旅：尼古拉斯认为布朗普顿在其数据之旅中不会做太多不同的事情。他认为，这是一系列的步骤，有些步骤微小，有些步骤重大。试图实现基于数据的大规模流程变更是很困难的，并且可能会带来比公司现在想解决的问题更多的挑战。尼古拉斯说："在布朗普顿，数据告诉我们下一步该做什么"。

www.brompton.com（存档于 https://perma.cc/H29E-MS5N）

我们从这个案例中收获的主要经验包括如下三个方面。

- 布朗普顿建立的数据驱动文化用了好几年才被员工接受，这需要一系列持续的文化变革来将这种文化融入组织中。
- 在这种情况下，招聘精通数据且有过类似实践经验的员工将有助于促进文化转变。
- 布朗普顿这种动态的且员工高度参与的战略已经让它发展成一个通过专业知识、反馈和基于数据洞见创造价值的组织。

下面的案例研究强调了文化要求的变化——在这种情况下，银行需要更加创新才能保持竞争力。要释放这种潜力，公司需要采用数据分析方法。

案例研究

文化及其对创新的影响——这"符合目的"吗

商业问题

本案例研究源于一段失败的银行创新历史。当时，客户对于数字银行业务的需求不断增长，并被金融市场视为关键的竞争动力。该银行曾试图实施一系列举措来促进更有效的创新，但这些举措并没有达到公司所希望的效果。

因此，公司的战略团队被要求弄清楚为什么银行在创新中苦苦挣扎，公司还成立了一个洞见团队来应对这一挑战。一个潜在的问题是，这些团队没能弄明白创新对于一个组织来讲意味着什么。

过　程

洞见团队应用益普索（iPsychTec）技术公司的文化范围工具，进行创新相关的文化诊断和分析研究以解决上述潜在问题。公司了解到创新的两种方法：一种是战术方法，另一种是战略方法。

在完成评估内容的映射流程（mapping process）后，洞见团队接下来就要从创新团队那里收集数据，看看他们是如何评价战略创新的定义的。这些洞见引发了许多与工作场所相关的问题，人们认识到创新需要管理两个方面的战略能力，即适用于创新团队的更广泛的业务范围和具体的工作场景。他们与公司的执行委员会和创新团队的条线经理讨论了这些洞见。

调查的结果

该银行将战术创新视为"此时此地"救火式的解决方案，它自己也卷入了这种创新模式里。战略创新是银行改变其运营方式所需的模式，并且能推动公司在行业中不断创新。表8-1总结了战术和战略创新的有关特征。

表8-1　战术和战略创新特征

战术创新	战略创新
标准化	灵活的
温和的	激进的
战术的	战略的
一致的	不一致的
连续的	同步的
巩固型	变革型
内部焦点	外部焦点

　　根据战略创新的定义，我们收集了在公司创新实验室工作的 382 名员工的数据，以及在实验室以外的员工的数据。根据管理者的评分，这些员工被视为潜在的创新者。

　　这些数据体现出他们有如下几个明显的特征。

- 符合战略创新的定义。
- 与一般员工的形象非常不同。换句话说，那些承担创新任务的人已经达到了战略创新需要的潜力。
- 表明问题显然出在工作场所，而不是人。

　　这带来了如下两个清晰的洞见。

- 公司的创新者对工作场所的看法与其他员工对工作场所的看法非常一致。鉴于员工形象和战略创新的工作场所间存在巨大差异，工作场所显然是创新的潜在障碍。这就提出了问题："我们如何帮助创新者应对工作场所的挑战，以便实现他们发起的创新？"
- 除了这一障碍之外，创新者在工作环境中还面临另一个挑战，因为他们自己的工作环境要与组织内更大范围的群体有紧密联系。这就引出了另一个问题："我们如何为创新者创造一个更有效的工作环境？"

　　公司执行委员会收到的调查简报使其意识到，有效创新所需的工作环境与更大业务范围所需的工作环境也是非常不同的。这使得执行委员会批准了为公司的创新者构建不同的工作环境。换句话说，我们构建、组织和奖励创新者的方式必须区别于现在的运作方式。

下一步是弄明白这对实践意味着什么。为此，价值工作组将公司的创新者召集在一起进行了为期三天的讨论，讨论的议题是成为创新者意味着什么，以及在公司中成为创新者的挑战是什么。

- 参与者被要求讲讲他们是如何看待自己的，结果与文化范围工具调查的结论完全一致。这么做是为了让参与者放心，他们对自己的才能有清晰和共同的理解，并且这符合公司对战略创新的定义。

- 然后，参与者被要求讲讲他们对工作场所的看法，结果同样几乎与调查结论一致。这被用来向参与者表明，他们作为一个群体和其他员工对公司的看法是一致的，对公司作为工作场所的看法也是一致的。接下来就要讨论公司如何支持他们管理其理想和现实之间的差距，也就是人和更广义的工作场所。

- 在建立了关于创新的具体行为和挑战的框架后，参与者受到鼓励去和其他公司的人一起探讨这些问题，例如与金融科技公司进行的短期配售。参与者获得授权去探索其他公司如何识别、开发和奖励它们的创新者，以及如何支持这些创新者应对更大范围的组织采用创新的挑战。

- 本次会议收集的数据随后被分享给负责管理公司创新者的经理。这次讨论中确定的一个具体行动是，在公司大范围使用的流程（如审批流程）会阻碍那些执行创新任务的人。这就带来了新的问题，如何在组织内的创新群体中开发和实施快捷流程，即区分创新团队和群体的运营流程与公司更大范围中使用的运营流程。

- 从该项目中得到的最后一个启示是，更大范围的组织所代表的工作场所必须改变才能有效激发创新，因此组织应该鼓励一些具体的行为。

结　果

　　该项目的主要成果，特别是由数据和分析研究推动产生的成果包括如下几个方面。

- 澄清了公司希望推动的创新类型——战略型，而非战术型。
- 明确了公司需要的人才是能实现战略创新的人才。
- 明确了问题所在——是工作场所，而不是员工。
- 明确了如何管理更广泛的工作环境、组织中现有的工作实践和提高创新群体绩效所需的工作实践之间的紧张关系，主要管理事项包括关键差异及为什么需要保留一些差异。
- 创造一个创新群体的平台——利用数据向人们展示他们拥有共同的才能和对挑战的理解。
- 以更有效的方式对管理公司创新者的人才进行培育的平台——这些人才拥有我们需要的东西，但在发挥他们的才能方面，公司存在许多障碍。
- 明确如何缓解更大范围的组织和促进创新之间的紧张关系，如何使创新者管理这种紧张关系，以及在更广泛的组织中促进更有效地采用创新的目标行为。

　　由益普索公司的文化范围工具提供信息：https://ipsychtec.com/culturescope/（存档于 https://perma.cc/UDV8-ZTJR）。

　　我们从上述案例中获得的主要经验包括如下四个方面。

- 对文化的评估明确了人才数据分析行动和变化的下阶段工作。

- 人才数据分析可以成为改变文化和理解员工对于在组织中工作的看法的一种方式。
- 全体员工有高水平的敬业度对于分析方法的任何改变都至关重要。
- 文化变革是整个工作场所中各种行为的变化。

　　下文是另一个基于人才分析的案例研究。这一次，在外部监管力量的推动下，组织仍然需要改变文化。

案例研究

创造负责任的文化，采取可持续、受监管且合规的工作方式

业务问题

　　英国的一家中小型阿拉伯银行需要向金融服务监管机构金融行为监管局（FCA）证明，它已经完成了对风险承担流程和风险合规活动的全面审查，并且已经制订了明确的行动计划来紧急解决根深蒂固的文化问题。

　　这家银行虽然开展了敬业度调查，但认为该调查无法明确指出员工敬业度得分低的驱动因素或原因，这被视为风险合规性和风险缓释水平不足的潜在根本原因。此外，事实证明我们很难将这次调查的结果与具体行动联系起来，而这是本组织转型计划的一部分，非常必要。

过　程

　　文化范围是来自益普索的文化诊断和分析工具，用于评估个人在整个组织中是如何行为和响应组织文化的。团队收集了基于行为的调查数据，完成率为80%，并通过三个焦点小组和对执行委员会成员的12次个人访谈

获得了所需的洞见和数据。

调查的结果

团队从三个不同的数据集得到了一些洞见，确定了以下三个优先事项并与监管机构做了分享。

领导团队：风险管理

- 过度的指挥和控制文化表现为指令并不能得到始终如一的支持，并且导致员工对规则产生困惑。
- 不一致或独立的工作方式较为明显，缺乏团队合作。
- 缺乏充分的决策机制，导致风险增加。

价值观

- 组织作为一个整体没有"说到做到"，这导致规则不一致。
- 诚信、团队合作和缺乏推动变革的能力是令人担心的关键问题。
- 员工没有理解创新的必要性。

变　化

- 有太多的变化是很明显也经常被看到的，因此团队要保持稳定性。
- 高管团队缺乏与员工的持续沟通，尤其是在裁员的问题上。

结　果

监管机构进行了内部审计，强调管理层已采取积极措施来衡量和理解文化，然后根据文化和行为分析推动变革的实施。在分析了数据调查结果后，团队重新制定了行为守则（见表8-2），以建立问责文化，重点是推动正确的行为、有效管理风险和提供清晰的领导。

表8-2 行动守则

领导力	行　为	能　力	价值观
塑造战略思维	发展 彼此尊重	驱动结果	以客户为中心
取得成果	可访问和可见的协作	领导力和影响力	团队合作
培养富有成效的工作关系	反馈授权	判断和问责	诚信 创新 卓越
体现个人驱动力和正直	管理冲突 参与式工作方式	知识和专长	
沟通时发挥影响力	表达和管理自己的情绪 承担责任	管理支配	
展示专业领导力	沟通 同理心 正直行事		
内部焦点	外部焦点		

这一方案的实施及对相关活动开展改进性监测的结果是，金融行为监管局取消了使银行无法继续交易的第166号通知。如果没有开展这项工作和基于分析对文化进行挑战，那么银行将不可避免地停止交易。现在，该银行的赢利能力有了显著提高。

由益普索的文化范围工具提供信息：https://ipsychtec.com/culturescope/（存档于 https://perma.cc/UDV8-ZTJR）。

我们从这个案例中获得的主要经验有以下三点。

- 对文化的评估界定了严格的行动计划，这对确保组织运作过程中产生行为改变而言是必须的。
- 倾听员工意见确保了我们对真实企业问题的清晰理解。
- 当试图诊断和改变组织文化时，人才数据分析可以改变游戏规则。

改变文化不是一件容易的事情。我们知道，市场业绩超越竞争对手的组织更有可能同时拥有强大的领导力与大众化的数据访问和使用权限，此外，数据驱动型组织在赢利能力方面更有可能超越竞争对手。[7]其中的挑战在于，在了解你该从何做起的同时，如何以可持续和吸引人的方式推动组织走向数据化。

虽然每一次的文化变革都是不一样的，但期望采用基于数据的方法没什么特殊的，应该像任何其他主要的组织倡议一样先进行规划。英国特许人事和发展协会研究与人才数据分析主管埃德·霍顿表示："我们如果要推动数据分析，让它成为企业思考和人力资源专业人士行动的核心部分，那么必须充分了解分析文化。"

如何成功运作人才数据分析项目

根据我们的经验，只有新手才会在没有计划的情况下贸然启动人才数据分析项目，简单地将自发性等同于敏捷反应！最成功的分析工作领导者不断向我们强调，在开始任何基于分析的项目之前，做好行动计划是至关重要的。计划可以让每个人都明白将要做什么，并确保你不会因某些消耗时间、资源和注意力的领域分心。

运作人才数据分析的框架

制订行动计划并不意味着你需要做大量案头工作。让我们回顾一下，作为一个人力资源、学习和发展或人才工作的从业者，你在与自己的业务领导者及客户互动的过程中可能已经做了什么。

现在的从业者开展工作的过程

图8-1概述了我们观察到的人才数据分析从业者通过广义的工作观摩和工作分析实施项目的过程。

阶段 1：问题的范围

- 需要解决的业务或人才问题是什么?
- 业务领导者和人力资源从业者对解决这个问题有什么想法?

阶段 2：研究、分析和确定解决方案

- 对问题进行研究或分析。
- 形成选项或解决方案，同事也会输入意见。
- 确定要分享给客户的建议。

阶段 3：问题解决

- 与客户讨论建议，获得他们的反馈。
- 确认商定的行动计划。
- 确保计划得到实施。
- 评估和总结从过程中获得的经验。

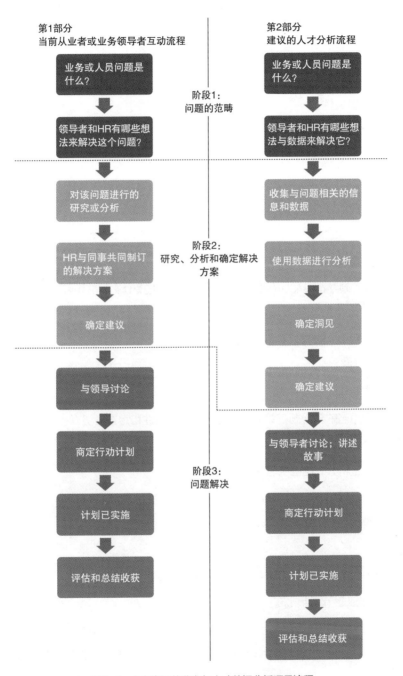

图8-1 人力资源从业者与人才数据分析项目流程

这是一个常见的流程，包括三个不同的阶段，明确地定位了从业者与业务领导者之间的关系，并使他们能够利用一些核心咨询能力培养人际关系技巧，这些技巧与HRBP角色以及他们每天面临的情景有很强的相关性。

建议的人才数据分析框架

基于数据的分析过程与你可能已经采用的典型的互动过程没有什么不同。

阶段 1：问题的范围

- 需要解决的业务或人才问题是什么？
- 业务领导者和人力资源从业者对解决这些问题有什么想法和可用的数据？

阶段 2：研究、分析和确定解决方案

- 收集与问题相关的信息和数据。
- 利用当前与问题有关的数据进行必要的定性和定量分析。
- 确定从分析中得出的洞见。
- 确定将分享给业务领导者的建议。

阶段 3：问题解决

- 与业务领导者讨论这些建议，给他们讲故事并取得他们的反馈。
- 商定的行动计划。
- 确保计划得以实施。
- 评估和总结从过程中获得的经验——提供了以更系统的方式嵌入解决方案的机会，将来再发生此类问题时可以套用解决方案。

这个三阶段流程被锚定在已经生效的同样的业务领导者与人力资源从业者关系中。这种差异天然地与数据的可访问性有密切关系，即何种质量的数据是可用的，或者可以获得何种质量的数据来帮助理解正在调查的问题。分析过程更为全面，对问题进行评估所引发的洞见可以产生值得认真考虑的问题解决方案，尽管这个过程并没有什么不同。

整个过程中需要持续获得利益相关者的支持，因为随着项目的推进，他们可能会考虑其他问题。我们很容易做出假设，或者很轻率地认为数据支持了你或利益相关者的先入为主的想法，但这可能意味着你错过了与解决问题特别有关的东西。

你应该始终努力确保找到问题的根本原因，因为你永远不能假设自己的分析第一次就抓住了所有的问题。这可能意味着你要与你的利益相关者及其经理一起工作，以真正理解正在发生的问题。这样做的结果是经理们会有不同的期望，因为你在他们的领域尤其是数据方面比你在自己的本职工作方面做得更多。正如利兹大学教授比尔·杰拉德在下文概述的那样，经理的敬业度只会越来越高。

思想领导力洞见

管理者与分析师一起工作

杰瑞米·斯内普，运动优势公司的创始人和总经理，与比尔·杰拉德有过交流。比尔是利兹大学的商业和体育分析教授，也是阿尔克马尔足球俱乐部的数据分析师

比尔的主要研究领域是体育分析，以及对个人和团队在循证教练方式

下的竞技状态的统计分析。比尔曾与世界各地的诸多精英运动队合作，包括与美国职业棒球大联盟球队奥克兰运动家队总经理比利·比恩合作，他对体育分析的应用在畅销书《点球成金》及同名好莱坞电影中得到了呈现。

高绩效咨询服务商运动优势公司的首席执行官杰瑞米·斯内普采访了比尔·杰拉德，谈了他对体育分析领域的见解，并提出了体育经理与分析师合作的话题。比尔的想法是这样的：

"我认为，最重要的是未来的领导者应该认识到分析可以做什么。他们需要了解分析可以帮助回答或提供指导的问题类型。这不是要让经理或教练成为分析师，而是让像我这样的技术人员来做分析。教练和分析师或者体育经理和分析师对问题及背景有共同的理解，这样分析师就可以把数据翻译出来，这是最有效的工作方式。

"分析师必须将管理者的问题转化为可分析的问题，然后再转化为建议。我称之为分析的TAR模型：

- 和管理者谈谈（T）。
- 分析（A）数据。
- 向管理者推荐（R）。

"所以，你知道的很多东西都是分析的硬技能、科学或统计能力。它们很重要，但更重要的是软技能——在分析师与管理者之间进行对话和思想交流的能力。没有这些软技能，你最终会遇到一个非常沮丧的分析师，他们常常认为自己做得很好。从技术上说，他们可能做得很好，但如果他们不能将其转化为实际行动建议——前提是他们实际上已经明白教练和体育经理想要做什么，那么你可以从技术角度进行世界上最好的分析，但这和不分析并没什么区别。

"这就是彼此能够交谈如此重要的原因。"

由运动优势公司提供：www.sportingedge.com（存档于https://perma.cc/ ML35-6XVT）。

避免人才数据分析项目失败

有目的性的分析是成功实施人才分析流程的关键。这意味着焦点必须始终放在解决对业务有意义的问题上，而不是做无关紧要的或容易做的事情。如果这是所有分析项目成功的关键原则，那么我们想在这里介绍一些有时会妨碍这一原则的问题。

随着企业对人才分析的兴趣持续增长，如今人力资源部门开始承受更大的压力。和兴趣增加随之而来的是压力，这意味着可能会发生错误。因此，表8-3、表8-4和表8-5中描述了我们在参与跨部门人才数据分析项目时发现的一些问题，包括入职、招聘、员工能力、学习、生产力、敬业度和基于员工经验的项目。

阶段 1：问题的范围

表8-3 问题的范围

挑战和问题围绕着	解决方案围绕着
将重点放在那些不是企业优先考虑的问题上，同时提供可访问的高质量的可靠数据	关注需要解决的业务问题，而不是高质量数据的可用性

（续表）

挑战和问题围绕着	解决方案围绕着
关注项目发起者和利益相关者不那么关心的问题	在继续项目之前获得他们的承诺
专注复杂的大型分析项目，这些项目需要大量资源，而且完成起来风险更大	考虑一种速赢的方法，以一种有组织的方式快速证明方案的可行性
没有定义好项目行动计划，试图等待成员在过程中自发行动，不可避免地会遇到"项目蔓延"的问题，其中还存在不合理期望	项目计划虽然有时令人沮丧，但它提供了需要的关注点和沟通

阶段2：研究、分析和确定解决方案

表8-4 研究、分析和确定解决方案

挑战和问题围绕着	解决方案围绕着
隐私问题。个人信息的滥用是项目实施过程中需要考虑的一个重要问题。员工越来越意识到他们的数据应该怎样使用，不应该怎样使用	围绕个人信息的使用建立明确的政策、安全保障、透明的措施和持续沟通
数据质量。不完整、不准确或不相关的数据集会带来挑战和时间压力	完美的数据是不切实际的，应关注哪些数据是可用的，并尝试用这些数据进行分析
不愿意购买。建立或借用必要的分析能力来成功推动项目	项目计划应明确需要哪些资源和能力。使用的技术不正确，分析就不会有用
无法访问适当的技术系统，以获得对项目来说非常宝贵的数据和自动化分析洞见	一系列技术解决方案可用于支持项目流程。调查并寻求外部同行、分析师和影响者的反馈

阶段 3：问题解决

表8-5 问题解决

挑战和问题围绕着	解决方案围绕着
专注于给客户演示冗长的数据内容	讲述数据背后的故事和已经获得的洞见。"少即是多"——用最多6到8张幻灯片传递信息
将接下来的步骤交给领导或经理	确保有一个明确的行动计划和共同的责任意识（人力资源从业者和管理者）
缺乏可展开行动的洞见	关注数据和结果的可操作性，以便向利益相关者提出切实可行的解决方案
从项目转移到另一个问题	确保进行复盘，不仅对流程进行评价，还要对实施的解决方案进行评估。这可以帮助持续改善

请记住你仅仅承担了一个分析项目，这并不意味着你永远能基于数据形成对业务的洞见。管理好期待，尤其是在分析初期，对任何项目的成功都很重要。

随着能力的发展，无论你是与企业已有合作的从业人员还是分析行业新手，你都要重视结构化项目的实施。这为你提供了一个安全网，以确保你执行的结果与预期相符。[8]

本章的关键要点

- 培育一种数据驱动的文化——一种随时随地利用数据的文化，是组织成功实施人才分析所必需的重要因素。
- 构建数据驱动的文化需要上下一致，如未来愿景、组织的运营模式及领导者期待的变化。

- 文化评估可以成为决定组织如何变得更加数据导向的重要工具，这有助于理解复杂性。
- 开发一个框架来承载人才数据分析项目，试图在没有计划或框架的情况下实施人才数据分析是行不通的。这一过程不需要与一般客户的项目有太大差异，其中唯一的不同是对用于研究和解决方案识别过程的数据的关注程度不一样。有了框架并不能保证成功，但是它会确保你有更大的机会产出高质量的项目成果。

参考文献

1. Schein, E H (2010) *Organizational Culture and Leadership* (2nd ed), John Wiley & Sons, Chichester and New York.

2. O'Reilly, C A and Pfeffer, J (2000) *Hidden Value: How great companies achieve extraordinary results with ordinary people*, Harvard Business Press, Brighton, MA.

3. Jaw–Madson, K (2018) *Culture Your Culture: Innovating experiences @ work*, Emerald Publishing, Bingley.

4. Collins, J (2009) Good to Great: *Why some companies make the leap and others don't*, Random House Business Books, New York.

5. Teece, D J, Pisano, G and Shuen, A (1997) Dynamic capabilities and strategic management, *Strategic Management Journal*, 18 (7), pp 509–33.

6. Teece, D J (2007) Explicating dynamic capabilities: the nature and microfoundations of (sustainable) enterprise performance, *Strategic Management Journal*, 28 (13), pp 1319–50.

7. Economist Intelligence Unit (2014) The virtuous circle of data: engaging employees in data and transforming your business, *Teradata* [Online]

http://assets.teradata.com/resourceCenter/downloads/WhitePapers/THE_
VIRTUOUS_CIRCLE_OF_DATA_EIU_Teradata_WEB.pdf (archived at
https://perma.cc/ KME3–E2M7).

8. Kenton, B and Yarnall, J (2005) *HR – The Business Partner Shaping a
New Direction*, Elsevier: Butterworth Heinemann, Oxford.

第四部分

展望未来

第九章

如何变得更加数据驱动和以人才数据分析为中心

如前几章所述，在人力资源社群中开发基于数据驱动的方法，对于这一职能未来的成功至关重要。英国特许人事和发展协会的研究与人才数据分析主管埃德·霍顿指出："英国特许人事和发展协会的研究表明，人力资源从业者在每一个层级尤其是高层从业者的分析能力上都存在差距。这不仅体现在技能上，也体现在信心上。这些差距给这一专业带来了真正的挑战，不过也带来了巨大的机遇。"

本章将为你分享如何开发内部分析能力，提供给大家一些基于发展的建议和想法。它们可以在你开始、继续或强化行为改变时提供帮助，这些行为改变是人才数据分析从业者在变得更加数据导向时所需的。

需要强调的是，这些方法并不是如每个人力资源工作者、学习与发展从业者及和人才数据分析师想象的那样，突然就能分析自己办公桌上的任何一份数据，而是强调采用更基于数据、更科学的方法开展工作。随着自助服务和基于人工智能的算法植入了组织的常规性工作，数字化最终可能会消除传统的人力资源知识和技能领域。[1] 由此产生的影响是，分析方面的新能力将变得比以前更加重要。

本章内容包括：

- 人力资源部门内外的故事：了解其他人力资源模块是如何改变和运用人才数据分析技术的——由此证明这种改变是可行的，以及其他部门如何看待人才数据分析发展带来的挑战。

- 进一步提高你的数据驱动能力：为了帮助你改变思维方式，我们基于人才数据分析四个阶段的框架提供了一些培养这方面能力的技巧。思维的改变可以帮助你赢得更多的可能性和机遇，而这些可能性和机遇是数据和数据分析方法带给你的人力资源角色和部门。

- 培养人力资源能力是企业的当务之急：在本章结束时，我们将概述为什么人才数据分析能力可能会成为你所从事过的最重要的自我发展内容。

聚焦于此使你能够思考：在繁忙的工作岗位上，你能做什么样的改变以及想做些什么改变，才能使数字与数据成为你和同事工作方式中不可或缺的一部分？未来的人力运营部门需要投资开发自己的人才，就像它支持企业更广泛地识别和开发人才一样。[2]

联合利华首席人力官莉娜·奈尔坚信，如果人力资源人员想要在与业务部门领导打交道时摆脱自我怀疑、树立自信和保持从容不迫，那么个人的学习敏捷度是人力资源部门的关键能力。她还认为，如果一个人每年在个人学习上的时间投入低于100个小时，他就会掉队。[3]

人力资源部门内外的故事

对于一些组织来讲，发展人才数据分析团队被视为缩小人力资源部门能力差距的一个方法。无论组织是否成立分析团队，对人力资源从业者尤其是人力资源业务伙伴角色，人才数据分析的视角都将成为一个关键挑战。

下面的案例研究概述了阿斯利康制药公司的发展历程，以及它为改变人力资源部门的行为而面对的挑战及采用的方法。

─── **案例分析** ───

阿斯利康：壮大你的人力资源部门和人力资源业务伙伴队伍，帮他们变得更加数据驱动

夏洛特·艾伦，组织发展、人力资源战略与分析全球负责人

阿斯利康是一家全球性的、以科学为主导的生物制药公司，主要业务在英国。该公司致力于突破科学的界限，为全世界数以百万计的病人提供改变命运的药物。阿斯利康公司在100多个国家雇用了大约65 000名员工。

变革的背景

这个故事源于2015年Workday项目的实施，该项目从核心人力资源和绩效管理两个模块开始。Workday项目为我们的员工提供了一个全球记录系统，让我们拥有了获取员工数据的统一方式，从而为我们进行员工分析和报告输出提供了基础。

我们进一步实施了Workday的附加模块，由此扩展了我们可以获取的劳动力相关数据及人力资源流程相关信息。例如：我们使用的Workday，为我们提供了招聘流程效率和效果的相关数据。

在实施这些模块的同时，我们改进了人力资源运营模式，以确保我们拥有适当的人力资源能力及组织结构来支持员工和条线经理。该模式中很重要的一点是人力资源部执行副总裁对本部门数据驱动的愿景，这导致了公司对人力资源部门人员特别是HRBP的能力建设的关注。其中，关键点是如何使用数据和相关洞见来制定并影响那些与员工及业务相关的决策。

开始一段旅程

我们在人力资源部门拥有独立团队，专注于员工分析、信息报告和人才数据管理。重组后，我们保留了这些独立团队，并将报告全球流程负责人的责任转移到了员工分析团队。

有一个从数据到报告再到分析的整体策略很重要，因为它们是连续统一的，你不能孤立地考虑这些元素。全球流程负责人的职责包括为人力资源流程设定愿景和战略，因此这意味着我们对分析和报告需要有一致的看法，我们与全球人力资源数据负责人进行了密切的合作，以确保我们所有人的观点保持一致。

在构建人力资源部门的能力上，我们开展了一系列全球人力资源能力电话会议。第一类电话会议是关于使用Workday报告员工相关信息的基本介绍。这些电话会议非常成功——考虑到我们需要覆盖不同时区，通常每场电话会议的参加者在200人左右，这在当时几乎占人力资源部门员工总数的50%。这些电话会议并不是强制性的，因此我们很惊讶有这么多人参加，这表明我们的员工有学习和掌握这些知识的欲望。

继续旅程

你可以采用以下关键举措来培养人力资源部门的数据分析能力。

全球人力资源能力电话会议

这些电话会议持续召开，虽然它们涵盖了广泛的主题，但也有一些会议只聚焦数据和分析，其中涉及的主题主要包括如下四个方面。

- 如何做出数据驱动的决策，以及举例说明我们的人力资源团队是如何做到这一点的。
- 讲故事，通过清晰简洁的分析将数据带到生活中。
- 员工队伍规划，以及如何使用数据做出能够满足不断变化的业务优先级和目标的员工决策。
- 介绍我们基于Workday项目开发的各种仪表板，以及如何在与条线经理的对话中运用它们。

员工分析门户网站

2017年，我们创建了一个包含员工分析和报告信息的门户网站。设计这个门户网站，主要是为了将分析和报告信息的范围扩大到我们在世界各地的所有人力资源团队当中。该门户网站包含视频、通话记录、信息、外部观察、建议和工具，所有这些都旨在帮助人力资源部的员工更好地使用数据驱动的方法。这一门户网站已成为提供分析和报告相关信息的一站式商店。

其中一个可用的核心文档是包含关键人力资源指标的专业词典，通过这个工具，我们就可以在全球范围内保持数据的定义和讨论方式的一致性。这意味着，在讨论营业额时，我们可以确保对其有明确的定义和建议。例如，如果你想手动计算该指标，那么你要如何使用和解释它，以及如何从中得到洞见。该门户网站帮助我们建立了一致性的基础，因此无论是在中国、俄罗斯还是英国，整个职能序列都在使用相同的语言进行讨论。在上线的前11个月，该网站获得了850位人力资源从业者的2 200次浏览量。

分析网络

为了进一步扩大我们的业务范围，并在我们的人力资源部门更善于做数据分析的成员中建立更强的能力，我们在全球范围内启动了一个劳动力分析网络。这对人力资源部门员工来讲是一个难得的机会，他们可以了解更多知识，而且有助于全球人力资源部门引入更先进的分析方法。我们之前的目标是获得约20名拥护者。现在，我们在26个国家已有80名拥护者，他们来自人力资源部门的所有模块，包括人力资源业务伙伴社群。

如果人力资源部里没有人是以数据为导向的，也没有人愿意与数字打交道（除了涉及工资或奖励等），那么这是极其危险的情况，但我们发现事实并非如此。有不少人力资源业务伙伴是数据驱动的关键拥护者，并且在持续培育这种能力。这确实鼓舞了人力资源部中的其他人，因为这证明了数据分析能力不局限于分析人员或"数据怪才"。

新的分析工具

阿斯利康人力资源领域中最大的一项改变是微战略（MicroStrategy）分析工具的发布。微战略是我们的数据分析工具，用于分析来自人力资源、员工或才相关数据等多种来源的数据，它为我们提供了超出 Workday 报告之外的额外分析和洞见。

自2018年这项工具推出以来，所有人力资源部的同事都被授予访问权限。使用者主要集中在人力资源业务伙伴群体中，我们还为他们提供了培训课程。在该工具发布后的9个月里，72%的用户至少使用过一次该工具，自上线以来，我们已经有超过3 000次的独立访问量。

劳动力分析伙伴

我们的劳动力分析团队是一个全球性的、集中化的团队。在过去的一年里，每个人力资源团队成员都可能成为我们业务中某一特定领域的同盟者。这样做有如下两个主要原因。

- 帮助分析团队掌握业务知识，以便我们能更好地依据业务价值的高低排列工作优先级。
- 继续在各类人力资源业务伙伴的领导团队中提升分析知识的能力。劳动力分析合作伙伴是作为更大范围的领导团队的一部分而存在的，他们进行定期的互动有助于人力资源业务伙伴了解数据和分析如何用于支持其工作。

人力资源领导层支持

在培育分析能力的过程中，领导者的支持是至关重要的。人力资源执行副总裁利用一切机会，通过在全球人力资源电话会议及当地人力资源会议上谈及数据驱动人力资源部门的重要性，并组织召开一系列年度会议来强化其重要意义，在这些会议上，人力资源业务伙伴以相关数据和分析为支撑，提出其所在领域的劳动力战略计划。这些集中的举措有助于：

- 确保人力资源部员工和人力资源业务伙伴理解使用数据的时间和方式。

- 培养员工分析和报告团队的能力，以便试验新的系统、方法和框架，然后与人力资源部的同事一起进行测试。

- 确保数据大众化成为现实，进而使现在每个人都可以以一种易于使用和访问的方式存取他们想要的数据。

展望未来

阿斯利康是一家建立在科学基础上的公司，我们的所有业务领域——研发、制造和销售——每天都会使用数据来做出决策，这在人力资源部门应该没有什么不同。

这是一个持续的过程，以促进人力资源业务伙伴用我们期待的方式使用数据。例如，在准备与业务领导会面之前，他们应该考虑以下三点。

- 商业问题：领导者优先考虑的事项是什么？

- 支持数据：哪些劳动力和人才数据与这些优先事项相关，我能为领导者带来哪些对他们有帮助的洞见？

- 衡量执行情况：当我们同意行动时，我们可以通过哪些数据说明我们是否成功？

员工分析团队之旅

我们的分析团队也开始了一段旅程，主要以报告为基础展开工作，这些工作聚焦于回顾历史趋势和响应数据需求，无论需要的是哪些数据。

我们团队的名称已经从人力资源分析改为员工分析，这反映了我们所提供的数据和洞见有更广的范围，关注重点也更多。人力资源评估及其指标仍然是团队工作的关键部分，但我们需要更广泛地考虑整个员工队伍。团队要持续创新，要么通过使用技术自动完成我们现在做的工作或提升洞见水平，要么通过新的分析方法来提供更多的见解。

总　结

在过去几年里，人力资源部门整体毋庸置疑地变得更加数据导向。现在，一些人力资源部门的同事自己会定期使用数据，形成洞见。不过，总有一小部分人还没能完全做到这一点，这就是使用数据的重要性需要被反复强调的原因。

也会有这种案例出现：要么是做了错误的分析，要么是"死于数据"，要么是图表被视为解决所有问题的方法，但事实上这些情况并不会经常发生，因为我们现在有了一个可以将这些错误发生概率最小化的基础架构。

www.astrazeneca.com（存档于 https://perma.cc/P7XE-89UX）

阿斯利康给我们带来的启发是，用好数据并不是一件容易的事，但从业者的不懈努力意味着他们已经在人力资源部门取得了巨大的进步，因为公司已经从1号框转到2号框，再到3号框或4号框（见第六章）。

公司发展所遇到的挑战强度需要不断增加，以证明更加数字化的方法对业务领导的作用和期望所创造的价值与机会。本案例中的支持性基础架构的创建和开发在组织内部的作用明显，我们还准备了可以给个人从业者和小型组织提供参考的其他支持性方法。下面的洞见就是来自人力资源分析协会（Analytics in HR，缩写为 AIHR）的。

我们将它的故事概括如下，并总结了其实施过程中获得的启示。

────── 思考领导力洞见 ──────

基于人才数据分析的教育需求在增长：人力资源分析协会的故事

埃里克·范·沃普恩（Erik Van Vulpen），人力资源分析协会创始人

───────────────────────────

2016年6月，南多·斯特恩胡斯和我成立了人力资源分析协会。它是目前世界上最大的人才数据分析社区，仅在2019年就吸引了超过100万名访问者。基于此，我们归纳了从人才数据分析领域学到的一些知识和独特洞见。

我们俩都活跃在人力资源技术领域，彼此都注意到其中一个正在兴起的主题是人才数据分析，即利用数据做出更好的人事决策。在最初的市场调查中，我们发现围绕这个话题存在很多错误的信息。大多数荷兰大公司的高级人力资源经理虽然都听说过人才数据分析，但并不真正知道它是什么。每当我们讨论这个话题的时候，大家总是问分析到底是什么，在内部可以用它们来做什么事，以及如果有商业案例需要采用，那么要借助什么工具来完成。

这些问题我们听过不只一两次，而是一直都在被提问。

我们分析了用户在谷歌的搜索行为中与分析和评估指标有关的关键词，以找到量化证据来证明人们对人才数据分析的兴趣。来自世界各地的人力资源专家每月都会向谷歌提出同样的问题数万次。有趣的是，随后出现在搜索结果中的网站并没有真正回答这些问题。于是，我们认为是时候

跳进这个知识鸿沟了，这就是 www.analyticsinhr.com 得以创建的原因。我们在网站上撰写文章来回答这些经常被问到的问题，进而迅速建立一个由人才数据分析从业者组成的社区，分享经验并回答彼此的问题。该网站在 2019 年每月有超过 10 万个会话，并且这个数字还在增长。

在回答有关人才数据分析的问题时，我们试图教会公司自己去完成分析工作。这意味着我们为数据分析从业者提供了一个分享经验的平台，并编写了详细的自助指南。自 2014 年以来，数据分析已经从一些相关主题会议的外围话题发展成为《2019 年德勤全球人力资本趋势报告》中的内容，虽然其中没有明确提及人才数据分析，但已经被整合到报告里的不同技术解决方案模块中。

如果要对这一时期的情况进行评价，那么在 2016 年建立网站的时候，重要性和完备度之间的差距更大。当时，人们只知道有重要的事情正在发生，却不知道如何发生。正因为如此，我们进入了一个人人都在寻找信息的领域，但你能得到的唯一优质信息要么是源于一场成本昂贵的会议，要么是通过阅读一篇由该领域为数不多且成就卓著的人才数据分析专家所写的文章，而他们中的大多数人一生中从未做过任何分析。

在建立网站以后，我们收到了越来越多的希望了解更详细信息的咨询。人们主动联系我们，问我们是否可以推荐工作坊或线下的分析培训。因为只有少数人真正了解分析，所以我们很难给他们指出正确的方向。这就是在线学习想法的来源，也是我们开始提供线上培训以帮助人们发展人才数据分析能力的原因。我们是从一门课程开始启动这个项目的，而现在我们已经可以提供十几门不同方向的人才数据分析和数字化人力资源课程，它们涵盖了从基本数据敏锐性到学习如何建立和领导人才数据分析团队的广泛内容。我们现在可以放心地称自己是世界上最大的人才数据分析在线教育者。

人们对什么内容感兴趣

作为一个媒介平台，网站的这一定位为我们提供了独特的观察视角，让我们了解人力资源专业人士在提及人才数据分析相关内容时找寻的究竟是什么。超过75%的访问者通过谷歌访问我们的网站，因此网站访问者的数据是一个信息宝库，它告诉我们这个市场总体上关注什么、制作什么内容以及推出哪些新课程。

我们会发表关于人才数据分析的文章，在其中我们将人才数据分析定义为以数据驱动的方式管理员工（与盖尔、詹森和斯坦因[4]一致）。这意味着我们不仅要发表关于预测分析的深度文章，还要发表用更简单的指标和数据驱动的有关人力资源文化的文章。大多数的文章内容都是从我们的网站访问者那里得到的。这些访问者的共同点包括如下三个方面。

- 主要是在大型组织工作的人力资源专业人员。
- 年龄在25岁到44岁之间（70%的人处于这个年龄段）。
- 大部分是来自美国的女性（57%），这个数据远低于美国劳工统计局报告中的数据——73%的经理级人力资源从业者为女性。

数据表明当涉及人力资源人口统计时，人才数据分析相对而言有点像是男人的世界。不可否认的是，人才数据分析是人力资源的一个主要领域。相比女性，男性在这一领域的比例更高。我们的课程主要包括如下三个方面。

- 指标与关键绩效指标：25%的网站访问者是为了寻找有关人力资源评价指标的信息。这个主题最受欢迎，其中被阅读最多的文章是员工绩效指标一览表。评价员工绩效仍然是当今人力资源专业人士面临的一个关键挑战。人力资源从业者感兴趣的其他文章还有一般人力资源指标、招聘指标及如何制定和构建人力资源关键绩效指标。

- 报告与仪表板：一旦你了解了指标并使其具有战略意义，你就想要在人力资源报告或仪表板中展示这些指标。这使你能够轻松地将基本数据传达给利益相关者，包括管理人员和HRBP。

- 高级分析：我们也看到很多人对分析表现出的兴趣，包括一篇题为"什么是人力资源分析"的介绍性文章，一系列关于如何进行分析的指南，已发布的各种案例研究和商业案例以及更多的技术内容，它们的点击量都很高。

如果我们以简单的金字塔形状来复盘些信息，那么你会很容易识别出一个类似于人才数据分析成熟度模型的模型，底层是简单的指标和关键绩效指标（运营报告），中间是人力资源报告和仪表板（高级报告），顶部是分析（预测分析）。人们通常最感兴趣的是金字塔的底部。从在线学习的数据中，我们也看到了同样的情况，相对于高级技术课程，人们对入门课程更感兴趣。

这也反映出人力资源部门仍然在Excel中处理数据，当然一个重大的进步是理解了一些更高级的Excel功能，比如数据透视表、聚合和可视化工具等，它们都有助于构建对数据的基本洞见，并且不需要使用先进的数据分析能力。

> ## 未　来
>
> 　　一个媒介平台必须在提供对人们眼前感兴趣的内容和面向未来的内容之间取得平衡。后者通常不那么受欢迎，但有助于帮人们形成想法。例如，2016年，没有人撰写"员工体验"的内容，但今天每个人都在谈论这个话题，每个月都有关于这个主题的新文章发表。
>
> 　　人力资源分析协会通过收购数字化人力资源技术（Digital HR Tech）实现了增长，这是一个面向人力资源专业人士的领先的线上平台，提供人力资源技术领域最新进展的高质量文章和视频内容、最佳实践及世界各地的专家对工作前景的评述。这是因为我们希望将分析或者更确切地说是基于证据的实践整合到人力资源从业者所做的每一件事中，并通过为从业人员提供必要的工具、知识和技能来帮助他们实现未来的发展。
>
> 　　www.aihr.com（存档于 https://perma.cc/3QW9-3AG3）
>
> 　　www.analyticsinhr.com（存档于 https://perma.cc/6L9R-K2PW）
>
> 　　www.digitalhrtech.com（存档于 https://perma.cc/C9Y2-YZ9H）

　　人们对这个话题的兴趣不断提高，正如埃里克·范·沃普恩所描述的那样，关注这个话题的人数也在不断增加，整个人才数据分析领域在持续发展当中。

进一步提高你的数据驱动能力

　　无论你使用的人才数据分析方法是什么，是组建了正式的分析团队，还是利用人力资源部或其他团队的内部能力，你的人才数据分析计划的成功都取决于你的HRBP或一线人力资源从业者。核心分析团队永远无法处理所有问题，因此你需要提高技能并对HRBP进行培训。

一些反对的观点认为人力资源部门不能在人才数据分析方面发挥价值，因为人力资源部门员工和HRBP不是与数字打交道的人员，也不善于学习统计学或更多的数字方法。教HRBP学习统计学是很困难的，但是大多数需要分析的问题并不比数学复杂，正如我们已经说过的那样。分析思维的价值是带领HRBP进入一个使用数字就可以帮助业务伙伴更好地做出明智决策的世界。这就是数据和分析翻译者存在的价值，如第四章所述（见图9-1）。

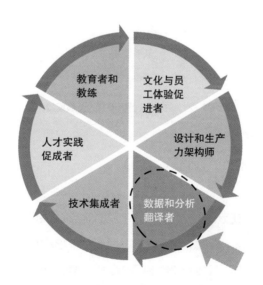

图9-1 数据与分析翻译者未来的角色

为了帮助我们确立一些概念来了解进入那种数据和分析翻译者角色，PeopleInsight.com网站的联合创始人兼首席执行官约翰·彭森（John Penson）分享了该网站的战术手册——《HRBP：成为数据驱动的实用指南》。[5]该手册整合了PeopleInsight.com的发展框架和有关能力提升的想法，我们已经根据自己对HRBP的行为研究进行了额外的输入和调整（见图9-2）。

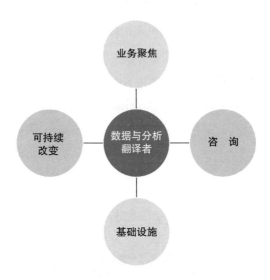

图9-2　数据与分析翻译者的发展框架

这个框架聚焦以下四个关键领域。

- 业务聚焦：在劳动力规划方面，不同的业务职能和领域将有不同的目标、驱动因素和问题，但也会有共同点。HRBP需要对企业范围内的人才目标及其所服务的业务部门的具体业务目标有切实的理解。
- 咨询：一些HRBP比其他人更善于分析、有商业头脑、数据驱动和战略性。因此，更多的情况是，HRBP建立在交易性人力资源技能和经验的基础上，成为变革的推动者，并助推员工端达成业务成果。这意味着HRBP需要阐明机会和对问题的理解、咨询、推动决策、规划和实施变革并借助数据优化业务结果。

- 基础设施：如果智能技术工具不能在一种支持其发展的企业文化中运行，它们就可能会陷入困境，HRBP要想在数据驱动的世界中取得成功，就必须有一个框架、适当的战略重点和流程，以确保获取相关的可信数据。

- 可持续改变："变得数据驱动"意味着改变将会发生，并且这种改变必须是可持续的，而不仅是一次性项目。

这四个重点领域必须齐头并进、协同发力，以确保目标明确、未雨绸缪、获得领导支持、制订具体的执行计划，此外还能获得定义明确可实现的成功。

业务聚焦

业务聚焦需要由"全局"（big picture）驱动，这是由做事–提供帮助–解决问题（Do, Help, Fix）模型驱动的，它可以帮助你在三个领域投资于数据驱动的活动（见图9–3）。

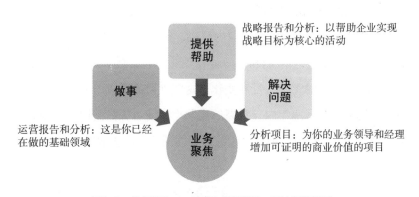

图9-3　业务聚焦——做事–提供帮助–解决问题模型

运营报告和分析——做事

人才数据分析能力模型（图6–1）中的1号框，是HRBP已经着手在做的领域。运营报告和分析是指应用数据驱动的方法来更好地完成核心活动的过程。运营报告和分析可以帮助你提高企业标准人才计划活动的效率和效益，其中包括招聘、员工管理、人员流动、学习与发展和绩效管理。这有助于聚焦核心人力资源的日常活动，并通过使用人力资源数据提供有效和高效的人力资源流程与计划，赢得业务领域的信任。

战略报告和分析——提供帮助

这些活动可以帮助业务领域实现战略目标——图6–1中的2号框或3号框。战略报告和分析有助于聚焦需要解决的关键业务问题。内容直接由对组织和业务领域重要的因素提供，并与一年、三年或五年的业务战略或战略业务计划里程碑保持一致。

这里有一个案例，是为六个月后推出新产品做准备，使用数据驱动的方法来筹备和组建一个新的客户支持团队。战略报告和分析帮助企业解决它们的问题，特别是人员方面的问题，并采用了数据驱动的方法来形成结果。

分析项目——解决问题

有些项目需要在HRBP范围内解决，比如图6–1中的3号框或4号框。分析项目专注于识别和理解异常值（包含好的和坏的），以及基于数据驱动洞见的实施项目和变化。这些项目的重点可能是降低社会招聘的员工入职后两年内异常高的离职率，或者提高关键员工入职一年的保留率。分析项目都是使用数据和循证的方法来解决问题的。

行动

回顾你当前所开展的活动和项目的范围。确定你最近的报告属于这三

个领域中的哪一个，并指出基于数据的分析活动的相关性。其中可能存在一些交叉的部分或灰色区域，但可以识别出"最适合"的领域。在理想情况下，应该有三个运营报告和分析、两个战略报告和分析及一个分析项目可能得到重点关注。

　　具体数量取决于你，最重要的是你要着重对那些以这三个主题为识别依据的方法做出一些改变。

第一个实施分析项目的机会

　　在第八章中，我们确定了一个三阶段框架，该框架概述了一种基于分析实施项目的方法。这个过程的目的就是建立在这一基础上：能够在很快"开花结果"的项目上开展工作，也就是说是一个简单、负担得起但又有影响力的小型数据项目（见图9-4）。

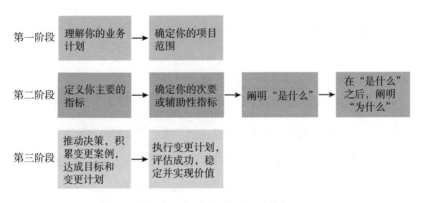

图9-4　第一个分析型项目的机会

　　第一阶段主要包括以下七个步骤。

- 复盘公司业务和员工计划。

- 复盘业务领域的计划。

- 讨论并"回顾"领导团队的主要观察结果，以确保对挑战和机遇有共同的理解。

- 阐明一个分析项目如何支持公司业务领域的关键内容。

- 研究、头脑风暴并记录以下内容：

  ——具体的项目目标、结果和指标。

  ——人员和组织的需求及交付它们的能力。

  ——人力资源与人才项目之间的差距。

  ——不缩小差距的风险、可能的结果和业务影响。

- 向领导团队简要介绍第五步的调查结果，通过对话加深其对项目的理解、肯定和支持。

- 通过继续寻求可能受项目影响的领导和管理人员全方位的支持，增强组织对分析项目的需求。

下面就需要更详细地定义项目，然后执行，而这需要多个步骤去完成。

第二阶段包括如下五个主要步骤。

- 定义你的首要指标：这里需要抓住项目重点实现的内容本质。首要指标需要尽可能具体，尽可能详细，因为这是所有后续步骤的基础。例如，"减少优秀员工（被评为优秀和杰出）在销售部门任职第一年期间的流动"。

  ——保持一定的方向性（例如减少或增加），不要陷入具体的定量目标。当有可靠的数据可以访问时，你可以在后续阶段建立定量目标。

——定义项目的范围，例如谁是"表现优秀的人"。

——量化（陈述当前的事实）主要指标：问题的范围，以数字（比率、规模）表示。

- 数据分析：从多个角度来看待首要指标，以此获得全面的理解。这需要复盘和细分可用的数据。有效的员工分析或商业智能工具的应用会将数据分析变得更简单。你若在电子表格中计算，就可以向分析团队、财务团队或擅长数值计算的同事寻求帮助。

- 定义你的次要或辅助指标：这是指那些对分析来讲可能很重要的附加数据和细化指标。细化的程度包括最具洞见的观察和故事情节可以从哪里来，使用基于人口统计的（如位置、管理者、学习日志完成情况、招聘渠道、敬业度等内容）的异常情况来表述。

- 进行定量观察，即阐明是"什么"：继续对数据进行细分和分析，将观察重点放在异常情况上（数据中的异常值、超出可接受阈值的热点、问题的绝对质量或数量可能代表机会或不足）。

- 阐明"是什么"背后的"为什么"：到目前为止，对数据的理解已经形成了一组客观事实，例如员工在任职第一年的销售业绩最高是多少。通过这一分析，深入挖掘故事情节，理解故事情节发生的背景，并向那些最善于分享逻辑推理和假设的人问问"为什么"。

数据的分析可以通过各种技术手段来实现，但问题的本质上往往是定性的。例如，在优秀员工任职的第二年组织他们参加焦点小组访谈，他们的分享能够给我们一些启示，包括他们的经验、入职体验，以及在这个项目中与领导者、管理者、关键员工或利益相关者的一对一交流等。我们的目标是获得洞见和观点，以便数据能够与上下文平衡并使你能够用更具说服力的方式讲故事。

第三阶段主要包括以下两个步骤。

- 推动决策，积累变更案例，达成目标和变更计划：你若发现项目无法推动决策和改变，那么请认真考虑现在就停止工作，重新专注于业务或人力运营部门所重视的事情，必须在获得客户支持的情况下协商一致做出所有决策。客户在之前的步骤中已经被告知并接触到了有关事实、背景和意见是很重要的。一个关于投资回报率的决策，要求HRBP牵头来推进变更，那么变更的内容最多可以包括10条摘要和建议，具体如下所示：

  ——执行概要。

  ——背景、来龙去脉和当前的环境或问题识别（事实和来龙去脉）。

  ——机会。

  ——建议的解决方案和目标结果。

  ——成本和收益。

  ——执行方式和所需资源。

  ——建议和接下来的步骤。

- 实施变更计划，评估成功，稳定并实现价值：变更计划需要将关键成果转化为时间线，这样可以将关键活动需要何时开始和完成显示出来。但转变是不一样的，因为它是一个内在的心理过程，需要经历三个阶段：

  ——结局：理解如何摆脱旧有局面。

  ——中立位置：新旧状态之间的时间段。

  ——新的开始：准备就绪，愿意做出新的承诺，并以新的态度和方法采用不同的方式做事。

许多变更计划遭到削弱和动摇，有时甚至遭到破坏，是因为领导者未能彻底想清楚在变更时他们如何支持转变发生。

咨询

不管具体关注点是什么，成为一名优秀的人力资源从业者或HRBP都是为了实现业务价值。真正的合作伙伴关系是建立在一致目标的基础上的，是双赢的，每一方都可以带来一些值得被重视和赞赏的独特东西。

在衡量自己的咨询能力时，你需要考虑三个关键点：你的环境、你的行为分析能力和你的商业导向能力。

你的环境

这里包含如下四个要素。

- 业务价值：HRBP必须将其工作重点放在交付的价值上，并确保一切都集中在有形的业务成果上。这就是为什么人才数据分析议程既对业务部门至关重要，也对人力运营部门的可信度至关重要。如果真正的价值没有实现，实际情况就是：随着时间的推移，业务部门会寻找新的替代品，就像我们对待自己的"供应商"一样。

- 将自己融入业务：HRBP必须从战略出发对自己进行定位，以便让自己成为业务的关键组成部分，为整个组织提供价值。HRBP需要了解业务、流程、预期的结果以及所处的竞争环境。

- 彻底弄清楚你的客户是谁以及他们在做什么：这里有两项基本工作需要做好。

  ——你如果不知道客户及其具体业务是什么（为谁服务），那就主动去问。

  ——如果客户的期望不明确或不清楚，那你应反复询问。

- 做正确的事情：这意味着如下四件事情。

——执行业务区域计划的人才项目。

——与业务领导者合作，识别、优先考虑、设计并实施具有最佳投资回报率与影响的人才项目，以确保业务能够将战略计划落地。

——主动评估、管理和减轻员工与组织的风险，或优化那些若不加以解决就可能成为未来风险的方面。

——关注交付价值的可得性。例如，HRBP是否很容易陷入细节，或者应该采用80：20模型，也就是说，80%的价值来自他们20%的努力。

你的行为分析能力

第四章概述了我们收集的有关人力资源社群能力的数据。这项研究的关键行为是突破性思维，即面对问题、争议点和机会的理解能力，并在做出决定之前提供多元视角看待问题。这强化了数据和分析翻译者去理解任何分析过程或调查研究中产生的数据、信息和洞见方面的作用。

我们根据多年来的研究和工作分析，整理了一些关于如何接受突破性思维的行为理念和技巧（见表9-1）。

表9-1　突破思维行为的发展理念

基础水平	进阶水平	复杂水平	系统水平
■ 分析问题时运用逻辑和常识 ■ 将信息链接在一起，以便完全理解问题或争议点	■ 了解现有或潜在问题对未来可能产生的影响（原因或影响） ■ 从不同角度评估问题，确保所有相关问题都被分析过	■ 确定需要详细分析和说明的业务场景 ■ 在评估问题时，从具体情境中退一步，考虑"全局"	■ 制定人才数据分析策略，通过他人的参与和能力来解决问题

（续表）

基础水平	进阶水平	复杂水平	系统水平
■ 开展调查，弄明白发生了什么 ■ 展示处理数据的能力，并最大限度地使用标准报告工具 ■ 与公认的擅长分析问题解决技术或擅长分析项目或任务的人合作，通过观察和经验学习 ■ 考虑问题的可能后果，例如，如果发生了什么事情，会导致什么样的状况 ■ 通过问"为什么"来找出问题的原因，直到你有足够的答案 ■ 识别与当前问题关联性非显性的模式和链接，理解其含义 ■ 从简单的数据和信息中得出有关结论 ■ 为问题制订切实可行的解决方案	■ 识别业务结果、流程或系统中的不一致之处 ■ 定义人力资源与员工报告以及数据要求，并开发适当的报告工具 ■ 从各种不同的角度看待问题，以确保你能更深入的理解问题；思考未来可能出现的与该问题相关的争议点 ■ 当面对问题时，尽量不要让单一因素主导你的分析，考虑所有不同的方面或问题（例如客户、员工、运营与培训的需求，或者限制条件）。如果有帮助的话，那么把它们写下来，独立探索每一个方面 ■ 查看有关先前未成功的分析项目或任务的评估，以确定下一次可以采取哪些不同的措施	■ 考虑问题时，和对该问题有独立见解的人充分探讨他的观点，以提高自己的理解能力 ■ 使用一系列统计和财务建模工具与方法 ■ 在处理问题时，可以在微观和宏观问题之间灵活选择 ■ 提供突破性思维，为熟悉的场景带来新的视角 ■ 展示在复杂数据集中分解问题并确定或提出行动方案的能力 ■ 在决定解决方案之前进行风险评估，以帮助你确定与行动方案相关的成本和收益，以及实施该行动方案的影响	■ 借鉴他人的想法，通过可持续提供数据的渠道，更全面地了解影响组织的问题 ■ 根据数据和分析洞见，让他人开发解决贯穿整个组织的问题的选项和想法 ■ 考虑将不同解决方案的各个方面结合起来，为某个问题提供首选的解决方案 ■ 在使用定量研究调查潜在问题的解决方案时，确保他人的想法也得到探索、理解和重视 ■ 预测潜在问题或机会，并将其纳入长期人力资源业务计划和人才数据分析战略

（续表）

基础水平	进阶水平	复杂水平	系统水平
■ 在决定具体行动方案之前，尝试提出其他想法或方案——不要总是选择脑海中闪现的第一个解决方案 ■ 识别实施不同解决方案的连锁效应 ■ 思考解决方案时参考他人的意见 ■ 使用业务相关的数据来进行更有效的问题诊断	■ 通过关注在特定情况下实施这些方案的利弊，评估人才数据分析过程产生的每个解决方案的适用性 ■ 对数据的解释进行合理判断 ■ 制订一系列切实可行的人才解决方案，解决问题的根源而不是症状 ■ 思考实施不同选项和解决方案的后果	■ 创造解决问题的新方式和新观点 ■ 通过将不同想法的元素整合到一个元素中，提供高质量的解决方案 ■ 制定稳健的战略，制订实施计划	

基础设施

本部分的重点是帮助企业在人才数据分析领域拥有持续发展的能力。事实证明，当人员、流程和技术协同实现战略目标时，成功的可能性会更大。这要求组织制订相关计划并构建基础设施框架，以确保组织能够将以数据为导向作为工作重点。构建基础设施框架有四大要素（见图9-5）。

治　理

采用一个全面的治理框架是必要的，但是有些公司可能会因为过早地设计了框架或采用了过于严格的管理制度反而使工作陷入困境。因为任何早期的框架都可能会随着业务的发展发生变化，并且组织还可能会在那些与业务无关的元素上花费很多时间。我们观察发现，尽管有的组织拥有一个很好的治理框架，但因为花了太多时间来创建框架，以致他们无法进行任何项目分析，从而失去了展示该方法价值的机会，尽管那是一个非常有价值的治理框架。

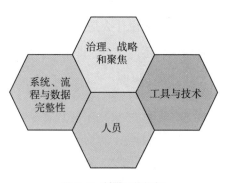

图9-5　基础设施框架

变通办法是找到一种简单、实用、易于应用且围绕善治所需关键要素建立的方法。这些关键要素，大致包括如下三点。

- 确定并邀请组织负责人（可以是人力资源总监或首席流程官、人力资源主管、人力资源运营主管或人才管理主管）参与人才数据分析——请他们担任人才数据分析指导委员会成员。
- 邀请业务部门对该人才数据分析计划最感兴趣的高级领导参加。
- 每月召开一次时长为一小时的会议，重点关注：每月的成果和用户案例的更新，通过人才数据分析所产生的业务影响的总清单，下个月计划开展的活动，指导委员会需要提供的帮助和资源，公开讨论迄今为止的行动项目和经验教训。

六个月后，会议形式一旦确定，组织就可以从项目前六个月的实施经验中总结相关问题的解决方法及流程框架。同时，每次会议应该解决足够重要的问题，比如关于个人数据管理的规定就应该从会议中产生。

战略与聚焦

第1步：了解人力资源信息的主要用户并明确客户需求

谁是你的客户？对他们来说什么是重要的？每个组织都会有几个关键客户，每个也都扮演着不同角色，即某些方面的利益相关者。为此，你可以创建一个计划表，以便：

- 识别每一个客户。
- 基于目的和角色对他们进行描述。
- 解释什么对他们是最重要的，对他们的优先级进行排序。
- 根据你对客户的了解，解释上述优先级如何转化为可能的数据流和业务机会。

第2步：确定你的人力资源报告和分析案例

前面提到的做事–提供帮助–解决问题模型有助于聚焦业务领域内最适合使用人才数据的地方。规划过程的下一个步骤是，确定哪些优先事项重点关注的问题可以通过做事–提供帮助–解决问题模型得到恰当的解决。这可以帮助你在和客户定期进行的会议上讨论、合理化、优先考虑这些要求，并将其转化为最相关的项目。

第3步：了解数据收集的可用性、质量和成本

这一步有助于下一步更详细地定义可能的或实际的项目。在确定每个项目时，你可以利用以下问题进行更好的分析。

- 数据可用性如何？
- 数据的质量如何？
- 成本限制是怎样的？

- 数据在哪里?

- 数据存在于哪些系统中?

- 谁拥有系统和数据?

- 数据是否可以获得及便于运用?

- 数据的清洁度、可信度和准确性如何?

第 4 步: 评估和阐明每个项目的价值

对于每一个项目而言, 一些关键问题需要我们加以考虑。

- 获取和使用可靠且干净的数据有多重要?
- 本项目对你运营的业务领域的总体价值是什么?
- 如果我们什么都不做, 业务存在的风险或影响是什么? 这可能涉及收入影响（增加或减少）、成本影响、人才效率和效益、客户、运营和其他业务影响。
- 如果已知数据存在错误, 那么每个人都愿意接受的误差范围是多少? 在决定之前, 可以参考以下内容。
   ——评估当前清洁度下的人力资源数据价值。
   ——评估质量提高后人力资源数据的价值。
   ——评估质量达到完美水平后人力资源数据的价值。

"完美数据"这一表述并不恰当。我们希望分析中存在很多"完美"的数据, 但事实上完美数据很难获得, 尤其是由事务性流程生成的数据。对我们来讲, 关键问题是, 到底哪些部分必须要有"完美"的数据（比如工资单、工资等级或年终总人数）, 哪些部分可以接受一些误差? 当涉及报告和分析时, 在哪些重要领域以及哪些重要阶段进行数据清理就变得极为关键。

"重要领域"的界定会转化为影响较大的数据类别，例如员工满意度（工资数据准确性）、业务计划执行（员工人数增长数据）和财务结果（销售团队人员流失或招聘管道）。我们必须就那些最重要的问题做出决定。例如，计算周转成本可以引出许多不同的成本场景：

- 我们应该采用1.5倍于行业标准的工资水平吗？其中都包括什么？
- 我们是否应该把招聘费用纳入进来？
- 我们是否应该把职位空缺导致的生产力损失考虑进来？
- 我们是否应该把新员工可能较低的生产率等情况考虑进来？

从可用的数据开始，对问题的严重性和你所考虑并使用这些数据的机会价值进行有根据的预判，如果存在数据误差，你就需要进行数据确认。例如，HRBP可能会说："在销售管理者更替和岗位空缺的情况下，我们每年有150万英镑（低估的话约100万英镑，高估的话约200万英镑）的营业额难以完成。不管是低估还是高估，这都是一个重要问题，它会对我们未来的销售结果和企业的商业计划产生重大影响。"

评估和阐明每个项目的价值将有助于我们聚焦价值、业务结果和重要问题。如果这个问题很重要，那么所有人都会重视迭代的数据清理和提高准确性，因为这时领导者对数据的关注点已经明确了。评估和阐明每个项目的价值可以加速特定的数据清理活动，与需要大量的时间和资源来实现广泛基础的人力资源数据清理活动相比更加聚焦和有目的性，但此时对业务产生影响的机会还没来到。

第 5 步：评估分析案例并运用到决策框架中，以确定优先级

现在，这里有一些在做事—提供帮助—解决问题模型识别出的可能的或实际的项目，并且已经完成了关于每个项目的深层次思考和文

档撰写。你需要对项目进行自上而下的自我评估评级，一旦将它们对应到决策矩阵（见图9-6）中，确定优先级后就对其可行性进行现状检查。

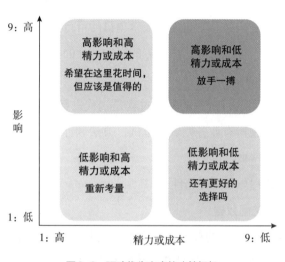

图9-6　驱动优先次序的决策框架

自我评估评级包括6个问题，其中三个侧重于实施的精力和成本的问题（问题1、5和6），其余3个侧重于价值或业务影响的问题（问题2、3和4）。评估时使用三点利克特量表：1=不太准确，2=有点，3=非常接近。

- 这个项目对于该业务领域关键且重要吗？
- 数据可以获得吗？
- 数据访问是否容易、价格低廉且不需要集中太多资源？
- 数据是否干净可靠？
- 如果不实施这个项目，业务是否存在重大风险？
- 这个项目是否有价值（基线价值或对业务结果的价值）？

你对每个项目都应进行一次现实状况检查，这将有助于做出最终的优先决策（框架见图9-6）。

有了计划，我们下一步应该做些什么呢？回顾本章前面的"业务聚焦"部分，并重点关注该部分中包含的三个阶段。在此，你要谨记：最好的计划未必总能实现；探索项目的可行性，使用干净可靠的数据，以及什么都不做对总体业务的影响；你的项目或计划可能达不到之前的预期目标。

评估和阐明项目价值的整个过程是迭代进行的，所以你要记住：正式地重新审视所有业务领域的范围、方法和计划。记住，每天的每一分钟都有数据被收集！

系统、流程与数据完整性

从源系统访问数据

一旦确定了可能的或实际的项目，之后你就要澄清总体数据需求，比如这些数据保存在哪里，谁拥有它们。数据将来自多个源系统，这意味着需要将这些数据合并到单个数据源中。虽然有许多不同的方法和工具可以帮助我们进行数据整合，但最简单的方法是使用电子表格。

与其他方法有利有弊一样，电子表格方法也有其优缺点（见表9-2）。

表9-2　电子表格方法的利弊

优　点	缺　点
■ 首先要在你的台式机、笔记本电脑或平板电脑中安装好电子表格程序 ■ 易于进行基本数字整理和分析	■ 提高你的电子表格的使用水平比听起来要困难得多 ■ 你需要专注于移动和操作数据、清理和格式化数据、透视表、制作公式和图表及呈现动态数据等工作

（续表）

优 点	缺 点
■ 大多数电子表格都比较直观，但你需要进一步的高级培训或学习 ■ 电子表格可与大多数系统的".csv"数据转储、摘录或平面文件一起提供	■ 基于电子表格的报告存在数据安全和隐私风险 ■ 数据报表电子表格中的公式完整性始终处于危险之中 ■ 每个电子表格往往处于某个时间点，每次需要新版本的报表时都需要大量的手工操作 ■ 你会花费大量时间处理电子表格，而不是实际使用数据来推动决策和业务创造价值

过程控制与数据的完整性

首先，过程控制和完整性都很完美的数据非常罕见，但你从不够完美的数据中仍然可以获得对一个关键问题的深入理解。你的报告中已知的不准确之处及估计误差（例如，正负25%）都需要让利益相关者知晓。有或没有正负25%的误差，200万英镑的营业额问题仍然是很严重的。

其次，数据往往不完整、无效或不准确，因为人力资源流程和系统通常是为执行工作任务而非为了提高决策而建立的。随着人力资源流程将变得更加严格，更加注重前期数据的质量和准确性，当组织开始更频繁地使用人力资源数据来支持决策时，这些数据的质量和流程控制不可避免地会得到改善。

冰冻三尺非一日之寒，提高数据质量需要时间和精力，这本身就是一段要经历的旅程。

工具与技术

任何分析项目背后的基本原理都包括以下四个方面。

■ 有来自多个渠道的人才和业务数据。

- 将这些不同来源的数据统一到一个为存储和操作人才数据而设计的存储库中，在技术和功能上都侧重于数据探索和分析，而不是任务处理。
- 使用数学和统计学算法计算人才的指标及相关的用户分析案例。
- 根据用户定义的分析和发现标准，呈现、报告、输出或可视化数据。

这些组件必须协同在一起，如果某个人力资源信息系统没有使用数据库来为你做报告和数据分析，那么它就不是人才数据分析的解决方案，即使它的开发者可能会将解决方案作为"人才数据分析"进行营销。

表9-3总结了一系列可供考虑的选择，对基于分析的工作有帮助。

表9-3 人才数据分析的选择

工具、方法和说明	优点	缺点
▪ 在事务性人力资源工具中使用原生报表：虽然功能可能会有很大的差异，但你可能会在事务性人力资源技术中拥有报表功能。这可能出现在固定格式的报告或你可以自己配置的报告中 ▪ 电子表格：这种桌面数据处理工具可以管理数据、计算公式和显示结果；通常用于基本计算和小数据集；通常是桌面办公套件的一部分；例如谷歌表格、微软Excel	▪ 已经作为人力资源技术的一部分启用 ▪ 可自行配置 ▪ 已经在你的电脑桌面上，不需要额外付费 ▪ 许多人已经使用过电子表格，且具备基本的技能 ▪ 对于基本计算和业务需求非常灵活且非常有用 ▪ 强大的数据管理与处理工具 ▪ 强大的数据可视化工具 ▪ 强大且高度可配置的指标创建和统计分析 ▪ 有时附带有限的与人力资源相关的固定指标或分析算法	▪ 通常使用范围受限 ▪ 通常很难连接到其他相关的数据源 ▪ 报表的数据建模和技术处理效率低下，且不能针对商业智能进行优化 ▪ 配置通常比较困难且成本高昂 ▪ 通常无法准确配置所需的数据，或以你需要的方式处理指标和进行分析 ▪ 数据安全和访问管理通常是完全开放的 ▪ 很难集成多个数据集，尤其是复杂的人力资源数据 ▪ 无法有效扩展

（续表）

工具、方法和说明	优 点	缺 点
■ 自助商业智能工具：更先进的数据管理和处理工具，具有计算和处理大量数据的嵌入能力，并以更高级的方式进行可视化输出；这些工具只需要最少的技术基础设施（通常在台式机或笔记本电脑上），使用者不需要拥有高超的技能；它们是通用工具，而不是为特定业务功能构建的；例如Qlik、Tableau、微软的Power BI等 ■ 内部企业级商业智能平台：大型的内部企业级商业智能平台，需要许多级别的技术基础设施、数据集成和管理，以及用于实施和持续维护的配置，如SAP、IBM Cognos等 ■ People analytics pure-play：一个商业智能平台，专门针对细微差别、复杂性和有效的人力资源数据量构建；例如PeopleInsight、Visier、Crunchr、Concentra UK/OrgVue、Perceptyx、MHR Analytics	■ 比以前的商业智能工具更实惠 ■ 非常适合一次性或只做一次的分析项目 ■ 企业级 ■ 在组织的技术架构中实现 ■ 先进的报告和分析能力 ■ 通过不断的定制，可以精确地提供业务所需的产品 ■ 专注于人才数据分析案例，以及通过数据来支持或推动决策的制定 ■ 人力资源专用数据模型和数据库技术基础设施，以商业智能为唯一目的，在数据发现方面更强大 ■ 通过统一人力资源和人才数据的来源发现多维数据 ■ 强大的细分能力使你能够分析趋势，从新的角度看待事物，汇总并深入单个记录和基于标准的列表中，并以一种视觉上有吸引力的方式展示数据	■ 难以支持持续的报告和分析 ■ 必须开发和定制算法，其中许多算法非常复杂 ■ 一旦超越了基本要求，你就会出现多个故障点 ■ 需要很强的技能来构建数据模型（与源系统集成）、算法、可视化和用户访问 ■ 当使用这种方法进行持续操作和"生产"报告与分析时，需要仔细设计和考虑 ■ 可能带来数据安全的问题，因为它们往往被加载到一台台式机或笔记本电脑上 ■ 如果开发人员离职，就可能存在方案无法继续使用的风险 ■ 许可证、配置和支持成本高昂 ■ 技术架构的多层性 ■ 开发工具需要高超的技术能力 ■ 实施起来比较复杂，失败的情况时有发生 ■ 虽然有许多熟练的使用者可以帮助配置和维护，但在人力资源数据模型方面有丰富经验的人相对较少

（续表）

工具、方法和说明	优　点	缺　点
	■ 持续（不断地提供）进行多系统人力资源数据管理和集成，将这些数据转换为单一的、统一有效的员工数据的公司记录，驱动计算相关人力资源指标和人才数据分析的算法，强大的可视化和数据发现，基于角色的用户访问，所有这些都是在符合《通用数据保护条例》的环境中进行的 ■ 基于云并以云为本，总体拥有成本更低，部署速度更快 ■ 经过验证的解决方案，在许多公司中使用行业最佳实践指标进行部署 ■ 将实施失败的风险降至最低	■ 要求你的人力资源数据由第三方在云端处理 ■ 合作的模式，而不是构建或购买 ■ 如果你拥有专门用于人力资源和人才数据分析的成熟商业智能功能，那么它可能不适合你的组织

人　员

归根结底，人才数据分析需要聪明的人从数据和信息中得到洞见，也需要聪明和有影响力的人以可行且有价值的方式使用这些洞见。因此，许多角色对于数据驱动能力的开发至关重要，这些角色大致包括如下三类。

■ 人才数据分析负责人：通常来讲，这一角色由高级别领导担任，他们相信基于事实的决策并且认为这种决策对人力运营部门成功具有关键作用。他们是数据驱动型人力运营部门的能力支持者，会为正确的行为建模并将此能力作为一项业务需求积极地向组织推广，让组织了解这项功能将为其未来发展提供保障。

■ 人才数据分析传道者：这个群体是真正相信员工在实现业务成果方面起着关键作用的高管和经理。他们要努力提高业务表现，还需要理解并非所有的员工都是平等的。事实上，有些人所扮演的角色旨在提供差异化的价值，例如销售人员。

■ 人力资源部职能领导：这个群体可能拥有特定的人力资源数据权限。开始分析之旅后，他们需要知道：随着时间的推移，他们的数据将如何有助于做出更明智的招聘决策，了解哪些员工创造了更大的商业价值，如何留住关键人才并了解人才计划的投资回报率。他们将看到业务的事务性方面、支持工作流的流程和技术以及生成数据的战略决策的价值这三者之间的差异。

最重要的是，人力资源部门的每个人都应该成为这类项目的拥护者，他们需要运用更数据驱动的方法来开展工作。这意味着他们需要影响他人，传达对数据驱动方法的真实信念，展示可见的领导能力，当变革受到抵制或出现问题时能够积极使之向好的方向发展，并确保为整个职能部门的每个人提供适当的沟通、培训和支持。

接下来的发展就要交给你了！获取前文介绍过的有用模板，请访问 http://www.peopleinsight.com/DDHRBP。

可持续的改变

变得数据驱动导向不是一次性完成的，而是要建立一种新型人力资源工作方式，即一种可持续的、随着时间的推移而改进的方式。

这意味着改变需要发生在每个人力资源工作模块中，其中主要涉及六个关键要素（见图9-7）。

图9-7 可持续的改变

改变的理由

我们首先要传递开展数据驱动项目的紧迫性这一信息，重点是阐述它们如何与那些向企业客户交付的改进结果相关联。其中可能会涉及与关键人物的交流，向他们介绍项目情况并征求他们的意见。最重要的是，客户需要确实将这些项目视为实现其战略和运营目标及改进结果的关键。

坚定的领导者

这是指寻求并利用企业某些领导的直接支持，这些领导明确表示过需要用循证或数据驱动来支持决策，无论他们是高管还是业务部门主管。我们的目标是让业务部门相信人才数据分析项目的重要性，因此我们需要尽快开展项目并获取他们对项目的支持。接下来，我们需要这些领导帮助人力资源部门在组织内部推动项目计划的实施，同时HRBP负责项目的执行。许多领导者认为"支持"一项计划就已经足够好了，但是人力资源部门需要他们更具体地参与到项目当中，明确自己在项目中的活动并向组织内的其他人分享参与信息。

对我有什么好处

"对我有什么好处"这一关键要素可以转化为大家的动力。什么可以自然而然地激励人们参与项目？数据驱动的项目又将如何帮助他们？这些问题的答案都建立在丹尼尔·平克在《驱动力》一书中提到的自主性、精通和目标模式的基础上。[6]

- 自主性：数据驱动的人力资源部如何帮助客户实现目标？这项提议如何帮助他们更加自给自足和独立？
- 精通：数据驱动的人力资源部如何使客户更好地从事他们的工作并变得更成功？
- 目标：更明智的招聘决策、关键人才的保留和更好的人才计划与一个组织或业务部门的总体目标有什么关系？这个项目将如何帮助实现该目标？

回答以上问题，可以帮助每个人理解自己由此可以获得的好处。

具体计划

本章的重点就是确保做事先有一个计划，要知道见机行事并不总是可取的。当有具体可靠的行动计划用于开展更多数据驱动的工作时，它就成了"组织中做事方法"的一部分。

该计划应明确规定未来六个月内组织或部门需要完成的步骤和任务，明确随着这一阶段任务的完成，下一阶段的另一个计划将被提上日程。该计划将有明确的目的、目标、产出和完成各阶段任务所需的步骤。与所有优秀计划一样，还要确保项目所需资源有充分的保障，确保利益相关者支持详细的计划，确保前面提到的治理会议能够获得人才数据分析拥护者和关键领导者的支持。

支持机制

要成功地执行项目，需要你在制订计划时了解和定义工具、资源与支持机制方面的需求。其中包括制订沟通和培训计划，确定简报、报告的指标、检核清单、流程或标准方法，以推动决策、实施变更和跟踪收益。

强　化

需要强化的内容应该包括定义成功标准、衡量结果、获取利益和庆祝成功。这里有如下五个基本原则。

- 成功标准应与利益相关者共同确定，以共同商定成功的图景是什么。
- 在个人和团队层面都需要进行强化，这对帮助、支持和结果的认可是很重要的。
- 强化是指对项目表现进行管理并确保实现最初设定的目标。
- 商业案例的现实性容易被忽视，因为人们会优先考虑下一个项目或操作问题。我们必须花时间量化成就和成功，并与重要的人分享结果。
- 确定计划的投资回报率。

  ——在投资回报率的方程式的一端，阐明通过该计划创造的新价值。

  ——在方程的另一端，阐明该计划的成本（在该项目中工作的天数可转换为每日成本率），将其作为分母。

  ——从创造的新价值里减去成本，将结果称为"新净值"（net new value）并将其作为分子。

  ——将新净值除以成本，再乘以100，确定该数据驱动项目的投资回报率。

学习场景

约翰·彭森，PeopleInsight 的首席执行官

下面的案例，由 PeopleInsight 的一个技术客户完成，以此来评估其实施的一项数据驱动工作的价值。

在实施了基于分析的干预措施后，关键技术角色的替换率在运行分析工具后的第一年下降了 25%，这是因为分析工具可以使管理人员更清楚地了解自己的行为和结果。数据细化也已经启用，人力资源副总裁认为，流动率降低是因为数据可视化程度的提高。这使得第一年节省了 75 万美元的成本。

投资成本不到 2.5 万美元。

新净值为 75 万美元 −2.5 万美元 =72.5 万美元。

因此，在分析工具方面的投资回报率为（72.5 万美元/2.5 万美元）×100=2 900%。

人才数据分析目标是获取可持续的迭代能力，这个能力对业务是有价值的，并且能受到利益相关者的重视。你需要从小处入手，大处着眼，在投资回报率得到证实时迅速扩大规模。

基于分析的能力开发不是一个容易的过程，但是如果这很容易的话，那么人力资源部的每个人都会在他们的岗位上进行人才数据分析。这是这一职业的未来，因此你需要抓住机会，寻求一线管理者的支持，请他们支持你的学习与发展并做出改变！

培养人力资源能力是企业的当务之急

如今的企业领导者对人力资源部门的期望越来越高。这里需要纠正的是他们感知到的一些操作失误——可能是由于人力资源部门的能力和思维定式带来的。这些能力和心态阻碍了人力资源部门的发展，也阻碍了人力资源从业者实实在在地发挥更加明显的影响力。

20多年来，莱克茜·马丁（Lexy Martin）一直在通过研究数据观察人力资源领域，她对人力资源规划的看法也有据可查。她在下面的案例中分享了她对下一个分析挑战的思考，即分析传道主义。

思想领导力洞见

作为人才数据分析传道者的HRBP，他们已经准备好了吗？——没有！他们能胜任吗？——是的！

莱克茜·马丁，Visier研究和客户价值负责人

2019年1月初，出现在麦肯锡领导力与组织主题博客上的一个标题引起了我的注意，即《HRBP的重要价值》。[7]该文章概述了人力资源从业者如何纠结于制定有效的人才战略。该文章认为，这种脱节产生的主要原因是HRBP缺乏能力，他们应该就人才问题向管理者提供咨询。该文章指出，优秀的HRBP的价值毋庸置疑，但是这样的HRBP很难找，因此HRBP的结构需要重新设计。

根据我的研究，这些高级合作伙伴不仅必须就人才问题向企业领导者提供战略建议，还必须支持他们手下的人才做出最佳绩效。人力资源业务合作伙伴必须能正确评价人才绩效，但要做到这一点，他们必须掌握数据

和分析技能。

HRBP或许是人才数据分析的障碍

根据我的研究，HRBP还没能成功地应对熟练运用数据这一挑战。事实上，他们甚至可能不是正确的传道者！2018年，我着手研究那些有助于人才数据分析的关键实践。同时，我还对成功进行人才数据分析所需的关键角色进行了研究。

负责一家美国顶级银行人力资源运营业务的一位副总裁告诉我，他的HRBP无法胜任传播人才数据分析的任务，尽管该行已经在进行转型，以增强HRBP的战略能力，但他们还不是真正的战略家。此外，只有10%的人对数据感到满意并自认为能够胜任相关的分析工作！这和我的感知一致，为此我坚持进行人才数据分析实践的访谈。我们的调查数据也证实了这一点。

在Visier 2018年的《时代人才数据分析调查》中，我们发现阻碍人才数据分析成功的一个关键障碍是"人力资源部门或HRBP缺乏'数据驱动'的全套技术"。[8]这在刚开始进行人才数据分析的组织中尤其普遍。当我在会议和研讨会上展示这些发现并询问听众是否有类似的问题时，听众都笑了。"当然，这也是我们的主要挑战！"

人才数据分析为什么重要

让我们来看看在Sierra-Cedar人力资源系统调查平台上进行的一项长期研究——该项目的前16年由我负责。这项研究说明了人才数据分析为何重要。早在2000年，这项研究就指出，以某种形式进行劳动力分析的组织比那些没有开展劳动力分析的组织表现得好。这些组织的特点包括如下四个方面。

- 人才数据分析流程的成熟度较高，包括人才数据分析解决方案的运用和落实。
- 数据源集成数量高于平均数。
- 可用于分析的分析主题（指标）高于平均数。
- 管理人员的使用率高于平均水平，而不仅仅是人力资源群体。

组织开始启用人才数据分析，一般主要在人力资源群体中使用，但前文显示了作为人才数据分析用户的管理者与财务绩效改进之间的关联。因此，当组织开始启动人才数据分析时，重要的问题是："你是直接让业务领导和管理者使用，还是通过HRBP让他们使用？"

如果是后者，那么我们需要更好的准备。请记住，HRBP的角色不仅需要重新设计，这意味着需要扩展他们的角色定位以便纳入这些数据和分析技能，而且HRBP可以从那些展现这些技能的管理者身上有所收获。

帮助HRBP提高数据领悟力

这里有一些方法可以让HRBP具备数据领悟力，这样他们就有能力开展人才数据分析了。

定义与数据分析相关的角色和职责

首先，我们应问问自己想让HRBP做什么。在与大量企业高管进行交谈并借鉴以往的研究成果后，我们认为，未来具有数据领悟力的HRBP必须能够做到以下几点。

- 将业务战略与人才战略联系起来，并利用与员工达成该战略要求的关键业务结果的方法相关的数据来证实这种联系。

- 开放使用数据并成为人才数据分析的拥护者。

- 学习应用人才数据分析解决方案，并在业务领导者中表达对项目的支持。

- 利用分析成为"数据驱动"的战略性HRBP。准备好与你的业务领导者进行一些讨论，以展示员工是如何实现业务目标的。

- 应用数据分析改进人才流程。在员工的整个生命周期中，组织都要对自己在获取、培养和保留优秀人才方面的流程进行评估。

- 动员其他HRBP一起使用和推广人才数据分析，一起培养人才数据分析的适应性，并由一个HRBP团队来承担一个项目，以解决诸如怎样成为一个更敏捷的组织之类的企业重大挑战。

- 学会用数据讲故事。不要只报告指标，要讲述数据与业务挑战的关系。例如，不要只报告营业额有15%的增幅，而是要谈谈营业额如何导致雇佣成本的增加和收入的减少。

- 选择合适的HRBP经理负责整个团队。除了对人力资源工作负责外，这位经理还应在组织内启动人才数据分析。

评估HRBP的技能

你可以从评估HRBP的能力开始，然后帮助他们培养必要的技能：无论是使用人才数据分析解决方案，使用数据和分析，还是用数据讲故事。我们建议使用差距分析法来确定哪些HRBP具备这些技能，哪些技能需要培养，以及为了获得所需技能应该替换谁。

在表9-4中，我们展示了作为人才数据分析使用推广者的HRBP所需的关键能力。我们使用这个模型来评估HRBP的能力，并确定他们的哪些能力需要加强。

表9-4 Visier HRBP 的能力模型

数据能力维度			分析能力维度			
数据与资源	数据定义	导 航	链接业务与员工问题	解释分析和建立假设	讲故事和影响	干预方案
了解不同的数据源，系统间的记录方法流程	了解用来定义和计算最常用数据元素的方法	引导和分享幻灯片，调整参数，使用指标探索工具和人才顾问	列出关键业务问题和员工相应的实践	解读可视化或数据元素，向其他人解释，确定根本原因并进行更深入的调查	能够阐述如何使用数据来打破神话，对数据趋势进行解释	根据所用数据确定解决方案的类型和强度

在变革的交付模式下，HRBP如何产出员工洞见

每当谈到由HRBP担任人才数据分析的传播者时，了解人力资源服务交付正在发生的变化就变得重要起来。最近，人力资源服务提供模式的变革集中在利用自动化进行记录保存和交易管理，以及让HRBP转变为战略咨询角色方面。新兴的战略服务模式提升了HRBP在人力资源内部和外部提供员工洞见的能力，以便使他们能够始终如一地使用数据为领导者和人事经理提供战略建议。

例如，一家拥有超过50 000名员工的非营利医疗保健组织制订了一项计划，以此使HRBP能够提供可量化的业务影响分析。通过研究以上案例，我们发现循证合作伙伴咨询模式是以如下三项支持方式来产生影响力的。

- 人力资源部门整合一个工具箱，用于将数据、分析和洞见带入解决问题的前线。

- 建立技能库以更恰当地运用工具箱，同时发展应用于解决问题的咨询式人力资源能力。

- 咨询式人力资源能力还会影响思维模式，形成以业务为中心的解决问题的方法，运用工具箱和技能库与领导者开展合作，以推动成果产出并成功实现组织的目标和任务。

帮助 HRBP 成长

我们需要对 HRBP 进行培养和培训，以改变他们的思维方式和技能，让他们学会用以业务和数据为中心的方法来解决问题。具体的培养方式因组织而异。刚开始，组织可以开发和培训试点用户或超级用户，接着可以培养培训师为其他人提供培训。如果组织想要更进一步，那么开发的重点可能是帮助 HRBP 建立一个假定的情境并用数据讲故事。

当 HRBP 正在学习和提升自己的能力时，给予他们充足的学习时间以便其将来出类拔萃是很重要的，组织需要帮他们从其他工作中解脱出来。前面的调查显示，先进的组织在帮助人力资源业务合作伙伴成为有效的变革推动者的同时，会将他们从人力资源业务流程的其他工作中解放出来。

有规律地开展交流

组织一旦开始改变其 HRBP 的思维方式和技能，就需要制订一个沟通计划。在将组织推向数据驱动文化的过程中，组织要保持一个有规律的节奏，帮助其保持发展势头。我们观察到，有的组织在内部使用新闻通讯、"午餐学习"会议和知识库来构建能力，以便 HRBP 能够与他们的业务领导和客户经理保持接触。

通过卓越人才数据分析中心为 HRBP 提供支持

除了培训和沟通外，组织还需要建立一种支持 HRBP 和其他用户获取资源的方法。我们看到先进的组织建立了一个卓越的专注于人才数据分析的支持中心。这样一来，用户可以应用"目标导向"的方法来获取数据、知识及组织内更大范围的利益相关者的支持，包括他们的 HRBP。

这种支持架构最终也解放了那些分析能力很强的人，使他们能够专注于组织内部所需的更复杂的分析。

追踪 HRBP 的进步和结果并给予奖励

我们都听过这样一句话："能被衡量才能得到执行。"不仅如此，能被衡量才会得到改进。HRBP 应该接受挑战，设定他们希望通过人才数据分析来实现的目标，然后定期审查和评估他们成功与否。个人和组织都可以从持续的流程改进方法中获益。

更重要的是，认可你的 HRBP 的进步和结果。HRBP 完成了他们的行动计划和目标，你就应该给他们发"奖章"。公众的认可不仅对个人是激励，对他们的同事也是激励，并且对他们的业务领导也是激励，让大家意识到组织变得数据驱动有多么重要。

总 结

我们必须重新设计 HRBP 未来需要做的事情，这要通过定义他们与数据分析有关的新角色和职责来完成。我们需要诚实地评估我们所拥有的技能，并可能需要聘请一位新的 HRBP 经理来发掘和培养更多合适的 HRBP。

在我们进行人力资源变革时，无论是人力资源组织本身还是人力资源数字化，都需要用新的人才数据分析工具和能力重新评估服务在未来发挥的作用。我们需要应用人才数据分析来培养对组织成熟度有敏感性的

HRBP。一旦开始了人才数据分析之旅，我们就需要与HRBP及组织进行定期沟通。

我们需要通过卓越人才数据分析中心发展出一种支持架构，需要追踪HRBP的目标和相应的绩效表现，认可他们的成就。

由Visier提供：http://www.visier.com (archived at https://perma.cc/9GJ4-ZPAF)。

从人力资源从业者的数据视角来看，无论是传统的人力资源报表功能，还是现代的高级分析功能，通常都与HRBP的关联性很低。你如果想建立一个基于数据和证据做出决策的人力部门，就要把HRBP放在分析等式的中心，这样它们就可以以不同的方式共同运作，并最终推动这种方法发挥价值。

这需要人们转换思维，将数据作为一种方法，通过与领导者一起制定学习日志来改进和改变行为，以达到以下四个目的。

- 跳出舒适区：如果某个角色的一些地方对你缺乏吸引力，或者你还不怎么擅长，那就是你可以通过自己的努力去提升的地方。

- 优势开发：你可能已经习惯了基于数据的决策方法，因此任何改进的活动都可以加强你认为是优势的领域。你可以通过精进你已经擅长的能力来实现你的潜力和成长。

- 信心提升：提高数据和分析能力，让你离自信更近一步。大多数与数据分析方法相关的问题都是因为不愿意接受你认为不擅长的新方法。分析过程中的每一小步都会让你觉得自己逐步进入了这一领域。

- 提高自我意识：个人发展与自我意识密切相关，它让你有机会诚实地看待你的职业生涯中要改进的领域，并最终提升工作中的成就感及你的员工体验！

正如 3nStrategy 董事总经理兼人力资源分析智库主席奈杰尔·迪亚兹所言，进步的关键是从他人的经验中学习和理解，因为他们可以帮助你形成自己的方法，你也可以从他们的错误中吸取教训。

人力资源分析智库成立于2015年，致力于研究人力资源数据和分析在人事决策中的应用。这家智库分析并追踪了100多个人力资源分析功能的应用，探讨了不同功能创造了什么价值，这些功能是如何增长的，以及其他人如何开发（和加快）自己的使用旅程。此外，成员还可以通过网络研讨会和英国及全球各地的定期会议，与志同道合的同行交流，了解他们在推动变革方面面临的挑战、学到的知识和想法，体验循证的决策文化。

人力资源分析智库每年都会发现几十种趋势（www.hranalyticsthinktank.com），但其中有两个一致的发现。

- 人力资源分析部门往往由级别非常高的人力资源领导者支持，但这些支持者通常对自己所支持的内容缺乏足够的了解。这让人力资源部门虽然可能拥有一些预算，但是缺乏明确的成功目标或想法，让其职能从一开始就被削弱了。
- 组织对技术和能力的投入常常缺乏一致性。因此，各职能部门很难为提升技术和能力所需的工具与技能库积累业务案例。研究和经验表明，那些投入更多时间来具体界定其长期以来创造的价值的职能部门最终会获得最大的成功。

他接着说，在一个组织中建立人才数据分析能力没有一刀切的解决方案，向他人学习和理解的能力是至关重要的，而且这样做确实会发现新的机会。人力资源分析智库就是其中一个可以选择的方案。

正如我们所阐述的，学习和培养你的分析技能的机会有很多，特别是在人力运营部门未来一定会走向数据分析变革的背景之下，没有人会找借口放弃这些机会。

────────────── **本章的关键要点** ──────────────

- 更大范围的人力资源群体的发展，对于支持组织内各类基于分析的工作至关重要，你的研究和数据分析只能与那些促进变革真实发生的人一样优秀。

- 发展人才数据分析能力是一个持续不断的过程，可能需要多种方式方法，该方法将与人力资源、学习与发展及管理人员中广泛存在的思维模式相关联。

- 制订一个计划，规划你培养数据分析能力的过程，并让自己有机会接触人才数据分析业务。

- 可以提供帮助、建议和支持的渠道有很多——你在这个旅程中不孤单。

参考文献

1. Scott–Jackson, W and Mayo, A (2016) *HR with Purpose: Future Models of HR* (technical report), Henley Business School, University of Reading, Reading.

2. Pillans, G (2017) *High Impact HR – How Do We Create a More BusinessRelevant Function*?, Corporate Research Forum report, London.

3. Harrington, S (2019) HR needs more swagger, says Unilever CHRO Leena Nair, *The PeopleSpace* [Online] http://www.thepeoplespace.com/ideas/articles/hr-needs-more-swagger-says-unilever-chro-leena-nair-i-

couldnt–agree–more (archived at https://perma.cc/2CTQ–YDQT).

4. Gal, U, Jensen, T and Stein, M–K (2017) *People Analytics in the Age of Big Data: An Agenda for IS Research*, Copenhagen Business School, Copenhagen.

5. Pensom, J (2019) HR business partners: a practical guide to becoming datadriven, *PeopleInsight* [Online] http://www.peopleinsight.com/blog/5–minute–friday–data–driven–hrbp–playbook (archived at https://perma.cc/R9M2–V46F).

6. Pink, D (2010) *Drive: The surprising truth about what motivates us*, Canongate Books, Edinburgh.

7. Gandhi, N (2018) The critical importance of the HR business partner (HRBP), *McKinsey* [Online] http://www.mckinsey.com/business–functions/organization/our–insights/the–organization–blog/the–critical–importance–of–the–hr–businesspartner (archived at https://perma.cc/NKF4–DQPA).

8. Visier (2018) The Age of People Analytics Research Report, *Visier* [Online] https://hello.visier.com/age–of–people–analytics–research–report.html (archived at https://perma.cc/4G3Y–FJAQ).

第十章

前方的路：
通过人才数据分析打造人力运营部门

本章提供了我们从各种组织中观察到的基于未来的主题和趋势，这些组织正在向建立人力运营部门的行业趋势迈进。本章将从第一章"重新定义人力资源：变革的背景"中确定的一些初始挑战和问题出发，全面审视未来的人力运营部门。

建立人力运营部门是一个不断循环的迭代过程，在这个过程中，测试和开发关键问题的解决方案至关重要，比如建立组织的灵活性，建立网络，在整个组织中建立信任，通过数据收集洞见并构建一种注重未来发展的企业文化。人力运营部门不仅应该具有不受外部因素干扰的人力资源职能，还应该超越所有组织的界限，因为它可以提供与员工和业务相关的全盘见解。

本章内容包括：

- 定义人才数据分析战略：这部分内容将着眼于制定人才数据分析战略

时需要考虑的一些关键因素，无论你是作为HRBP还是作为分析团队的一员开展业务。除此之外，这部分内容还涉及了战略劳动力规划（SWP）和以数据为基础的方法的作用和定位。

- 人才数据分析的未来：这部分涉及了我们看到的一些主要趋势——如果你踏上人才数据分析之旅并在这一领域开发出一些核心能力，那么人才数据分析领域的下一步将会是什么？

- 未来的人力运营部门：我们将探讨以人为本的组织特征，未来的人力运营部门应致力于将这些特征纳入其战略目标。

定义人才数据分析战略

业务战略

当企业谈论战略时，这意味着它们将经历一个为组织明确方向或目标的长期规划和思考的过程。战略的概念正在发生改变，因为这是一个更加动态的过程。过去，高管们走进董事会，拿出一份计划，然后不管形势如何变换，员工们都会义无反顾地遵照执行。

拉夫堡大学的安迪·贝利说："世界已经发生了变化，现在企业有了战略并希望得到员工的认同，这样员工就能理解组织的发展方向，并希望通过正确的行为或行动来实现这一目标。"其中，大部分战略是通过数字化技术的发展来实现的。他进一步补充道："现在的内部沟通系统非常发达，旧的等级制度正在消失，我们看到的更多的是敏捷的组织结构。从战略上说，这就是让你仍然朝着一个长期的方向发展，当世界发生变化时，你也能及时做出调整。"因此，最新的关于战略的观点是，战略就是要考虑更长远的问题，但又不受制于此，这样，当机会出现时，组织就能迅速做出反应。毕竟，战略性干预确实可行，而且的确可以从组织内部任何地方产生。

那么，在一个不断变化的世界里，你如何制定战略呢？我们建议使用麦肯锡的三层增长模型。[1]

- 第一层：在短期内为组织现有的商业模式和核心能力提供持续的创新。
- 第二层：扩展组织现有的商业模式和核心能力，开拓新客户、新市场或新目标。
- 第三层：创造新的能力和业务，以灵活应对颠覆性机会或其他干扰。

我们需要确保组织拥有的最有能力的人才着眼于未来的第三层工作，并让有能力的人管理当前的第一层。这样，我们只需要担心第二层，也就是我们如何从今天的位置移动到明天想去的地方。但我们只有在描述了明天的模样之后，才能考虑这个问题。

尽管有一些专家哀叹：在如此动荡的时代，怎么还使用这种模型？[2]我们建议使用三层增长模型并将其作为路线图是有原因的：即使在旅程中，我们也可以改道到沿途的其他点位上去。

能　力

领导力和人才能力在战略制定与实施过程中发挥着重要作用。你可以有两家非常相似的公司，也可以有两个非常相似的战略，但只会有一家是成功的，原因就在于领导层和关键角色，他们实际上能够带领人们度过动荡时期。

兰开斯特大学的保罗·斯帕罗阐述了战略性人力资源在人才战略与业务战略中的同等重要性，他说："这不仅仅涉及你内部的战略家或高潜力人才，以及如何更好地管理他们，还涉及组织在当今环境中更广泛的技能和能力。"了解正在创建的新知识领域和复合型专业技能非常关键，因为我们知道这对企业的未来非常重要。

人才数据分析战略

在这种背景下，你需要确定一个长期计划或战略，来推进人才数据分析。业务战略是该计划形成的关键因素。根据我们的经验，一些人力资源职能部门仍在努力应对过时的人力资源技术、组织内不相关的问题数据集以及缺乏数据分析能力等问题。做出任何改变，都需要一个战略或计划来作为行动纲领，因此我们不仅需要支持人才战略，还需要改进这个人才战略。

当我们从长远的角度出发，转向高成熟度模型时，人才数据分析可以帮助我们细化、定义和执行人才战略。

以下是我们对建立人才数据分析战略的建议（见图10-1）：

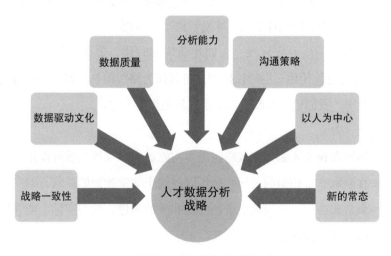

图10-1　人才数据分析战略

- 你的人才数据分析战略与你的业务和人才战略应当保持一致：保持人才数据分析战略的一致性并将其视为实现组织业务目标的一个组成部分至关重要。请记住，人才数据分析为你的组织提供了全面的基于证据的洞见，以了解关于你的员工优势和缺陷。这意味着你可以管理人员风险，将员工与工作相匹配，适当地奖励员工，通过人才举措来提高生产效率。

- 数据和分析文化：我们在第八章中谈到了这一点，这支持了从基于直觉的决策方法向更基于证据的决策方法的转变。在这种方法中，决策是从基于数据的洞见做出的。

- 数据质量：如果没有数据，你就什么都没有。关键是，你要有足够的历史数据。这些数据要集中在一个地方，或至少可以很容易地汇集到一起，而且是被清理过的。拥有旧的或无用的数据是没有什么意义的，因为这些数据会拖慢你的速度。你需要梳理出有用的数据，以帮助你回答你所设定的业务问题。这很可能需要一个更好的技术解决方案，以便能够在未来对此做出回应。

- 数据分析能力：人力资源从业者面临的最大挑战之一是缺乏解读数据的专业分析能力。人才数据分析能力是当今最受欢迎的技能之一，因此我们需要确保所有从业者都能不断学习这一领域的知识。[3]正如第九章所概述的那样，整个人力资源和学习与发展领域都需要提高数据分析能力，以便从业者能够在这个数据世界中应用他们的专业知识和特长。对数据所表达的内容做出务实的理解，是机器人和算法目前还做不到的。

- 沟通策略：为了最大限度地扩大对组织的影响，人力资源部门必须清楚和有信心地宣传其结果。这不仅是给客户和业务领导讲故事，而且是在整个组织内分享调查结果，并在分析方法中创造动力和兴趣。

- 以人为中心的数据分析：虽然战略、流程和技术被用来推动业务目标，但最终推动业务的还是人。人才数据分析可以助力员工在工作中产生积极影响。例如，通过使用数据，人力运营部门可以积极主动地支持员工的福利，让员工工作得更快乐、更健康和更投入，增加员工对企业的黏性，这反过来又会提高他们的业绩和在组织中的职业生命周期。[4]

■ 使人才数据分析成为新常态：人力运营部门需要将人才数据分析当作新常态，不是作为一种附加功能或"有很好，没有也行"的功能，而是作为未来运作方式的一个组成部分，并通过更好、更快地根据数据做出员工决策来支持组织的业务战略。这将提高人们的期望值，特别是在战略劳动力规划等其他流程方面。我们必须承认，数据存在于所有关键的业务实践中。如下文所述，战略劳动力规划具有一定的复杂性，而且需要进一步优化。

战略劳动力规划

战略劳动力规划是一个确保组织拥有实现其业务目标所需资源的过程，其方法是积极主动地规划、调整和预测未来的劳动力能力。战略劳动力规划正变得越来越重要，因为随着对问题的方法处理转向以数据为基础，人们现在正在寻求更复杂的方法。

安·莱克（An Rycek）在思科负责管理全球虚拟销售和工程的劳动力规划与分析，她介绍了自己是如何将业务战略与劳动力战略统一起来的。她认为："劳动力规划应该是业务规划的一个组成部分，它不应该仅仅是人力资源的一个流程。在进行年度业务和人数规划时，我们应该确保随着时间的推移将它们整合起来，这样人们也可以对未来的技能进行规划。"

劳动力规划就是要在合适的地点，以合适的成本、合适的时间、合适的角色、合适的技能，获得合适的人员，以实现合适的结果。对于企业来说，这就是要确保业务战略与劳动力战略完全一致。莱克进一步补充道："战略劳动力规划确保我们的员工队伍几乎与我们不断发展的业务战略一致。"思科有一个很好的流程，正在确保战略劳动力规划真正以业务为导向，而不仅是一个以人力资源为中心的流程。莱克的角色是如何执行这一流程的例子之一，因为她是业务战略和规划与人力资源合作的一部分。

尼克·凯姆斯利（Nick Kemsley）是一位经验丰富的战略劳动力规划从业人员，下面的内容概述了他对战略劳动力规划方法中需要解决的问题和改变的想法。

思想领导力洞见

战略劳动力规划：五个要避免的错误

尼克·凯姆斯利，NK（N凯姆斯利）咨询公司的创始人、CRF（企业研究论坛）的合伙人

在推动业务战略执行、降低执行风险以及将人力资源确立为一个关键的战略伙伴方面，战略劳动力规划基本上没有得到充分利用的机会。各组织在实施战略劳动力规划时遇到了一系列同样的问题，其中许多问题是自己造成的，原本是可以避免的。

各组织浪费了大量的精力，用完全错误的方式定位战略劳动力规划，它们往往利用人力资源部门或一次性流程去说服业务部门推动该规划的执行。"战略劳动力规划"这个词本身没有任何帮助，我个人的经验是，用这个词的主要是人力资源部门，而企业的领导人则在谈论组织能力、执行风险和能够给组织提供的信心。战略劳动力规划不就是战略规划中的人员和组织层面吗？我们为什么要把人和组织要素分开定位呢？

这里有五个陷阱需要规避，以便最大限度地提升通过战略劳动力规划增加真正商业价值的机会。

避免将战略劳动力规划定位为单独流程或人力资源流程

组织常常将战略劳动力规划定位为企业战略规划过程中的"第三条

腿"，并从一开始就设法与现有的业务规划过程相结合。我们在更广泛的
业务和战略劳动力规划方面遇到的许多挑战，都源于这种根本性的错误定
位和混淆。战略劳动力规划的出发点并不是填写一张电子表格，去预测未
来几年不同工种的全职员工产生的数据，而是包含了在战略层面经常缺失
的思维，如图10-2所示。

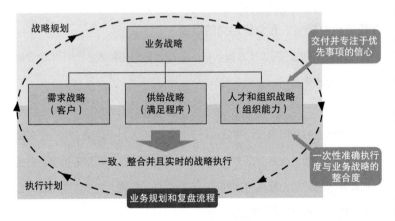

图10-2 整合型战略劳动力规划流程

如果不加以纠正，战略可能在没有发现重要的风险和机会时就进入执
行阶段，例如新的技能要求、员工保留、领导力等。以越来越多拥有数字
化战略的组织为例，它们在招聘工作中发现自身并不具备吸引所需人才的
雇主价值主张。这本可以很容易地被确定为一种可预见的风险，并制定出
降低风险的策略。

这里有一个正面的例子，讲述的是一个大型基础设施项目。该项目利
用战略劳动力规划的思维和随后的建模，识别出其他同时进行的国家基础
设施项目有可能吸引其曾经认为可以招聘到的大部分人才资源这一风险。
因此，它采取阶段性步骤在之后的几年内投资开展自己的内部人才供应项目。

不要害怕使用"风险"一词

企业每天都在谈论风险，而人力资源部门很少谈论它。有时候，风险被认为是不适当的消极因素，但它是一个能够将商业世界、员工和组织联系在一起的主题，它是商业运作方式的核心。

审视一个组织在一段时间内要实现的目标，并将其量化为对员工和组织空间的潜在影响，我们需要识别：

- 哪些方面存在潜在差距。
- 哪些方面的差距可能代表着需要缓解的风险。
- 哪些战略和行动可以解决这些问题。

我们如果希望领导者参与到对员工和组织的前瞻性思考中，就需要用他们能理解的语言来实现这个目标。如果将战略劳动力规划定位成一种为了实现战略执行而管理风险的方法，那么我们的领导者怎么会不愿意参与呢？基于风险的方法有其好处：使组织能够调整有限的资源，以专注于商定的优先事项；使我们能够调整人员流程，以有效和经济的方式交付所需的东西。

我们在描述战略劳动力规划时明显是混乱的，而且缺乏一致的定义。有时以人数为导向，有时以关键角色为基础，还有时围绕一段时间内的劳动力组合和概貌。在很多情况下，战略劳动力规划和"资源预测"是混淆不清的。如果人力资源部门自己都不清楚，我们也就很难让业务融入这个概念中。

这些解释并不一定都不正确，但它们只是战略劳动力规划的子元素，没有一个能恰当地代表战略劳动力规划的全部。它们只是战略劳动力规划端到端历程中不同阶段的缩影。战略劳动力规划并不能取代运营规划，它只是提供了必要的背景，使其可以专注于正确的事情并确保我们已经覆盖了所有的基础信息（见图10-3）。

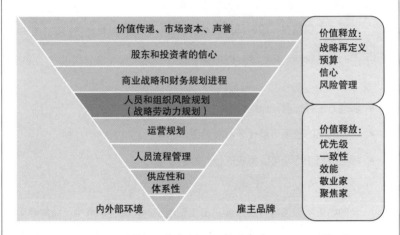

图10-3　战略劳动力规划的影响因素

别把战略劳动力规划定义得太狭隘或将其作为独立的一次性活动

现实情况是，我们需要把战略劳动力规划看作一次旅程，这次旅程的不同阶段拥有不同的风景。

战略转换或对话：在这里，战略劳动力规划是促进性和协商性的，可以提供一个框架，从已知的战略转化为对人和组织影响的战略。这个阶段是没有数字的，无所谓精确性和确定性，但是可以获得一个最高层次的认识和了解未来挑战与机遇的机会，进而将其细化为可探讨的潜在差距和风险。

- 风险识别：这些高层次的投入和进一步的实施工作，能帮助我们判断是否应将其作为优先事项处理，同时也有助于研究数据和其他洞见的源泉，这些洞见事关当前的能力、外部趋势、人才的可获得性、弥补差距及探讨不同情况的可能性和潜在影响的难易程度。在识别组织中的重大领域时，如果我们只是简单地让它们按照常规流程运行，那么这会带来非常大的风险。因此，风险识别的内容将是必须回答的关键问题，并将指导下一阶段的行动。

■ 建模或分析：利用数据和分析工具，从电子表格到人力资源信息系统（HRIS），再到专有的战略劳动力规划建模软件，我们可以探索不同的组织和员工方案。这使我们能够评估任何潜在的风险或机会，并尝试不同的方法来应对它们；这有助于我们了解劳动力结构随时间的变化，比如不同年龄段的人口统计、人才库规模的变化以及潜在劳动力成本的影响。

■ 制定战略：确定满足需求或规避风险的最适当战略，是关于建立、购买、保留、租用和重新部署的规划，我们的重点在于如何规划。新出现的战略必须与现有的组织计划和人才战略进行比较，以确保一致性和相关性，并进行任何必要的重新排序。我们现在已经缩小了战略劳动力规划与评估我们的人才流程是否适合于满足需要或者是否需要修改彼此之间的差距。

■ 业务规划和执行：根据战略劳动力规划的方法论，业务规划的设定需要围绕在正确的时间，以正确的方式，做正确的事情。我们现在必须贯彻执行这些计划。我们已经跨过了一个门槛——以数字和具体的方式参与进来，并且使用我们的业务规划工具在正确的时间将正确的信息加载到组织中。

■ 衡量和复盘：阐明我们对关键风险的看法后就意味着我们有一个衡量风险缓解程度的基础。如果做得好，战略劳动力规划就会告诉我们需要衡量什么。这是衡量全体员工的流失和衡量具有战略重要性的特定部门的人才流失之间的区别。它能使我们将询问和呈现的数据信息真正转化为有用的洞见，进而审查和更新自己的战略劳动力规划，将其与更广泛的业务规划流程联系起来，并提供相应的重点、可持续观点、进步和明确责任的观念。

别强求战略劳动力规划过早给出数字，也不要将其与资源预测混淆

许多方法试图快速进入关键角色、工作族类或简单的人员编制领域。基于组织视角，我们的出发点是有益的，并且会去探索其不同层面之间的相互依存关系。这意味着一个跨度的初始定义，例如：

- 运营模式和组织结构、物理位置、整体劳动力规模和职责。
- 系统和流程直接或间接影响业务流程与人员流程层面的需求。
- 保持或发展竞争优势所需的技能和知识。
- 实现文化目标和实施变革的行为需求。
- 领导力和敬业度的要求，例如我们的管理者可能需要改变什么，以及如何激励、认可和保护我们员工的福利。

在探索、完善和发展战略劳动力规划对话的过程中，我们可以将重点放在角色和人数等具体因素上，但如果这些是我们的出发点，我们就有可能错过关键需求。这就是组织系统框架应运而生的原因。用哪一个框架并不是最重要的，更重要的是问对问题。只有这样，并思考不同的元素如何相互作用（例如文化和领导力），我们才能获得最有力的见解。

我们不能在战略劳动力规划还没有准备好的时候，就把它变成一个数字的形式。同样，我们也不能等到这种情况发生后再采取行动。这种困境是"更大的电子表格综合征"，它经常导致人力资源和更广泛的业务之间的不健康的对立。正是这种困境使得战略劳动力规划无法启动。

这里存在一个普遍的误区——使用战略劳动力规划意味着停止战略演变。战略劳动力规划思维可以应用于任何时间点，常常被视为有效的动态健康检查，以确保我们思考了正确的事情。事实上，越接近战略创造点，它就越好。在当今的世界里，当我们需要清晰实用的流程时，它们往往像奢侈品一样不太可能出现，因此我们的站位必须更高，以满足未知和不断变化的需求。

不要让错误的人参与进来，也不要让个人对战略劳动力规划结果负责

这个主题涉及两个方面：参与人员的个人能力和现有知识的广度。如果你喜欢确定性和简洁的流程，那么战略劳动力规划的前半阶段就不会符合你的喜好。如果你喜欢按照上级的明确指示行事，而不是带头引导业务管理者获得新的见解，那么在战略劳动力规划之旅的后期，你可能会拥有更大的用武之地。

战略劳动力规划需要的是模糊耐受性和务实性高的人，并在咨询和引导方法上具有很高的技能。在错误的地方使用错误的人肯定会破坏你在战略劳动力规划中付出的努力。战略劳动力规划的成功不应该仅仅依靠一个人，即使他们具备这些特质。

小　结

我们需要尽快突破战略劳动力规划的门槛。我们的业务非常需要它，它在许多领域都有巨大的、多方面的好处，而不仅仅是"合适的人，合适的时间"。但是，我们定位的方式使得我们太频繁地搬起石头砸自己的脚，以致战略劳动力规划乏力甚至成为一个风险因素。

如果能规避上述五个陷阱，那么我们将在失去机会之前及时纠偏。我们如果能做到这一点，那么不仅可以撬动达成业务绩效的关键板块，还可以树立人力资源部门信誉的一个重要里程碑。支持信息收集的数据和分析流程至关重要，但正如你所见，战略劳动力规划流程还有许多其他要素需要完善，只有要素齐备的战略劳动力规划流程才能真正成为一个有价值和可信赖的流程，让人力资源与战略性的运营业务需求持续保持一致。

www.crforum.co.uk（存档于 https://perma.cc/DPL8-RVPQ）

我们从中学到的是：

- 战略劳动力规划将成为一个更加关键的业务流程，因为许多分析团队正面临如何让战略劳动力规划流程更加稳健和以数据为基础的挑战。
- 战略劳动力规划是人力资源分析的一个重要方面，但它的内容不仅仅是数据或数字。[5]
- 基于数据的人才实践方法的发展，将对人力运营部提出进一步的挑战，例如如何将定性和定量方法相结合，并确保未来可以随时获得更可持续的能力数据库等。
- 战略劳动力规划必须纳入人才数据分析战略，因为战略劳动力规划是业务和人才战略之间的重要桥梁。

人才数据分析的未来

布朗普顿自行车公司的首席执行官威尔·巴特勒–亚当斯非常清

楚分析的重要性。首席执行官的作用是管理其所在的组织并监督企业愿景和战略的实施。随着组织变得越来越大，你需要能够更清楚地看到组织在做什么。

我们以驾驶飞机为例。当飞机在云层中以每小时350英里（约合563.3千米）的速度在特定的高度飞行时，飞机什么也看不见。我们周围可能有山或其他物体，但机长可以绕开这些障碍从世界的一边飞到另一边。机长之所以能做到这一点，是因为飞机仪表为他提供了许多航行信息，这些信息使他能够将飞机转向正确的方向，并且能满怀信心地准确做到这一点。

正如威尔所描述的，领导一个企业类似于驾驶飞机："我不知道正在发生的一切，因为企业太大了。我以前可以，但现在不行了。我现在不得不依靠来自组织不同部门的大量数据，这些数据以非常清晰和有效的方式向我袭来，使我能够管理公司业务，并调查是否存在问题以及我们是否偏离了轨道。数据能助力我制订计划，因为我可能会根据数据改变管理策略。飞行途中可能会突然刮起一场风暴，这在我出发的时候并没有发生，但在半路上就出现了。如果没有数据，那么我可能会直接飞到风暴中。所以，对我来说，数据就是一切。"

人才数据分析领域展现出了一些关键趋势（见图10-4）。人才数据分析将成为一种战略工具，使组织得以发展，但我们希望你对本书所描述的挑战、规则和框架保持谨慎。此外，重要的是注意和学习那些已经将人才数据分析付诸实践的组织，以及迫在眉睫的业务机遇。

态度和自动化：保持谨慎

我们都知道，没有数据就会产生问题，例如，我们会根据直觉做决定，而不是专注于证据和事实决来做决定。这就意味着你可能会解决错误的问题或错误地解决问题。[6]但仅仅有数据是不够的，数据的质量以及在相关数据基础上做出的假设同样也至关重要。

图10-4　人才数据分析的未来发展趋势

威尔·巴特勒–亚当斯分享了一个例子——他的一位高管对某个问题做出了太多假设。这意味着，一旦数据出现错误，其结果将是致命的。关于完整收集数据的重要性，他接着说："在面对迎面而来的一座高山时，你以为你在海拔8 000英尺①的地方飞行，但实际上你只是在海拔1 500英尺的地方飞行。因此，数据的完整性至关重要，它能帮助你管理你的公司。"

随着自动化程度的提高，例如人工智能和基于机器学习的应用程序的使用，我们很容易接受它们提供的数据和算法。发射台（Launchpad）公司的特许心理学家马克·亚伯拉罕（Mark Abraham）提出了如下针对此类应用的关键问题。

---

① 1英尺=0.304 8米。——译者注

- 算法到底在测什么？

- 是用什么人群样本来构建算法的？

- 有什么证据表明它是一个好的算法？

- 算法中涉及的变量有哪些？

- 算法是如何对员工进行评估或打分的？

- 已经采取哪些措施（这些措施用于保证数据能得到公平处理并对目标人群有代表性）？

- 我们可以从这个流程中得到什么反馈或结果？

兰开斯特大学的保罗·斯帕罗（Paul Sparrow）也警告说："通过分析，你其实是在试图捕捉和构建一个系统模型，而系统是在不断变化和发展的。即使你的所有指标和算法无可挑剔，但是你会发现你的分析还是对关键变量、输入变量和输出变量做出了假设。这些假设本身会受到变化和灵活性的影响，因此你总是需要重新审视你的模型。"

随着自动化和算法的使用场景增加，我们提倡人力运营部门保持谨慎并多加调查，这非常重要。

系统级的颠覆和进化

系统性思维是在过去50年中发展起来的一个概念框架，它引入了一系列的工具和技术，使我们能够解释也能更清楚地理解这种思维模式的全貌，并帮助我们有效地推进变革。[7]系统性思维的重点在于，我们所调查的问题和挑战如何与组织中的其他过程和系统相互作用，所有这些过程和系统相互作用并驱动某些行为的发生。

人才数据分析通过系统性的方法为领导层获得洞见铺平了道路。如今，技术、大数据和分析技术使我们能够收集并使用企业内外的所有洞见，而且这比以往任何时候都快得多。因此，人们有机会站在创造有洞见的商业智能的前沿。从某种程度上说，使用分析的结果是，组织现在能够连接更多不同种类的数据（包括内部数据和外部数据），以便完成更多的工作。但业界一直存在这样的争论：这方面的人员信息是否应该嵌入一个共有的情报职能部门，或者说人力资源职能部门是否应该培养自己的能力？

我们的研究清楚地反映了人力资源部门目前所处的困境，以及等待人们发挥作用的机会。专家认为，从业人员需要同时收集内部（结构化和非结构化数据）和外部（结构化和非结构化数据）数据，以获得对业务的见解。[8]

利用分析技术，领导者不仅可以清晰地描述未来5~10年的愿景，还可以在面对新技术、全球事件、社会变革和经济转型时对战略的迭代持开放态度。同时，领导者也要为系统级的颠覆和进化做好准备，这将有助于预测行业将如何发展（见图10-5）。[9]

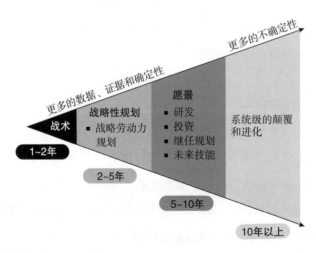

注：改编自韦布，2019年。

图10-5　对颠覆的回应

敏捷的工作和组织设计

敏捷方法是从信息技术职能视角开始的，但是这些方法已经被其他职能部门采用，从产品研发到制造再到市场营销，现在它们正在改变组织雇佣、开发和管理人员的方式。[10]20多年来，敏捷方法彻底改变了信息技术，极大地提高了技术质量、应用和速度方面的成功率，也提高了信息技术团队的动力和生产力。敏捷方法越来越广泛地传播到各个行业和职能部门。那么，敏捷方法是如何工作的呢？

有些人可能会把敏捷和无政府状态——每个人都做他们想做的事情联系在一起，而其他人认为敏捷意味着"按照我说的做，效率就会更高"，但这两者都不是敏捷。敏捷方法有如下几种形式，虽然性质相似，但强调的内容略有不同。

- Scrum（迭代式增量软件开发过程），聚焦解决复杂问题的创造力和适应性的团队合作。
- 精益开发，注重持续消除浪费。
- 看板，专注于减少交付周期和进程中的工作量。

Scrum及其衍生工具的使用频率至少是其他敏捷技术形式的五倍，因此更适合我们用于管理实践的改进。[11]

这就是我们能够采取的一些最具战略性的干预措施——组织设计和动态能力重新出现的原因，它们将助力设计未来的组织。它没有明确的对或错的答案，但由于人处于组织过程的中心，并且他们极大地影响了组织竞争的能力，因此敏捷的工作和组织设计是未来的人力运营部门应该进行的战略活动。特别是在数字化转型和向敏捷工作方式转变的过程中，这已经成为许多组织的关键业务驱动力。[12]

商业环境越来越不可预测，企业需要一个反应迅速的员工队伍。

因此，战略劳动力规划需要具备适应性，支持日常运营规划并能够在关键情况下进行快速的情景规划。即使有了最好的计划，事情也会发生变化，比如失败的假设、技能错位、不正确的资源预测、重大的生产力变化甚至组织结构变化。敏捷组织将使用战略劳动力规划来应对变化，并通过应急计划来巩固不断发展的业务目标和战略。

战略劳动力规划将使组织能够对变革的终止或持续做出规划。工作的改变、调整和替换将产生新的结构、角色和能力，要实现这一点，各组织都需要采取分析方法来了解未来工作所带来的影响。

康森特分析（Concentra Analytics）公司的贾尔斯·斯林格（Giles Slinger）认为，在设计未来组织时，有五个关键挑战。[13]

- 不完全的信息：你不知道自己有什么。
- 复杂性：未来的组织是一个复杂的系统。
- 组合性：人是技能的组合体，角色是活动和行为的组合体。
- 不可测量性：成本是已知的，但潜在的收益难以估计。
- 变化：即使是正确的答案也只是暂时的，因为变化是永恒的。

优秀的组织设计所需的分析是以数据为导向的、多维度的和自适应性的。你将需要用分析来证明什么是已经被理解的和可定义的。分析可以计算一些时间和空间上的投资以应对计划外的事情，同时可以收集持续的反馈数据来说明什么是有效的或无效的。所以，人才数据分析将起到战略性的作用：基于数据确定组织目前正在发生的事情，并尝试对设计和实施某些方案的可能结果做出预测。

组织网络分析

在快节奏的数字化工作场景中，传统的层级和协议显然对组织的发展弊大于利，因为它们阻碍了沟通和决策。技术行业的飞速发展源于敏捷方法的应用。然而，我们需要理解的是，实现敏捷所需的范式转换不仅仅是理解敏捷这么简单。

为了实现这一概念，人力运营部门不仅要采用敏捷方法，还要打破传统的层级结构，转向更强大的网络系统，无论这个网络系统是团队、社区还是知识专家集群。拉夫堡大学的安迪·贝利概述了组织内部发生的变化，在这些变化中，层级结构正在被打破，成为促进沟通流动的网络。数字技术与基于组织的思维的结合，使我们走向了网络分析的应用。

组织网络分析（ONA）是一种结构化的方法，用于可视化地呈现沟通、信息和决策在组织中流动的方式，并因人才数据分析中的"下一件大事"的特点而受到广泛关注。它超越了组织结构图，帮助你理解你的企业是如何真正运作的。目前，它有如下一些应用场景。

- 了解组织中与有效协作相关的障碍和挑战。[14]谁是与人们产生共鸣的非正式影响者？如何打破信息孤岛？
- 战略性地管理和利用替代劳动力，以确保业务增长。[15]
- 变革，以及如何基于组织中存在的网络更成功地实施变革。[16]
- 领导行为及其关系网络对成功的影响。[17]
- 数字化转型以及如何更成功地实施。[18]
- 通过员工网络和高度参与的策略来创建创新文化。[19]

随着各组织都在寻找提高绩效的方法，无论是通过个人还是高敬业度的团队，传统的层级结构都正在被分解为网络。在网络中，人们聚集在一起解决问题，然后一起应对新的挑战。自上而下的管理方法已经让位于更快的、更适合短期调整的用户驱动的方法，例如快速原型法、迭代反馈、基于团队的决策和以任务为中心的"冲刺"。

人力运营部门有机会创建和促进一个网络，使合作和流动成为可能，这有助于打破组织内部的孤岛，鼓励团队的跨职能整合和组织内部的知识共享。组织网络分析及那些与电子邮件、交流等相关的基于数据的见解的应用，有助于影响成功的组织设计方式。

思科的特别团队情报部门通过使用名为"团队空间"的专有技术来提供这种支持。该部门识别组织中表现最好的团队，分析其运作方式并帮助其他团队学习如何提高效率。团队空间跟踪团队关于项目、需求和成就的数据，以衡量和改进团队在部门内和公司内的工作。思科将整个组织设想为一个网络，而不是一个层次结构。

组织网络分析将复杂的关系形象化，并提供了一些强有力的见解。图10-6显示了一系列以深浅不同的阴影显示的部门。组织网络分析表明，部门内部的人联系很紧密，但只有一两个人与其他部门的人有联系。这就可以引发对话，并进一步了解原因。

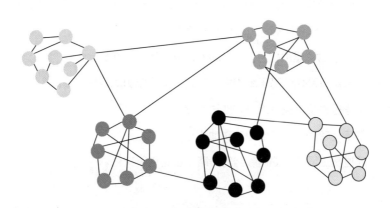

图10-6 组织网络分析可视化

重要的是要记住，无论可视化有多强大，基本问题仍然是你试图解决的首要业务问题。有时，解决方案可能会超越问题的重要性。

实践群体

实践群体是一群在组织网络分析的基础上通过分享专业知识和对共同事业的热情而非正式地联系在一起的人。在这里，人们以自由流动、创造性的方式分享他们的经验和知识，以开发解决问题的新方法，最终提高国际银行、汽车制造商和政府机构等不同组织的绩效。实践群体可以助力推动战略，产生新的业务线，协助解决问题，促进和传播最佳实践并发展人们的专业技能。[20]

实践群体不容易建立、维持或与业务的其他部分整合，而且它们的自发和非正式性质使其能够抵抗监督和干扰。然而，位于纽卡斯尔的英国国家医疗服务体系的首席执行官杰基·丹尼尔（Jackie Daniel）爵士强调了她所在的组织内部网络如何使人们能够在敏捷的项目团队中工作，并完成超越传统层级的任务，从而创造一种信任的文化，使人们可以保持健康。

思想领导力洞见

来自董事会的观点——首席人才官在医疗服务行业中的作用

纽卡斯尔泰恩郡国家医疗服务体系首席执行官杰基·丹尼尔爵士

杰基·丹尼尔爵士在国家医疗服务体系的职业生涯超过了38年，她是任职时间最长的首席执行官之一，她在此岗位服务已超过17年了。目前，她是纽卡斯尔泰恩医院的首席执行官，负责16 000多名员工和10亿英镑营业额，医院为公众提供全方位的服务。纽卡斯尔的国家医疗服务体系每年负责治疗100多万名患者。

在杰基爵士的领导下，纽卡斯尔国家医疗服务体系最近获得了医疗质量委员会检查的杰出评级。

首席人才官：文化管理者

作为首席执行官，我的工作是为我们所有员工创造蓬勃发展的环境。我和领导团队一直在讨论这个问题：我们如何创造条件让旗下的员工茁壮成长。在国家医疗服务体系中，现在谈论首席人才官变得越来越普遍。首席人才官有一系列的职能，其中主要是作为首席执行官旁边的文化管理者。

我们都想知道什么样的环境最能支持员工的工作。这就需要去了解组织，了解它的战略目标，但也同样需要了解员工队伍。在医疗健康行业，这是相当复杂的，因为我们有不同的员工群体，他们需要不同类型的支持。

数据和超越

当谈到数据时，它其实是在回答什么是出色的工作表现。为此，你真的需要收集数据，但不仅是常规的统计数据，如出勤率、病假或其他我们常进行的调查，而是要超过这些。例如，我们试图捕捉人们在工作中的快乐感受，就像你今天可能在机场观察到的那样，各种各样的检查站收集来访者的数据，比如一张皱眉的脸和一张笑脸。

这一切听起来可能很简单，但总的来说，我们必须了解员工的感受。这些指标对我们来说很重要，而且需要我们高频率地去收集。除此之外，我们也应该去收集关于劳动力多样性的数据。在医疗健康行业，这些并不是常规会收集的数据。虽然我们会收集有关残疾情况的数据，但是我们不会定期收集关于男女同性恋、双性恋和变性者的人口统计数据，也不会经常收集员工希望如何被识别的数据。

即使是黑人和少数民族的数据也是零零碎碎的，没有达到可信赖的水平。我们对员工关注的事情的了解还是有一些空白。

人们的寿命越来越长

我们生活在一个人口老龄化的经济体中，并希望人们生活得更好、活得更久。因此，我们面临着收集各种数据的挑战。比如，年长的员工在工作中关注什么、想要什么；不是指工作时间，而是指工作条件。在国家医疗服务体系中，我们有一些医疗顾问，他们到了60岁就会寻找新的职业，他们并不考虑退休。因此，我们需要收集更多关于这些问题的智能数据，并利用这些数据来讨论劳动力中的年长人士可以选择的方案。

我们的员工是我们正在治疗的患者群体的一部分。因此，我们要收集关于他们健康的各种数据。现在，一些智能衣服可以不断监控人们的心率。在医疗健康行业，我们有责任对我们现有的数据进行大量预测性分析，尝试使用其中的一些数据来预测我们员工的健康。

虽然我们有最大的数据仓库，但全球都在讨论谁拥有这些数据——（在我看来）显然是患者。关键问题是，如何利用它来预测和规划正确的干预措施与医疗支持。

医疗健康行业首席执行官的角色

尽管有些人可能认为首席执行官的职责仅仅是有效地管理组织，但现在很明显，我们有更大的责任与整个组织周围的系统合作，特别是地方政府、私营部门和志愿部门，以思考我们如何平衡健康、财富和幸福感。因此，作为医疗健康行业的从业者，我们正在尽自己的一分力量，在需要时提供正确的干预措施和正确的关怀。

但实际上，我们也愿意考虑对健康进行预测，并试图走在更前端的位置，进行更多的预防和健康管理。另一个重要的动作是推动当地经济，并通过确保人们获得适当报酬的工作来帮助创造就业机会。所有这些都导致了健康、财富和幸福感之间无法解释的联系，这种联系现在已经成为医疗健康行业首席执行官角色的一部分。

为人们创造适于发展的环境

对我们来说，从更大的视角看待数据测量变得越来越重要。如今，全科医生正在分发能够监控心率的跟踪设备。这里的关键是，要有连接良好的通信系统，因为我们能够跟踪人口健康状况的唯一方法是拥有数字兼容的平台。因此，医院人事部门的另一个重要职责是扮演整合者的角色。

医院的工作是规模化的，我们每年治疗数百万患者，这些患者也与他们的全科医生和其他医疗服务提供者进行交流。他们可能会去健身房，但他们显然会自己进行购物，因此我们要通过智能手段将这些整合起来，使我们能够看到正在出现的模式，不仅仅是疾病或慢性病，而是人们的生活方式。我们现在可以了解人们生活中发生的事情是否促进、改善或恶化了他们的健康状况。因此，我们需要关注的健康指标正在变得越来越多。

我们现在正在研究健康趋势、社会趋势、收入、工作及社会活动，试图从更大的视角来看问题。在英国国家医疗服务体系中，我们做到这一点的方法之一是使用一个框架，创造一个环境和氛围，使人们能够蓬勃发展。基本上，我们有如下三个方面需要考虑。

- 领导力：培养"最好的你"。第一个方面的重点是领导行为，即如何将"最好的你"带到工作中。我们的团队做了大量的工作来确保我们创造了一个合适的氛围，让人们能够感觉到自己处于"发现模式"，而不是防御状态。因为在健康领域，人们开始感到防御性是很危险的。如果人们隐瞒事情，那么在事情发生时不报告，这可能会成为一种危险。因此，我们花了大量的时间来改善这些行为，倡导富有同情心的领导理念。我们鼓励能够创造相互尊重的行为，思考能够推动我们前进的价值观，确保在事情不对时能够直言不讳，以及包容各方的行为。这一切都是为了广泛地传播这些价值观，并在社交媒体上为人们提供工具，让人们看到他们在做什么，以及谈论什么是重要的。

- 运营框架：调整优先级。大多数首席执行官通常会花时间在这个领域，确保有一个引人注目的战略。组织价值观是共同创造的，应该得到全面理解。为此，我们要关注组织结构、绩效管理系统和沟通框架的健全性。在医疗健康领域，董事会和病房，或者手术室和门诊部之间需要有清晰的界限。这听起来很容易做到，但我们花了相当多的时间来审查组织中的治理结构，这才有了真正的回报。

- 活动网络：创造适于发展的条件。这个方面是我们可以加快步伐的地方。这就是你鼓励那些可能在中层观察不到的管理者的方式。你可能不会把他们认定为正式的管理者，但他们因共同的利益聚集到了一起。当这些人对一个问题充满热情时，他们会像一个小项目团队一样短暂地在一起工作。但是，这个问题在解决之后就成了一件工作。他们的工作往往成为正式业务框架的一部分，但它是在活动网络中共同创造的，显得更敏捷、更快速，而且不会被官僚、程序和流程所束缚。很多高级领导团队低估了这些网络的价值，因为它们不是正式结构的一部分。很多人不认为这些网络是合法的，这是一个很大的错误。如今，在医疗健康领域，越来越多的组织在使用这种技术，而且这种技术肯定会迎头赶上。

事实上，这是一项需要共同努力的工作。作为首席执行官，我做了很多工作来推广这个框架，我到纽卡斯尔后做的第一件事就是倡导它。我用信息图表的形式把这个框架呈现在墙上。我与不同的员工小组进行了交谈，询问他们是否认为这将是一个好的运营模式，他们是否认为该框架将发挥作用，它是否属于这里，我们如何使它在这里工作，以及我们怎样才能根据自己的要求来定制框架。现在，从最高领导层到最底层的每个人都掌握了它。

首席人才官不仅要理解这个框架，而且要真正相信它是正确的运作方式。我们必须共同努力，使这三个领域相辅相成。首席人才官应该研究每一个领域，使这些领域能有效地工作，并为组织提供最佳的运营环境。我认为，这一模式的作用是释放人们的潜力，并确保首席人才官在我们现在所处的迅速变化的工作世界中拥有一个运作的框架。

www.newcastle-hospitals.org.uk（存档于 https://perma.cc/EZ7E-X9BR）

未来工作场所的一个关键特征是，在组织中根据业务需求以及个人的兴趣和工作经验，采用更加灵活和敏捷的运营方式。类似于组织网络分析的演变，人才数据分析将使这一领域的数据和见解不仅能证明这一概念，还能从知识共享和员工敬业度的角度提供支持这一概念的证据。

组织发展和变革

组织发展和变革是一项关键业务活动，其重点是成功的组织变革及基于业绩的挑战和问题，并且往往围绕着以下四个方面展开。

- 使组织的资源价值最大化。
- 组织想要实现的战略、价值观和核心目标。
- 通过行为科学、知识和实践最大化组织人才的竞争优势。
- 对整个组织的系统性变革和改进进行制度化。

很多这样的活动都围绕着研究、诊断或分析和制定解决方案来进行，以便在整个组织或单个部门中得以实施，所有这些都以前所未有的规模和速度进行着。[21]这与人才数据分析背后的核心原则和框架一致（见第八章）。

因此，对于那些拥有成熟的分析能力的组织来说，人才数据分析团队的定位似乎正在向组织发展职能演进就毫不奇怪了。[22]

默克集团（Merck KGaA）正走在这条路上，它的故事概述如下。

案例研究

默克集团：组织发展引领变革，通过分析实现价值

背　景

位于德国达姆施塔特的默克集团是医疗保健、生命科学和高性能材料领域的领先科技公司。它拥有超过5万名员工，致力于开发进一步改善和提高生活质量的技术——从治疗癌症或多发性硬化症的生物制药疗法、用于科学研究和生产的尖端系统到智能手机和液晶电视的液晶。

数字化有助于推动实验室和工厂之外的工作场景的转变。数字化人力资源和人才数据分析是这一转变的关键术语，数据被用于收集对人力资源工作各个方面的见解，然后可以应用于战略劳动力规划、人才管理甚至是日常运营的逐步优化等任务。

业务挑战

数字化人力资源转型始于全球标准化

直到2011年，默克集团的所有人才流程（包括招聘、绩效管理、薪酬和继任规划）都是由当地国家或部门设计和推动的。缺乏全球性的流程意味着数据和相关分析往往因其所在区域不同而存在差别，没有超越流程和区域的联系。

相应的工作从标准化和集成其流程、相关数据开始，以实现全球数据视图。所有人才流程都采用了标准化的全球方法，目的是实现流程整合和一体化。这种标准化和流程集成为默克集团后续的人才数据分析建立了基础，使集团能够看到流程之间的关联。人力资源重新设计，还涉及各方复盘可用于支持整个人才流程分析的技术。

数据统一

标准化工作能从不同的流程中发现数据，但是我们应该如何处理这些数据呢？默克集团之所以看中人才数据分析技术，有三个驱动因素。

- 该团队被这么多人基于过程数据构建报告震惊。该团队希望看到从事报告和分析工作的员工数量有所增加，同时数据的整体质量也要有所提高，而不是通过统计人头来监控员工数量的减少。该团队希望更多地利用数据和分析来推动员工决策，而不是减少报告。

- 该团队想要一个单一的真相来源。该团队有无数的区域系统和管理者来挑选其想要的数据。通过转向全球流程，每个人都可以利用相同的数据和定义。例如，人才的定义在中国和德国之间不应该有差异。

- 该团队认识到，关于人才趋势的某些假设不是基于数据，而是基于"直觉"。例如，许多管理者认为人才没有得到奖励，绩效没有影响人员流动，离开组织的是错误的人。该团队将分析作为改变思维模式的驱动力，并鼓励管理者做出基于数据的决策。

方　法

我们使用Visier系统，整合了超过4 500万个单数据点。这些来源和数据包括SAP、SuccessFactors人力资源套件和来自外部供应商的员工敬业度调查结果。管理者和人力资源部门的员工可以通过对用户友好的、非技术性的问题来了解信息，这些问题侧重于组织和人员管理，例如"人口结构的发展如何影响我们的组织？"然后，他们可以根据整个公司的结果对数据进行切片、切块和比较，从而产生一个新的透明度标准。

再加上管理层的经验和知识，这些结果为解决各种问题做出决策提供了坚实的基础。例如，管理者可以跟踪来自绩效评估过程的反馈信息对员工流动的影响。

实施方法

利用分析来推进组织发展

这种方法与众不同，它将组织发展和人才数据分析相结合，为业务提供实用的、差异化的支持，因而发生了根本性的转变。如今，团队不再被要求提供数据，而是被要求基于数据的含义以及干预措施提供建议。

默克全球团队规模较小，主要在欧洲、美国和亚太地区开展业务。该团队结合了来自典型实施团队（如组织发展、并购、变革管理等）的不同专业知识，并与人力资源和业务领导密切合作，提供针对业务的见解，利用分析洞见进行咨询。该团队注重与内部团队以及大学和研究公司等外部伙伴的合作。这使其能够不断地将内外部趋势结合起来，从而提供附加的价值。该团队专注于使用数据讲述故事，并通过其对组织发展的共同理解来贴近业务。

赋能业务

管理者应参加组织发展和人才数据分析赋能会议，练习如何通过分析支持组织和人员决策。其背景包括"释放我们的力量"，并通过关注绩效、协作和用技术抓住机会来实现目标。这使管理者能够通过案例研究进行学习，鼓励团队从业务主题或问题开始，而不是从数据开始。管理者需要将他们的主题或问题分解成子问题，然后使用分析技术为讨论提供见解，最后产出洞见并明确行动的优先级。

例如，为了确定默克集团是否是一个敏捷组织，团队首先讨论了定义敏捷组织的关键要义，例如：

- 我们基于内部和外部趋势的重建或适应能力如何？我们有健康的员工机制吗？我们的营业额与我们不断变化的需求一致吗？
- 我们做出决定和行动的速度快吗？我们是否为高效决策做好了准备？
- 我们是否鼓励了足够多的行动？

在赋能会议结束时，我们鼓励与会者继续使用Visier系统并参与正在进行的网络学习。

通过社交媒体和数字协作，互动得到了加强，因此与会者可以在内部社区平台上跟踪组织发展和人才数据分析，这样他们就能够保持联系并分享各自的经验，以支持组织学习。除了赋能会议，该团队还创建了一个特定的人力资源分析导航器，以作为内部资产、最佳实践、技巧和人才数据分析研究的来源。

与工会的合作

许多欧洲的组织，尤其是德国的组织，必须与其工会密切合作，以确保遵守数据隐私和其他监管要求。

默克集团执行董事会的卡伊·贝克曼（Kai Beckman）表示："引入和应用此类人力资源分析系统显然必须符合所有的数据隐私要求，并且需要事先让相关的机构和委员会参与进来。例如，与我们的工会密切合作就至关重要。"

他们采取了积极主动的方式，提前与相关的机构和委员会接触，并采取适当措施确保数据和过程的安全。例如，管理者不能深入到少于三个人的组织中，多样性（年龄、国籍等）只在总体层次上显示。

数据隐私问题也会在赋能会议中进行讨论，比如法律陷阱，特别是在美国。与会者被告知系统中员工信息的敏感性，并获得以下指导，以确保公司能够避免索赔并成功进行抗辩。

- 不要在内部共享数据、分析或报告，除非收件人拥有访问权限且有合法的业务需要了解这些信息。
- 在内部共享数据、分析或报告时，始终在系统内共享。请勿下载、保存或打印信息。

■ 除非获得法律部门的事先批准，否则不得向外部披露数据、分析或报告。

■ 在招聘、晋升、惩戒或解雇时，绝不考虑或做出基于申请人或员工的年龄、性别、国籍或公民身份（或任何其他受保护的阶级地位）的决定。

■ 在解决集团内部的多样性问题之前，先了解如何合法地执行多样性计划。在美国，目标和配额是不允许存在的。

■ 记录你采取任何不利雇佣行为（如惩戒、解雇等）的原因，以证明这些行为不是基于或考虑到任何受保护的阶级地位而采取的。

结　果

如今，近3 000名管理者和数百名人力资源员工可以使用Visier系统访问和使用实时数据进行决策。他们可以访问关于人数、多样性、离职率、绩效结果和薪酬的可靠数据，因此他们可以就各种问题做出决策，以提高绩效和优化组织结构。

HRBP正在从信息提供者和报告生成者转变为数据支持的顾问，现在是业务管理者的战略顾问。随着这种从职能部门到战略部门的转变，默克集团获得了《人力资源经理》颁发的2016年度人力资源优秀奖。

默克集团强调：投资的价值不是货币性的，而是战略性的；人才数据分析不是人力资源从业者的工具，而是一线管理者的工具。因而，人力资源从业者成了一线管理者的战略顾问。人们不再需要凭直觉做决定，而是可以依靠数据。他们认为，这提高了人力资本决策的质量，同时也使人力资源职能更加专业化。

转自Visier：www.visier.com（存档于https://perma.cc/K93D-YKXU）。

此外，与数据相关的隐私和信任等问题也适用于这种做法。兰开斯特大学的保罗·斯帕罗认为："分析将进入一个具有更好的预测能力的领域，因为我们将能够穿透数据中的许多背景噪声来找到重要的关系。但它也会侵犯法规、隐私、道德等领域，所以未来会变得更加规范，因为现在已经有点过分自由了。我们需要更加明确人们如何使用这些数据的协议。"

技术实现了对工作中的员工的追踪，这意味着个人数据将变得更加容易获取，也意味着组织与员工之间的信任关系将变得越来越具有挑战性。

人才数据分析的未来掌握在你的手中，你是控制它、使用它并将其应用于日常活动的实践者。人才数据分析的应用是无止境的，它能够真正为所有大大小小的组织带来价值，并建立我们多年来一直努力建立的人力运营的信誉。请记住，如果分析只是一份充满数字的报告，那么没有人会在意，它必须回答真正的业务问题。[23]

现在就看你的了，让它成为你工作方式的一部分吧！

未来的人力运营部门

企业正面临着无处不在的技术和自动化的加速发展，这导致了一系列经济、社会和政治问题，这些问题对企业战略构成了挑战。德勤2019年的全球人力资本趋势调查强调，84%的受访者认为有必要重新思考自己的员工体验，以提高生产率；80%的受访者认为，为了变得更加敏捷，他们需要以不同的方式来培养领导者。尽管这些问题看起来似乎是永恒的，但今天它们是在全新的工作环境下出现的：让组织超越使命宣言，以人为本重塑自己。

对第四次工业革命中领导力的全球研究告诉我们，在评估年度业务绩效时，人（员工和客户满意度）、利润（收入、利润）和环境（多样性、不平等性、环境）三者都占据重要位置（见图10-7）。[24, 25]

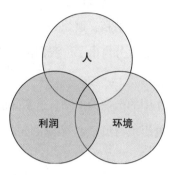

注：改编自埃尔金顿，1998年。

图10-7　人力职能的三个要素

　　未来，我们设想人力运营部门是一个发电站，不仅要理解业务战略，而且要通过调整企业的精神和文化，使企业的人力资源与长期的赢利能力朝着一致的可持续发展道路前进。

　　像FIS（富达国民信息服务公司）这样的组织已经开始了这一历程。拥有庞大全球员工队伍的FIS正着手转变其人力资源职能，逐步引入自助、参与和分析等元素。该组织的人力职能现在正在进行转型，包括引入敏捷的开发团队，专注于战略优先事项和关键业务部门的启动。FIS的案例研究如下。

案例研究

人力职能转型之旅

　　FIS是全球最大的金融技术解决方案提供商。FIS为金融界提供软件、

服务、咨询和外包解决方案，专注于零售和机构银行业务、支付、资产和财富管理、风险和合规、贸易支持、交易处理和记录保存。FIS在全球拥有超过47 000名员工，并且热衷于推动客户的业务发展。

开始过渡

从2016年开始，FIS开启了全面的人力职能转型之旅，聘请了新的首席人力官丹尼斯·威廉姆斯（Denise Williams）。对FIS而言，一个稳健的人才战略至关重要。

- 人才是FIS作为一家公司最大的独特之处：只有拥有强有力的管理者和敬业的员工，公司才会成功。
- 有效的人才管理不仅可以通过管理预算来影响底线，也可以通过员工留存和敬业度来影响底线，还可以通过在合适的时间以合适的角色提供合适的技能来支持FIS的发展。
- 监管和地缘政治环境正变得越来越复杂，FIS需要一种稳健的方法来确保公司能够利用变革并为减轻任何风险做好准备。
- 强大的人才战略可以确保与领导的方向保持一致，并提供一个框架，以便在整个组织内一致地、集中精力地推动变革。

FIS人力运营部门利用三个关键信息来制定战略：

- 关于顶级组织最佳实践的市场趋势（未来的工作是什么样的）和市场数据。
- 经营战略。

■ 员工心声：领导访谈以及焦点小组和调查的员工反馈。

为了制定战略并将数字技术作为核心组成部分，团队专注于复制人们在现实世界中与技术互动的便捷性。团队主要通过三种方式来实现这一目标。

自助服务

作为奠定基础和推动自助服务的一部分，FIS实施了一个全球人力资源信息系统，即Workday。这是推动自助服务的起点。FIS还推出了聊天机器人，这样员工就可以咨询任何问题。当该团队去人力资源部门询问其听到的最多的请求时，实际上它仅在前几周就收集了大约700个常见问题。

人才战略和数据分析部门的全球主管伊莎贝尔·奈杜（Isabel Naidoo）表示："在推动员工工作投入度方面，我们存在着严重的差距。当我想到人们在网上或现实世界中的投入度时，他们是自己在做。但当涉及人力资源时，我的经验是，人们要求我们来做他们的工作。"

对 话

数字化的趋势是模仿工作场所以外发生的实时对话和行动。

两年前，FIS与一家名为Glint的调查机构合作，在整个组织范围内推出了一种实时的敬业度调查。Glint能提供即时反馈，因此在获取结果方面没有时间延迟。这意味着管理人员现在可以立即采取行动，与团队进行对话，并根据结果为管理人员及其团队提出行动建议。这就是FIS希望对话发生的地方，这使得FIS不仅能够衡量和跟踪敬业度结果（结果显示逐年增加），而且能精准地确定敬业度的驱动因素，从而提升员工体验。

对话的另一个杠杆是绩效管理。FIS最近推出了一种新方法，强调对话和频繁联系。FIS在全公司范围内有250名拥护者来帮助推动这一举措和利用创新性的想法，以与当地文化产生共鸣的方式来启动变革。这就是FIS 最终在密尔沃基举办广播节目、在明尼苏达州举办甜甜圈活动、在悉尼举办宾果游戏和在印度举办反馈贴纸活动的原因。

从技术角度来看，这很快也很容易，无须填写冗长的表格，重点是对话的质量和反馈的频率。该团队从数据分析中得知，定期收到反馈的员工留在公司的可能性增加了35%。

数据和分析

FIS 数字化的第三步是研究如何利用数据和分析来制定决策，并预测将要发生的事情。

FIS 与人才数据分析供应商 Visier 合作，构建了基于云的分析能力。它将来自一系列系统的数据汇集在一起，使 FIS 能够密切关注自身战略的实现情况。它也可以跟踪和衡量员工人数与流失率等指标，并在不同的数据集之间建立关联。Visier 是一个自助驱动的系统，具有较高的可扩展性。

新的人力资源核心能力

为了将人力资源部门转型为人力运营部门，FIS 专注于发展三项核心技能。

- 教练技术：FIS 为人力资源从业者推出了教练课程，并将其作为所有管理者的核心课程。这不仅包括职业指导，而且会基于企业面临的挑战提供建议，例如如何规划技能和前瞻性思考。
- 变革管理：FIS 理解在如今 VUCA 世界中经营的挑战，以及每个人对变化的反应各有不同的事实。由于行业和整个职场发生了如此多的变化，人力运营部门将变革管理作为整个组织的核心能力。

- 数据和分析能力：第三项技能是数据分析师的技能，其挑战在于正确
  理解和使用数据。FIS不仅提供数据，还鼓励管理者首先识别业务挑
  战，然后再思考现有数据如何帮助他们解决问题。

这三项能力已经成为更广泛的人力资源职能转型的基石。

人才办公室

FIS的人力资源团队在对员工进行众包后，决定称自己为"人才办公
室"。简而言之，该团队负责管理自己的员工。该职能的原则之一是共同
创造，包括使用业务数据和让业务领导者参与FIS试图解决的、影响底线
的具体挑战。

FIS人才战略和分析团队的使命是通过数据为决策提供信息，该团队
所做的一切都是由数据驱动的。伊莎贝尔·奈杜告诉我们："仅仅把数据
分析交给人力资源部门是不够的，你还需要将数据分析交给业务部门。"

FIS现在正计划推出领导效能仪表板，将清晰透明的数据提供给所有
管理者，使他们能够以一种真正差异化的方式获取数据。

在整个变革过程中，人才办公室获得了五个方面的重要经验。

- 并非所有数据在开始时都是相同的，你的工作重点是确保数据的完整性。
- 高管支持与否决定着你的数据工作的成败。找出对他们有意义的见
  解，他们会想要更多，现在的挑战是我们管理兴趣水平的能力。当财
  务部门要求你提供数据时，你已经有了一个成功的模型。
- 让财务成为你新的"最好的朋友"，因为你不希望提交那些首席财务
  官认为不准确的数字。

- 升级人力资源部门，使它们能够与财务和其他业务部门围绕数据进行必要的对话。

- 你拥有很多选项，所以你要明智地抉择。你要找到一个需要解决的业务挑战，并努力去解决它，否则你将有被分析麻痹的危险。像 Glint 这类的平台很神奇，但它们也会带来数据过载的风险，因此你要先考虑业务挑战，这将帮助你磨炼自己的能力。

人才办公室的结构

FIS 的人才办公室是按照尤里奇模式构建的，拥有 HRBP、高级培训中心和人力资源共享服务中心。该团队专注于持续改进，目前正在改进模型，力求将敏捷项目团队融入其中。这些团队将由在各种敏捷开发团队、自组织团队或跨职能团队中工作的专家组成，专注于 FIS 的战略优先事项和关键业务单元计划的落地。这些人才办公室内的团队像一个个内部咨询部门一样运作，能够及时响应不断变化的业务需求，拥有能够满足需求的正确能力，并且可以发展自己的能力和专长。

旅程才刚刚开始，但该团队正在做出重大的改变，这将极大地影响人们对人力运营的看法。

www.fisglobal.com（存档于 https://perma.cc/D8GE-EUTT）

上述案例主要围绕着 FIS 采用的多层面方法展开，这些方法侧重于数据、人力资源能力和协作关系。这种改变并不容易，但 FIS 对员工及其体验的关注是显而易见的。

以人为中心的组织将通过其无形资源（主要是员工）创造价值，

但要做到这一点，它们需要能够衡量通过其人员、利润和环境（人力资源3P管理理念）产生的价值，以创造长期的可持续性和赢利能力。大多数组织在努力量化这一价值，它们目前尚处于困惑状态。[26]我们认为，这是未来的趋势，我们需要进行持续的研究来量化这一整体价值，并相信人力运营部门将是这一议程的焦点。

知名专家的研究揭示了以人为中心的企业的九大关键特征，这些特征使它们能够充分释放员工的潜力。[27]

- 把价值和文化放在第一位：相信什么对组织来说是重要的。

- 使价值观变为现实：一致性和持续性。组织的价值观和表达这些价值观的行动之间必须一致。管理层必须相信它们，并始终如一地为它们树立榜样。

- 强大的文化：价值观和表达这些价值观的标准（文化）之间需要有明确的一致性。

- 雇用合适的人：招聘筛选流程应该帮助组织找到适合并具备组织所需能力的人。

- 投资于人：通过持续投资，为员工提供发展和职业成长的机会，向你的员工明确表明他们的重要性。

- 广泛的信息共享：在整个组织内广泛共享信息，使员工能够详细了解组织的表现和组织在战略上付出的努力。

- 基于团队的体系：团队不依靠正式的管理系统，而是依靠社会影响来确保员工完成工作。管理者没有控制权，团队才有。

- 奖励和认可：奖励制度与价值观的一致性是一个重要的杠杆。团队不强调金钱是主要的激励因素，而是提供乐趣、成长、团队合作、挑战和成就等内在奖励。

- 领导，而不是管理：高级管理者认为他们的作用不是管理日常业务，甚至不是制定战略，而是制定和加强组织的愿景、价值观和文化。

利用这些观点，人力运营部门可以为员工创造一种积极参与宝贵的学习旅程的文化，建立高效、敏捷和以人为本的组织。

与往常一样，组织对人力运营部门的关注程度是很高的，随着数字化转型、自动化、技能差距等成为业务关键，以及对真实行事的需求变得更加强烈，组织对人力运营部门的期望也是巨大的。数据和分析的应用也能够加速将人力资源部门转型为未来的人力运营部门。这次，我们不能错失时间。

本章的关键要点

- 业务战略和人才战略之间的一致性对于确保人力运营部门优先推进能产生最大影响的活动来说至关重要。这意味着人才数据分析需要采用一种以影响力为导向的方法，以明确定义的数据、技术和方法为重点，推动业务成果的改进。

- 人才数据分析的未来有许多关键要素，这些要素侧重于组织的发展、越来越复杂的系统性颠覆、拥抱敏捷技术和改进组织实践等，这些都将使企业对未来的工作充满信心并做好准备。

- 在应对当前和未来的挑战时，许多组织都希望变得更具战略性和影响力，人力运营部门便在这些企业中兴起。数据和人才数据分析的应用为业务价值的展现提供了支撑。

- 未来的一切事情都犹未可知，而人力运营部门的未来掌握在从业者及其培养和提升的能力上。

参考文献

1. (2009) Enduring Ideas: The three horizons of growth, *McKinsey Quarterly* [Online] www.mckinsey.com/business-functions/strategy-and-corporate-finance/our-insights/enduring-ideas-the-three-horizons-of-growth (archived at https://perma.cc/9K7J-NUBK).

2. Blank, S (2019) McKinsey's Three Horizons Model Defined Innovation for Years: Here's Why It No Longer Applies Here, *Harvard Business Review*[Online]https://hbr.org/2019/02/mckinseys-three-horizons-model-defined- innovation-for-years-heres-why-it-no-longer-applies (archived at https://perma. cc/E6XZ-8CRZ).

3. Ferrar, J (2019) What are the HR Skills of the Future? *myHRfuture* [Online] www.myhrfuture.com/blog/2019/3/14/what-are-the-hr-skills-of-the-future(archived athttps://perma.cc/NY43-PUN8).

4. Hancock, C (2018) The Case for Linking Employee Wellbeing and Productivity, *Personnel Today* [Online] www.personneltoday.com/hr/case-linking-employee-wellbeing-productivity/ (archived athttps://perma.cc/B297-9RGK).

5. Sparkman,R(2018)*StrategicWorkforcePlanning:Developingoptimizedtalent strategies for future growth*, Kogan Page,London.

6. Dearborn, J and Swanson, D (2017) *The DataDriven Leader: A powerful approach to delivering measurable business impact through people analytics*, JohnWiley&Sons.

7. Senge, P M (2006) *The Fifth Discipline: The art and practice of the learning organization*,BroadwayBusiness,NewYork.

8. Michie, J *et al* (2016) *Do we need HR?: Repositioning people*